난곡 이건방의 철학사상

인천학자료총서 32

난곡 이건방의 철학사상

천병돈

보고사
BOGOSA

필자가 이건방 선생을 처음 알게 된 것은 2007년 강화학파 문헌을
정리하면서『강화학파 연구 문헌 해제』편찬을 준비하던 때였다. 이때
유학자 이건방 선생과 그의 문집『난곡존고(蘭谷存稿)』를 알게 되었다.
이후 하곡학 및 강화학파 관련 연구를 진행하면서 이건방에 대한 연구
를 본격적으로 시작했다. 연구는 시간적으로 차이가 있었지만, 내용적
으로는 서로 연관되어 있다. 이 연관된 내용을 저술 의도에 맞게 수정
보완하여 이 책을 완성했다.

이건방은 나라를 빼앗긴 시기에 강화도 후미진 곳에 살았다. 선생의
학문적 스승인 사촌형 이건창은 47세(1898)에 세상을 떠났고, 이건창의
5살 어린 동생이자 이건방의 사촌형인 이건승은 1910년 경술국치로 일
본에게 나라를 빼앗기자 중국 만주로 망명했다. 외롭게 홀로 남은 이건
방은 국내에서 국권을 되찾으려고 고군분투했으며, 이러한 심정을 글로
남겼다. 이 책은 이건방이 남긴 글을 학술적으로 접근했다. 그러다 보니
조국의 부강을 통해 빼앗긴 나라를 되찾으려는 이건방의 처절한 심정을
제대로 드러내지 못했다. 이것은 전적으로 필자의 책임이다.

이건방 선생에게 송구스러운 마음으로 이 책을 바친다.

이 책은 2021년 인천대학교 인천학연구원의 지원으로 저술되었다.
여러 가지 어려운 환경에서도 인문학 관련 저술에 많은 관심을 가져주
신 인천대학교 박종태 총장님과 인천학연구원 조봉래 원장님 그리고

보다 좋은 내용의 책이 되도록 격려와 조언을 해주신 심사위원들께 감사드린다. 아울러 필자의 연구 의견을 항상 잘 받아주시고 반영해 주신 인천학연구원 신미혜 선생님께도 감사드린다. 아울러 출판을 결정한 보고사와 책이 나오도록 꼼꼼하게 원고 교정을 해주신 이순민 선생님에게 감사드린다.

2022년 2월
천병돈

춘세 이건방 초상화(출처: 정량완, 『강화학파의 문학과 사상』)

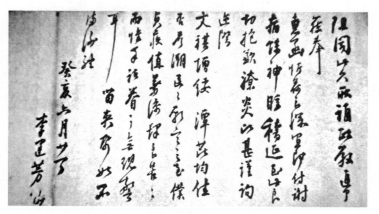

난곡 이건방 선생 친필(출처: 정량완, 『강화학파의 문학과 사상』)

維歲次丙寅七月壬申朔
綺堂鄭公祥朞前日也戚姪李建芳
謹操文哭告于
靈筵之前曰嗚呼麗社之屋　圍老殉國
椎血漬楡萬古不泪　公實肯操克纂祖烈
遥遥五百後先映渼英年譬擊翩翔日月
北轅清風南州隆碩柏葉岐秋威推空闕恭
風首黑大海浪破碎河山纖兒為蠻霞興
宿昔松聲花咽為饕長此汚魷呑稻不死
乃奔西徹鴨水千里崢嵯氷雪虐風劘肌毒
瘴薫骨達野荼荼狂撹奔哭南冠獨泣

宅若拘絏春山花發蜀魄啼血秋江楓
落楚些懷袍孤臣寃淚注河不塌瓊樓
高寒窟寐猶蹴臺二十年彌堅苦節千
秋萬歲聲若一聲惟此寸心永無縮涅
雜我與　公情至義切戚是祖免親均弟
姪刮劇相資剖析毋徹自少迄老繼繼提
挈地隔南北范范一別　公逝我留獨行
鼕鼕夢秀奏奏痛寃彌結赴到長猊心
肝為裂魂遠荒山一坏如埏我来嗷嗷山
日翳眀日月遠著燭明香藝薄奠蕪
酹吝哀　像設
靈庶鑒格茲恨莫洩嗚呼哀哉尚
饗

기당 소상 전날 제문 난곡 친필(출처: 정량완, 『강화학파의 문학과 사상』)

머리말

유가사상은 현대 사회에도 여전히 유효한가?

강단에서 학생들에게 '유가사상하면 떠오르는 것이 무엇입니까?'라고 물으면 첫 번째 대답이 '예절'이고 두 번째 대답이 공자이며, 세 번째 대답이 '인(仁)'다. 만약 학술적 측면에서 답한다면 아마도 '인', 공자, '예절'의 순이 되지 않을까 생각한다.

'인'은 모든 사람이 가지고 있는 '마음'이며, 맹자는 이것을 측은(惻隱) 수오(羞惡) 사양(辭讓) 시비(是非)의 사단지심(四端之心)이라고 했고, 『중용』은 '성(性)'·'성(誠)', 왕양명은 '양지(良知)', 정제두(鄭齊斗)는 '실심(實心)'이라고 했다. 인·사단지심·성(性)·성(誠)·양지·실심은 모두 '마음'을 가리킨다. 여기서 주목해야 할 것은 공자, 맹자, 『중용』, 왕양명, 하곡 그 어느 누구도 '마음'을 지식론적 심리학적 분석을 하지 않고, 오로지 선한 '마음'을 실천하는 방법만 설명했다는 점이다. 이것을 왕양명의 말로 표현하면 '치양지(致良知)'다. 그래서 유가는 실천의 학문이라고 한다.

유가는 실천의 학문이지, 지식의 학문이 아니다. 그래서 지식과 실천을 하나로 본다. 그러므로 '앎'에는 이미 '실천'이 포함되어 있고, '실천'에도 이미 '앎'이 포함되어 있다. 이것이 바로 지행합일(知行合一)이다.

왕양명의 양지학(良知學)은 주자학 중심의 조선성리학에서 이단으로 간주되었다. 하곡 하곡은 양명의 양지학을 '실심으로 실천하는 실질적인 학문', 즉 '실심실학'으로 자신의 철학 체계를 세웠고, 후학들은 그의 실심실학을 계승했다. 학계에서는 이들을 '강화학파'라고 불렀다.

강화학파의 실심실학은 주자학 일변도의 조선 성리학에 양명학적 사고를 바탕으로 조선 학계에 새로운 학문 방식을 전개한 한국적 양명학이다. 그러나 이단으로 취급된 관계로 밖으로 드러내놓고 하곡의 양명학적 사유를 드러낼 수 없었다. 그래서 후학들은 하곡이 중심으로 삼았던 철학에서 벗어나 문학 사학 서예 훈민정음학 등 여러 방면으로 양명학적 사유를 응용해 나갔다. 그러나 그들이 어떤 분야에 종사하더라도 하곡의 실심실학 사상을 벗어나지 않았다.

난곡 이건방은 강화학파의 마지막 유학자이다. 강화학파 연구의 시금석이라고 할 수 있는 저서는 정량완·심경호의『강화학파의 문학과 사상』이다. 이 책은 모두 4권으로 구성되어 있는데, 강화학파의 한문학을 중심으로 하여 철학사상도 논하고 있다. 이후 정량완은『강화학파의 문학과 사상(5)』을 저술했는데, 경재 이건승의 한문학을 논한 책이다.

이 책은 이건방의 문학은 제외하고 철학사상만을 논한다.

이 책은 3부로 구성되어 있다.

1부는 서론에 해당하는데, 이건방 철학사상의 원류를 논한다. 이건방 철학사상의 원류는 하곡학이며, 하곡학의 원류는 양명학이다. 그래서 양명학과 하곡학의 핵심 개념을 간략히 논하고, 하곡학을 계승한 강화학파를 초기 중기 후기로 나누어 논하면서 후학들의 특징을 규명한다.

2부는 본론에 해당하며, 이건방 철학사상을 논한다. 여기서는 이건방의 문집『난곡존고(蘭谷存稿)』를 바탕으로, 도의론(道義論)·진가론(眞

假論)·도덕과 문장론 등을 논한다. 『난곡존고』는 문집이다. 문집의 특징은 어떤 주제를 체계적으로 논하지 않는다. 그래서 학자들이 그것을 재구성해야 한다. 그러나 『원론(原論)』은 『난곡존고』 안에 있지만, 실제로 한 권이 책이라고 할 수 있다.

『원론(原論)』에서 논한 주요 내용은 대한제국 부강론·서양문물 수용론·도의(道義)의 확립·곡학아세 비판·수도병의지사(守道秉義之士)·단발[剃髮]론 등이다. 즉 일본에 나라를 강탈당한 후 어떻게 하면 국가를 부강하게 하여 국권을 회복하는지에 대한 한말(韓末) 지식인의 고뇌를 드러낸 저서다. 필자는 이것을 이건방의 '사회사상'으로 규정하면서, 이에 대한 각각의 내용을 자세하게 논했다.

3부는 이건방의 주요 저술과 이건방의 제문(祭文)·묘표(墓表)에 대한 원문 해석이다. 저술이란 『난곡존고』 안에 있는 『원론』을 말한다. 이건방은 『원론』을 저술하면서 『원론』의 일부 내용을 『조선유학과 왕양명』이라는 제목으로 동아일보에 필명 길성산인(吉星山人)으로 8회에 걸쳐 연재했다. 『조선유학과 왕양명』은 동아일보에 연재되었기 때문에 우리말로 쓴 것이 아닌가 생각하는데, 한문으로 썼고 토씨는 우리말로 썼다. 이 글은 디지털 뷰어로 볼 수 있는데, 8회에 걸쳐 연재된 신문에 실린 다른 기사는 모두 우리말로 되어있는데, 유독 『조선유학과 왕양명』만 한문으로 되어있다. 아마도 필자를 존중한 동아일보의 배려가 아닌가 생각된다. 우리말 해석은 원문과 번역문의 대조를 쉽게 할 수 있도록 번역문 아래에 원문을 두었다. 이런 관계로 내용적으로 문단 구분을 하지 않은 곳도 있음을 밝혀 둔다.

제문(祭文)·묘표(墓表)는 정량완이 『강화학파의 문학과 사상(5)』에서 이미 해석해 놓았다. 정량완의 이 책은 경재 이건승 문학사상이 주 내용

이다. 필자는 이건방과 직접적 연관이 있는 글은 이건방 전문 저서에
있어야 한다는 생각에서 필자의 부분적인 수정과 해석을 덧붙여 이 책
에 실었다.

1부

양명학과 하곡학 및 강화학파

1. 하곡학파·강화학파[1]

'하곡학파(혹은 '강화학파'라고도 한다)'란 하곡 정제두(霞谷 鄭齊斗, 1649~
1736)와 그 후학들의 학문을 말한다.

하곡학의 근원은 양명학이다. 하곡 당시 양명학은 이단으로 배척되
었다. 이런 관계로 하곡학은 하곡 집안과 하곡과 인척 관계를 맺은 집안
의 가학(家學)으로 계승되었다. 하곡은 환갑(1709)에 안산에서 강화로 이
사했다. 이후 하곡 후학들은 강화를 중심으로 하곡의 학문을 익혔다.
이로부터 하곡 및 그 후학들의 학문을 '강화학파'라고 불렀다. 그러나
하곡 후학들의 학문은 하곡학의 핵심인 실심실학(實心實學)을 거의 드러
내지 못하고 고증학, 경학, 역사학, 서예, 시문(詩文) 등으로 전개되어
나갔다.[2] 이와 같은 이유 때문에 학계에서는 철학사상 중심의 '하곡학

---

1) 졸저, 「하곡학 연구 현황 분석」, 『양명학』 9호(한국양명학회, 2007)을 저술 목적에
   맞게 수정 보완했다.
2) 한국사상사연구회 편저, 『조선 유학의 학파들』(예문서원, 1996), 442-443쪽 참고.

파'라는 명칭보다 하곡 후학들의 다양한 학문 성향을 아우를 수 있는
'강화학파'라는 명칭을 먼저 사용되었다.

'하곡학파'·'강화학파' 명칭에 대한 학계의 주장을 소개하면 다음과
같다.

정인보는 조선의 양명학자를 다음과 같은 세 부류로 구분했다. 첫
번째는 뚜렷한 저작이 있거나, 아니면 그 사람의 말이나 글 가운데 분명
한 증거가 있어서 다른 사람들은 몰랐다 하더라도 양명학파로 분류하기
에 의심이 없는 사람들이다. 이 부류에 속하는 대표적인 사람은 지천
최명길(遲川 崔鳴吉, 1586~1647)과 계곡 장유(谿谷 張維, 1587~1638) 그리고
하곡 정제두(霞谷 鄭齊斗, 1649~1736)이다. 두 번째는 양명학을 비난한
말이 있기는 하지만, 그 전후를 종합해보면 이 말은 허위로 꾸며낸 말이
고, 속으로는 양명학을 주장했음을 숨길 수 없는 사람들이다. 이 부류에
속하는 사람들은 이광사(李匡師), 이영익(李令翊), 이충익(李忠翊) 등이다.
세 번째는 양명학을 단 한 마디도 언급하지 않고 또 실제로 주자학을
추앙하였지만, 그 사람이 일생토록 한 주장의 핵심적 정신을 보면 두말
할 필요도 없이 양명학자임을 알 수 있는 사람들이다. 이 부류에 속하는
사람은 담헌 홍대용(湛軒 洪大容, 1731~1783)이다.[3]

이 세 부류 중 하곡만이 양명학에 대한 전문적인 저서를 남겼다. 하곡
은 만년(61세~88세 서거까지)에 강화도를 거점으로 학문을 닦고 연구하면
서 저술을 남겼다. 하곡의 학문이 확립된 이후, 그 아들 정후일(鄭厚一)과
그의 문인 이광명(李匡明), 이광사(李匡師), 이광신(李匡臣), 심육(沈錥), 윤
순(尹淳), 이진병(李震炳), 정준일(鄭俊一), 송덕연(宋德淵), 최상복(崔尙復),

---

3) 정인보 지음, 홍원식 해설, 『양명학연론』(계명대학교 출판부, 2004), 126-168쪽
참고.

이선협(李善協), 신대우(申大羽), 이광려(李匡呂), 성이관(成以觀), 오세태(吳世泰), 이선학(李善學), 김택수(金澤洙) 등이 있었다. 이후 이들의 학문은 가학(家學)으로 전승되었다. 하곡의 아들 정후일의 학문은 그 사위인 이광명과 그의 고손자인 정문승(鄭文升), 정기석(鄭箕錫), 정원하(鄭元夏) 등으로 계속 이어졌으며, 신대우의 학문은 그 아들인 신작(申綽), 신순(申絢)으로 계승되었다. 하곡학의 가장 큰 줄기는 역시 전주 이씨 덕천군파 가문인 이광신, 이광려, 이광사, 이광명이다.

○ 덕천군파(德泉君派) 가계도

恭靖王子 德天君 厚生－五代 惟侃－景奭

景稷－長英－集成－眞卿－匡祚
後英－翼成－聞道－匡運
德成－眞源－系匡尹
眞淳－匡說
眞洙－匡尹出
匡呂
正英－晚成－系眞儒－匡翼－系承孝－勉信
大成－眞儒出
眞儉－匡泰
匡濟
匡震(夭折)
匡鼎
匡師－肯翊－勉耆－述遠
令翊－系勉愚－發遠
眞休－匡臣－敬翊－勉行
勉衡
眞佽－匡彦－榮翊－勉訥－會遠
匡贊－良翊－勉通
系勉季
匡顯－文翊
忠翊出
弘翊
匡敏－天翊－勉始－系眞遠
勉治
匡謹－雲翊－勉履－章遠
明翊
眞偉－匡明－系忠翊－勉伯－是遠－象學－建昌
建昇
止遠－象夒－系建芳
喜遠－象曼－建芳

이들의 학문 전승을 다시 살펴보면, 이광려는 정동유(鄭東愈)로, 이광
사는 그의 아들인 이긍익(李肯翊)과 이영익(李令翊)으로, 이광명은 양아
들인 이충익(李忠翊)과 이면백(李勉伯), 이시원(李是遠), 이지원(李止遠)으
로 이어졌다.

○ 강화학파 학맥 계보도[4]

霞谷-鄭厚一(子)-鄭文承(高孫)-鄭基錫(6대손)-鄭元夏(7대손)
  李匡明(손자)-李忠翊-李勉伯-李是遠-李象學-李建昌
                              李建昇
                    李止遠-李建芳-鄭寅普-閔泳珪
                                    洪以燮
                        黃玹
  李匡師-李令翊
      李肯翊(子)(『연려실기술』)-李勉伯(『海東惇史』)-이시원(『國朝文
      獻』)-이건창(『黨議通略』)
  李匡臣
  李匡呂-鄭東愈
  金澤秀
  申大羽(孫壻)-申綽
            申絢
  沈𨦩
  尹淳(하곡의 아우 鄭齊泰의 사위)-李匡師(書體)
  李震炳(遁谷)
  鄭俊一
  宋德淵
  崔尚復
  李善學
  李善協
  成以觀
  吳世泰

---

4) 유준기, 『한국근대유교개혁운동사』(증보판)(아세아문화사, 1999), 288-289쪽 참고.

이시원의 학문은 다시 이상학(李象學), 이건창(李建昌), 이건승(李建昇)
에게, 이지원의 학문은 이건방(李建芳), 정인보로, 정인보의 학문은 다
시 제자인 민영규(閔泳珪)로 이어졌다.[5] 이렇게 하곡을 중심으로 전개되
는 학통을 '하곡학' '강화학' '강화양명학' '강화하곡학' '강화하곡학파'
등 여러 가지 명칭을 붙여 부른다.

강화라는 지역을 통해 하곡을 중심으로 전개된 학문을 '강화학파'라
고 규정한 학자는 정인보의 제자 민영규이다. 민영규는 "강화학이 반드
시 양명학의 묵수자로서 일색을 이루어야 할 이유는 없다. …… 강화학
의 성장이 정하곡의 양명학에서 발단을 이룬 것이긴 하지만, 하나의
율법의 외형적인 묵수가 어떠한 새로운 생명도 거기서 약속되지는 않
는다. …… 이건창과 정원하, 홍승원은 모두 강화학의 마지막을 장식
하는 분들이지만, …… 내가 그것을 양명학이라 부르지 않고 강화학이
라는 새로운 용어를 찾아야 했던 데엔 오는 변화를 적극 평가하고 싶었
기 때문이다."라고 했다.[6] 민영규의 논지를 근거로 하면, 민영규 이전
에는 하곡의 사상을 중심으로 강화도에서 발흥한 학문 전체를, 하곡의
사상이 양명학 중심이었기 때문에 '양명학'이라는 명칭을 암묵적으로
통용한 것 같다. 민영규에 의해 '강화학'이라는 새로운 개념 규정이 제
시된 후, 적지 않은 학자들이 새로운 용어를 만들어냈다.

유명종은 '강화학파의 양명학'이라고 이름 붙이면서, '강화학파의 양
명학' 특징을 "그들이 전수한 양명학은 심학이다. 따라서 심학에는 시문

---

5) 유준기, 앞의 책, 288-289쪽.
6) 민영규, 「위당 정인보 선생의 행장에 나타난 몇 가지 문제-실학 원시」, 『동방학지』
   13집, 1972. 재인용; 최재목, 「강화양명학파 연구의 방향과 과제」, 『양명학』 12호(한국
   양명학회, 2004), 57쪽.

(詩文)이 있고, 정(情)이 있고, 의(意)가 있으며, 역사[史] 있고, 문예서화
(文藝書畵)가 있다. 지성과 정서와 의지를 함께하는 혼일한 심신의 학문,
곧 치양지학(致良知學)이란 참으로 인간을 사랑하고 동정[眞誠惻怛]하는
학문이다. 따라서 그들은 정음(正音) 사학(史學) 서예(書藝) 시문(詩文)으
로 삶의 참뜻을 symbolic하게 드러내려 하였고, 겸해서 실학과 제휴하
여 이미 비인간화된 사회에 대하여 도전 혹은 개혁의 시도를 읽을 수
있도록 해준다. 참으로 깨친 양지는 다시 민족의 주체성 천명에 얼을
미친다.”라고 말하면서, 이광신, 이광사, 이광려, 이긍익, 이영익, 신대
우, 이충익, 정동유, 신작, 정문승, 정기석, 이시원, 이상학, 이건창, 이건
승, 김택영, 이건방 등의 사상을 서술했다.[7] 이처럼 유명종은 그들이
비록 정음(훈민정음학 연구) 사학 서예 시문 등 여러 방면으로 나아갔지만,
그들을 하나로 꿰뚫는 것은 여전히 양명의 심학 즉 양명학이라고 규정하
고 있다. 유명종 역시 ‘강화학파’라고 했다.

　유준기 역시 ‘강화학파’라는 용어를 사용한다. 그는 강화학은 하곡이
경기도 안산에서 강화의 하곡(霞谷)으로 이주하면서 시작되었다고 한다.
그리고 정제두 양명학의 근원은 중국의 양명학이지만, 여기에 당쟁의
피비린내 나는 체험이 덧붙여지면서 전혀 독자적인 학풍을 형성해 나갔
다고 보았다. 강화학파가 양명 심학을 신봉하게 된 동기는, 내적으로
소론이라는 당색으로 지배층[老論]으로부터 억압과 도전권을 받으면서,
밖으로 그들 나름대로 새로운 탈출구를 심학에서 찾고자 했다. 그리하
여 그들이 특별한 관심을 학문의 분야는 첫째로 삶의 참뜻을 드러내려는
작업이 하나의 주제요, 둘째로 비인간화된 사회에 대하여 소극적이지만

---

7) 유명종, 『성리학과 양명학』(연세대학교 출판부, 1994), 차례 부분 참고.

자기 내부의 의식개혁의 추구와 이에 따른 사회적 개혁까지 추구한 점이
다. 그래서 이들이 추구한 학문의 최종적인 목표는 양명학적 양지의
자기실현이었던 것이며, 이것은 결국 사학, 정음연구(正音硏究), 서화,
시문, 실학 등으로 표출되어 새롭고 창조적인 경지를 개척했다.[8]

정량완·심경호는『강화학파의 문학과 사상』이라는 강화학파 전문서
적을 출간했다. 이 책은 강화학파를 연구하는데 시금석이 될 정도로
자세하게 강화학파 인물들을 강화학파의 문집을 바탕으로 서술하고 있
다. 책 제목에서도 알 수 있듯이 정량완·심경호는 '강화학파'라는 용어
를 사용한다. 심경호는 하곡에 의해 형성된 강화학은 다양한 모습으로
분화하여 국어학과 국사학 분야에서 많은 성과를 냈다고 한다. 강화학
파는 한결같이 정주학(程朱學)을 허학(虛學)으로 규정하고, 양명학을 비
판적으로 수용하고, 고증학의 방법론을 받아들였다고 한다. 강화학은
양명학을 기조로 하되, 허학을 배격하는 유력한 방안으로 고증학을 수
용하였고, 실학자 정약용의 사공(事功)의 학문을 받아들였다고 한다. 그
는 강화학은 실심 곧 자기의 진실한 마음에서 인간에 대한 주체적 인식
에 도달하고 올바른 삶을 살아나갈 것을 주장하였다고 하며, 강화학의
지적 고뇌는 바로 허가(虛假)를 배격하고 진실무위의 인간형을 수립하
는데 있었다고 한다.[9] 그래서 심경호는 그들의 학문을 넓은 의미의 실
학과 구분하여 '실심실학(實心實學)'이라고 불렀다.[10]

최재목은 '강화양명학파'라는 용어를 사용하면서, 그 이유를 다음과

---

8) 유준기, 앞의 책, 289-290쪽 참고.
9) 심경호, 「강화학의 虛假批判論」, 『대동한문학』 14집(대동한문학회, 2001), 68쪽. 재인
   용, 박연수, 「강화 하곡학파의 實心 實學」, 『양명학』 16호(한국양명학회, 2006), 124쪽.
10) 심경호, 「강화학파의 假學 비판」, 『양명학』 13호(한국양명학회, 2005), 247쪽 머리말.

같이 말했다. "사실 '하곡학'이라고 하면 하곡 정제두가 만년에 강화도 하곡 지역에 거주하면서까지 그의 생애를 통해서 이룩한 학문 전체를 말한다. 그리고 '하곡의 양명학'이라 하면 하곡의 학문 내용 가운데 양명 학적 경향을 지닌 학문 내용을 말한다. '강화학'이란 '하곡의 양명학'과 '하곡학' 그리고 하곡이란 인물에 의해 강화도라는 지역을 구심점으로 해서 전개되는 그 후학의 학문 전개(양명학 포함) 전체를 포괄한다. 이 속에는 앞서 소개한 강화학파의 인물들의 다양한 학문 내용이 전부 포함 된다."[11]

박연수는 '강화하곡학파'라고 하면서 다음과 같이 규정했다. 즉 강화 도 지역을 구심점으로 하고, 학문 분야는 다양하지만 하곡의 양명학을 근본 사상으로 삼으며, 하곡으로부터 시작하여 혈연과 학연으로 이어 지는 하곡의 문인들을 지칭한다.[12]

정인재는 민영규가 '강화학'이라고 한 이유는 중국의 양명학과 다른 한국의 자생적인 학문을 무어라 불러야 좋을지 고심한 끝에 '강화학'이 라는 이름을 임시로 사용한 것이라고 보았다. 그러면서 "하곡의 문인들 이 강화에 많이 활동하였으나 모두가 강화인은 아니었다. 따라서 강화 학파라고 하면 강화 이외에서 활동한 문인들이 제외된다."라고 하면서, '하곡학파'라고 해야 한다고 한다.[13]

이외에 다른 여러 가지 개념 규정이 있을 수 있지만, 위에 열거한 내용을 벗어나지 않는다. 사실 위에 언급된 주장이 다양한 것 같지만,

---

11) 최재목, 「강화 양명학파 연구의 방향과 과제」, 『양명학』 12호(한국양명학회, 2004), 57쪽.
12) 박연수, 「강화 하곡학파의 實心 實學」, 『양명학』 16호(한국양명학회, 2006), 121쪽.
13) 정인재, 『양명학의 정신』(세창출판사, 2014), 408쪽 각주13) 참고.

'강화학파'와 '강화양명학(혹은 '강화하곡학')' 그리고 '하곡학파' 셋으로 나눌 수 있다. 즉 민영규·유준기·심경호 등은 '강화학파'라고, 유명종 박연수 최재목은 '강화양명학파'(혹은 '강화하곡학파')라고 했으면, 정인재는 '하곡학파'라고 했다.

민영규는 '강화학파'라는 새로운 용어를 사용하고자 하는 가장 커다란 이유로 '오는 변화'를 적극적으로 평가하고 싶기 때문이라고 했다. 그러나 '오는 변화'가 구체적으로 무엇인지 설명이 없다. 다만 그의 주장을 근거로 할 때, '오는 변화'란 아마도 하곡학이 묵수적으로 양명학을 지키려고 하지 않고 다양한 학문으로 나아갔다는 점에 중점을 둔 것이라고 보인다. 이러한 이유로 민영규는 하곡학파를 특별히 '강화학파'라고 했다. 민영규 이후 유준기, 심경호 등도 '강화학파'라는 용어를 썼다. 그러나 앞에서도 언급했듯이 유준기는 강화학파의 핵심을 '심신(心身)의 학으로서 양명학의 치양지(致良知)를 목표로 하는 유학자'라고 규정하고, 심경호 또한 '강화학은 양명학을 기조'로 한다고 규정한다. 다시 말하면 강화의 하곡학이 학문적으로 여러 분야로 전개되어 나아갔지만, 기조가 되는 사상은 '양명학'이라는 것이다. 사실 민영규 역시 강화의 하곡학이 양명학을 기조로 한다는 점을 부정하지 않는다. 단지 강화의 하곡학이 양명학만을 고수하지 않았다는 것에 중점을 두었을 뿐이다. 따라서 '강화학파'나 '강화양명학파'(혹은 '강화하곡학파') 그리고 '하곡학파'는 명칭만 다를 뿐 내용 면에서 별 차이가 없다.

하곡의 문인들은 대부분 소론이었는데, 노론이 재집권하면서 그렇지 않아도 주자학 일색이던 조선에 양명학인 하곡학은 후손이나 인척으로 이어지는 가족적인 형태로 그 명맥을 유지했다. 하곡학이 가족적인 형태로 계승되다 보니, 후학들은 사제관계일 뿐 아니라, 친인척이기도 했다.

그래서 강화학파 학인들의 관계는 '학맥과 혈맥의 결합'이라고 한다.[14]

하곡학이 강화를 중심으로 전개된 것은 학계에 이미 알려져 있다. 그러나 하곡 및 그 문인들의 사상에서 '강화'라는 지역적 특성을 찾아볼 수 없고, 하곡 및 후학들의 사상에서 '강화'라는 지역이 고려된 내용은 전혀 없다. 그래서 '하곡학파'라고 하면 하곡 문인들의 다양한 학문(예를 들면 훈민정음학, 사학, 서예, 시문 등) 활동이 배제된다. 바로 이 점이 '강화학파'라는 명칭을 사용하게 된 이유다.

하곡학 및 하곡학파에 대한 연구는 2004년 한국양명학회 주관, 강화군청의 후원으로 '하곡학국제학술대회'를 기점으로 활성화되었고 하곡학이 중화권에도 알려지게 되었다.[15] '하곡학파'라는 명칭은 하곡 및 후학들의 학문에 대한 연구가 활발하게 전개되면서 학자들 사이에 불려졌던 명칭이다. 즉 학술적 토론을 거쳐 정해진 명칭이 아니다.

어떤 사상이든 일정한 지역을 거점으로 전개된다. 그러나 그 사상은 지역적인 한계에 제약을 받지 않는다. 예를 들면 대한민국이라는 지역을 기반으로 전개된 한국 사상(한국불교, 퇴계학, 하곡학 등)이 대한민국이라는 특정한 지역만을 위한 사상이라면, 이러한 사상은 인류를 위한 사상으로서의 가치가 없다. 사상은 인류를 위한 것이어야 하며, 아울러 보편성이 있어야 한다. 하곡 및 그 문인들의 사상은 인류에게 실심실학이라는 보편적인 가치를 제시하고 있고, 이것을 다양한 학문으로 승화하여 발전시켰다. 그래서 이 책에서는 철학사상에 중점을 둔 '하곡학파'

14) 심경호, 『강화학파의 문학과 사상 3』(한국정신문화연구원, 1995), 195쪽.
15) 특히 『한국강화양명학연구론집(韓國江華陽明學研究論集)』(臺灣大學出版部, 2005) 이 출판된 이후 한국양명학을 이해하고자 하는 외국학자들 대부분은 이 책을 참고로 하고 있다. 이 책은 하곡학이 세계에 알려지는 중요한 매개체 역할을 했다고 생각된다.

라는 명칭보다, 하곡후학들의 다양한 학문도 포괄되어야 한다는 측면
에서 '강화학파'라고 했다.

2. 하곡 및 하곡학파의 학술사상

'하곡학파' 혹은 '강화학파' 그리고 '강화양명학'이라 하든, 하곡학의
핵심 사상은 양명학이다. 그러면 양명학이란 무엇인가? 그리고 양명학
을 계승했다는 하곡학은 또 무엇인가? 이제 하곡학파의 사상적 근원이
되는 양명학과 이를 계승한 하곡학을 간단히 살펴보자.

1) 양명 왕수인(陽明 王守仁, 1472~1528)

양명학의 핵심은 도덕실천의 실체인 양지(良知)를 삶 속에서 실천 확
대해 나가는 '치양지(致良知)'이다. '치양지'는 학술적으로 논의되는 이
론이 아니라, 일상생활에서 이루어지는 구체적이고 실질적인 도덕실천
이다. 이러한 도덕실천은 도덕적 자아인 자기 자신을 완성함과 동시에
사물을 포함하여 타인도 완성시키는 성현의 학문이고 보통사람도 실천
할 수 있는 학문이다. 그래서 여기서는 '치양지'에 대해서만 간략하게
설명한다.

(1) 치양지(致良知)

강화학파의 사상적 근원은 양명학까지 거슬러 올라간다. 양명학의
핵심은 '치양지'다. 왕양명은 다음과 같이 말했다.

마음이 곧 리이다. 천하에 마음 밖의 만물이 있고, 마음 밖의 리가 있겠
는가?[16]

심즉리(心卽理)는 왕양명 이전에 육상산(陸象山, 1139~1193)이 주장했
다. 왕양명은 '심즉리'를 지행합일(知行合一), 치양지 등으로 확대 발전시
켜 심학(心學)을 완성시켰다. '심즉리'란 마음 자체가 바로 리(도덕법칙)이
라는 것이다. 이 심은 인간이 선천적으로 타고난 본래의 마음인 도덕본
심을 가리킨다. 그래서 '심체(心體)'라고 하며, 이것을 '양지(良知)'라고
한다. 왕양명에 의하면, 본체로서의 심 즉 양지가 바로 선천적 도덕법칙
인 천리이다.

양지는 천리의 자연스러운 밝은 깨달음이 발현하는 곳이며, 진실하게
측은히 여겨 아파하는 마음이 바로 그 본체이다. 그러므로 양지의 진실하
게 측은히 여겨 아파하는 마음을 극진히 하여 부모를 섬기는 것이 바로
효이고, 이 양지의 진실하게 측은히 여겨 아파하는 마음을 극진히 하여
형을 따르는 것이 바로 우애이며, 양지의 진실하게 측은히 여겨 아파하는
마음을 극진히 하여 임금을 섬기는 것이 바로 충이다. (이 모든 것은) 양
이고 진실하게 측은히 여겨 아파하는 마음일 뿐이다.[17]

---

16) 王陽明, 『傳習錄』 卷上, 「徐愛錄」 3조목. "先生曰, 心卽理也. 天下又有心外之事, 心外
之理乎." 『전습록』 원문(臺灣, 世界書局)은 卷一, 卷二, 卷三으로 되어 있으며, 조목(條
目)은 구분되어 있지 않다. 원문 『전습록』은 한국학술진흥재단(현 한국연구재단)의
지원으로 정인재·한정길에 의해 우리말로 번역되었다. 번역본에 의하면 '조목' 번호는
陳榮捷의 『傳習錄詳註集評』(臺灣, 學生書局)을 근거로 했다고 한다. 이 책에서 인용된
『전습록』 조목 번호는 정인재·한정길, 『전습록』(청계출판사, 2004, 초판 2쇄)에 의거
한다.
17) 같은 책, 卷中, 「答聶文蔚書」 189조목. "蓋良知只是一箇天理自然明覺發見處, 只是
一箇眞誠惻怛, 便是他本體. 故致此良知之眞誠惻怛以事親, 便是孝, 致此良知之眞誠
惻怛以從兄, 便是弟, 致此良知之眞誠惻怛以事君, 便是忠. 只是一箇良知, 一箇眞誠

이처럼 천리는 심 밖에 있는 추상적인 법칙이 아니라, 사람마다 모두 마음속에 내재 되어 있는 '진실하게 측은히 여겨 아파하는 마음[眞誠惻 怛]'이다. 이 진실하게 측은히 여겨 아파하는 마음으로부터 밝고 자연스럽게 드러나는 것이 바로 천리이다. 그러므로 천리가 환히 드러나는 곳은 바로 본심인 양지가 발현되는 곳이다.

양지는 효·우애·충 등 도덕적인 것에만 머무르지 않는다. 즉 양지의 범위는 천리처럼 한계가 없다. 왜냐하면 양지는 천리이기 때문이다. 따라서 양지를 지극한 곳까지 밀고 나아가면 모든 천지 만물과 조화를 이룬다. 이것이 바로 양지의 절대 보편성이다. 그래서 왕양명은 "양지의 명각이 감응하는 것을 만물."이라고 했다.[18] 왕양명은 또 다음과 같이 말했다.

> 양지는 조화의 정령이다. 이 정령이 하늘을 낳고 땅을 낳으며 귀신을 이루고 상제를 이루니, 모든 것이 여기서부터 나온다. 참으로 이것은 만물과 대립하지 않는다. 사람이 만약 그것을 완전히 회복하여 조그만 흠도 없게 할 수 있다면 자신도 모르게 덩실덩실 춤추게 되리라. 천지 사이에 어떤 즐거움이 대신할 수 있겠는가?[19]

양지를 '회복하다[復]'란 도덕의 실천을 말한다. 이것은 양지를 회복하는 것에서 양지 확충의 방향으로 전환함을 나타낸다.[20] 이것이 바로

惻怛." 해석은 정인재·한정길의 『전습록』(서울, 청계, 2001)을 참고했다.
18) 같은 책, 같은 곳, 「答羅整菴少宰書」 174조목. "以其明覺之感應而言, 則謂之物." 이 구절에서 '其'는 理 즉 천리를 가리킨다. 天理가 곧 良知이므로 '양지'라고 했다.
19) 같은 책, 卷下, 「黃省曾錄」 261조목. "良知是造化的精靈, 這些精靈, 生天生地, 成鬼 成帝, 皆從此出. 眞是與物無對. 人若復得他完完全全, 無少虧欠, 自不覺手舞足蹈, 不 知天地間更有何樂可代."

'치양지'다.

'치(致)'란 '밀고 나가다'는 뜻으로, 맹자의 '다 넓혀 채움[擴而充之]'과 같은 의미이며, 현대적 용어로 바꾸면 '실현하다'이다. 왕양명은 다음과 같이 말했다.

> 내가 말하는 치지격물이란 내 마음의 양지를 각각의 사물에 실현하는 것이다. 내 마음의 양지가 바로 천리이다. 내 마음의 양지인 천리를 사물에 실현한다면 사물이 모두 그 리를 얻게 된다. 내 마음의 양지를 실현하는 것이 치지이고, 사물이 모두 그 리를 얻는 것이 격물이다. 이것은 마음과 리가 합하여 하나가 되는 것이다.[21]

'치양지'란 양지가 사욕에 가려져 시비선악의 판단이 혼미지지 않도록 하고, 아울러 양지를 외부로 충분히 실현되도록 함으로써 양지가 구체적인 행위로 드러나게 하고, 이를 통해 도덕 가치를 실현하는 것을 말한다. '밀고 나가는' 공부는 중단 없이 계속해야만 한다. 즉 어떤 상황에서도 끊임없이 실현해야 하고, 언제라도 실현해야 한다. 이것이 바로 맹자가 말한 '다 넓혀 채움[擴而充之]'이고 '천하에 널리 통하게 한다[達之天下]'는 의미다. 만약 양지를 끊임없이 실현할 수 있다면, 그 사람의 인격은 바로 양지 자체가 드러난 것이다.

이러한 경지에 도달했을 때 비로소 양지를 '완전히 회복하여 조그만 흠도 없다'라고 말할 수 있다. 따라서 '치(致)'는 '회복하다[復]'는 의미를

---

20) 蔡仁厚, 황갑연 옮김, 『왕양명철학』(서광사, 1996), 55쪽.
21) 『전습록』卷中 「答顧東橋書」, 135조목. 致吾心之良知於事事物物也. 吾心之良知, 卽所謂天理也. 致吾心良知之天理於事事物物, 則事事物物皆得其理矣. 致吾心之良知者, 致知也. 事事物物皆得其理者, 格物也. 是合心與理而爲一者也."

가지고 있다. 단 '회복하다'는 반드시 '넓혀 채워 나가는[致]' 구체적인 도덕실천 속에서 회복해야 한다. 이것은 단순히 자신을 되돌아보고 반성하면서 본래 가지고 있는 본심을 회복하는 정적(靜的)이면서 소극적인 회복뿐 아니라, 밖으로 넓게 채워서 본래 가지고 있는 본심을 실현하는 적극적이고 역동적인 회복이다.

　양지는 사람마다 본래 갖추고 있으며 시시각각 발현된다. 그러면 어떻게 이 양지를 넓혀 채워 나가야 하는가? 여기서 반드시 알아야 할 것은 '치(致)'는 '밀고 나가다'라는 실천적인 행동을 의미하면서, 또 '경각심[警覺]'이라는 내적인 의미도 포함하고 있다는 사실이다. 즉 시시각각 양지를 실현하면서 조그만 흠이 있는지 없는지 경각심을 가지고 되돌아본 후, 양지를 '밀고 나가야' 한다. 따라서 '치' 공부의 시발점은 경각심이라고 할 수 있다. 경각심이란 맹자가 말한 "요와 순은 본성대로 하는 사람이고, 탕과 무는 반성하여 자각하는 사람이다."[22]의 '반성하다(反)'는 의미이다.[23]

　이상이 하곡 정제두 철학의 기저가 되는 왕양명 철학의 핵심이다. 그러면 하곡은 왕양명 철학의 어떤 점을 계승 발전시켰는지 살펴보자.

---

22) 『맹자』「告子下」33. "堯舜性者也, 湯武反之也."
23) 蔡仁厚는 '致' 공부를 경각(警覺)부터 시작해야 한다고 주장한다. '警覺'은 우리가 흔히 사용하는 '경각심'과 유사한 뜻을 가진다. '경각'을 '逆覺'이라고도 하는데, '逆'은 '거슬러 올라가다'는 의미로, 생활 속에서 자신의 행동에 잘못을 보고 반성하는 것을 의미한다. 즉 잘못을 통해 옳음을 아는 것이다. '逆覺'에 대한 자세한 내용은 蔡仁厚, 황갑연 옮김, 『왕양명철학』, 56-57쪽 참고.

2) 하곡 정제두

(1) 하곡의 양명학 이해

왕양명은 심즉리를 주장하고, 심을 양지로 대체했다. 그래서 양명학을 심학이라 하고 양지학이라고도 한다. 하곡 역시 '심즉리'를 바탕으로 양지는 천리이고, 심이라 하여 양지론을 전개했다.

> 그 참되고 지극한 의리와 천리의 정당함이 과연 말 소 닭 개에서 찾을수 있는가? 그러므로 천지만물로서 사람의 일에 관계될 수 있는 것은 그리가 원래 만물에 정해져 있으니 사람이 그것에 따라 배워서 얻을 수 있는것이 아니다. 개개의 사물에 따라 하나하나 결정하고, 그때그때에 따라사물을 처리하는 것은 실로 오직 내 마음에 있는 것이니, 어찌 마음 밖에서 달리 구할 만한 리가 있겠는가? 만약 밭갈이하고 내달리는 일이 소에있고 말에 있다고 보고, 거기에 가서 리를 구한다면, 실로 망연하기 끝이없으니, 그야말로 외물을 따라다니는 병통에 걸리는 것이다. 아마도 성현의 성리학을 하는 것은 이런 데 있지 않을 것이다.[24]

하곡은 천리는 사물에서 구해지는 것이 아니라, 심에서 찾아야 한다고 생각했다. 그래서 하곡은 왕양명과 같이 심즉리를 주장했다.

> 사물의 리와 나의 심을 또 어찌 안과 밖, 저것과 이것으로 나눌 수 있겠습니까? 왕양명이 말한 '내 심 속에 있는 만사의 리와 천지만물의 리는

---

24) 『하곡집』 卷1, 「書(二)」, 「與閔彦暉論辨言正術書」, "夫所謂眞至之義, 天理之正, 果在乎馬牛鷄犬而可求者邪. 故天地萬物, 凡可與於人事者, 其理元未嘗有一切之定在物上, 人可得以學之也. 其逐件條制, 隨時命物, 實惟在於吾之一心, 豈有外於心, 而他求之理哉. 若從見可耕可馳之在牛在馬, 就而求之, 則實亦茫蕩無歸, 正涉物逐物之病, 某恐聖賢所爲性理之學, 不在是也."

곧 하나일 뿐이다.'라고 한 것이 바로 이것을 말한 것입니다. 노형은 혹시 이것을 미처 살피지 못했습니까? 오늘날 논란의 근본이 되는 문제점은 여기에 있으며, 기타는 모두 지엽적인 것입니다.[25]

유명종은 이 구절에 대해 사물의 리와 내 마음은 분리되어 있는 것이 아니라, 마음이 곧 천지만물의 리라고 하면서, "모든 자연 현상도 마음이 있기 때문에 존재하는 것이며, 내 마음이 없는 곳에는 모든 존재가 존립할 수 없다."라고 했다.[26]

하곡은 왕양명의 학설을 다음과 같이 종합했다.

> 왕씨는 심을 리로 삼았으니 곧 양지이며, 마음의 양지는 본체이다. 사물의 작용은 용(用)이 되는 것이니, 사물의 리라고 이르며, 리는 모두 심에 갖추어져 있고, 심 자체에 양지가 있으니, 알지 못하는 리가 없다. 다만 사욕에 빠지는 까닭에 어둡거나 어리석은 자가 있으니, 양지를 밀고 나아가 그 본성을 회복하여 심의 리를 궁구하고, 심의 본성을 다한다면 오륜에 있어서나 심성에 있어서나 사물에 있어서까지도 천리가 아닌 것이 없다. 이런 까닭에 본체와 용(用)은 있어도 안과 밖의 구분이 없고, 정미한 것과 조악한 것도 없다. 그러므로 밝은 덕과 친민은 하나로서 나눌 수 없고,

---

25) 같은 책, 같은 곳. "物理吾心, 又安可以內外彼此分之耶? 王氏所云‘在吾心萬事之理, 於天地萬物之理, 卽一而已者’, 正謂是爾, 老兄或莫之察乎? 今日所論本源在此, 其他皆枝葉也."

26) 유명종, 『왕양명과 양명학』(청계출판사, 2002), 238쪽. 유명종의 이러한 주장만 놓고 보면 왕양명의 心을 주자와 같은 인식 주체로서의 心으로 파악할 수 있다. 양지는 절대로 인식 주체인 知性이 아니다. 牟宗三은 양명의 "심 밖에는 아무것도 존재하지 않는다(無心外之物)."는 인식론적인 측면에서 말하는 ‘존재는 인식 대상’이라는 의미가 아니라고 한다. 양명의 良知는 絶對善으로서의 도덕 자유의지다. 따라서 주자의 心 혹은 인식론에서 말하는 心으로 오해해서는 안 된다. 蔡仁厚, 『王陽明哲學』(臺北, 三民書局, 1983), 24-25쪽 참고.

앎과 실행은 하나다. 앎은 실행의 시작이며, 실행이란 앎이 이르름이다. 그러므로 도는 하나일 뿐이고, 성(誠)일 뿐이며, 둘이 아니며 나누지도 못한다. 내 몸으로부터 사물에 이르고, 천하 만물에 이르기까지 오직 이 하나로 관통할 뿐이다. 그러므로 이르기를 "천지를 본체로 삼고, 천하를 한 집으로 삼으면 비록 다스리지 않으려고 하여도 다스려진다." 그러므로 이르기를 "예악과 형정은 성인이 되는 공부에 관여하지 않으며, 진실로 리에 부합되고 심에 합당한다면 비록 옛 성인이 아니더라도 할 수 있으니, 오직 정성스러운 마음으로 성실하게 힘쓸 뿐이다."라고 하였다.[27]

내가 양명집을 보건대, 그 도는 간단명료하고 몹시 정교하고 아름다우니 마음속 깊이 기뻐하여 이를 좋아했다. 신해년 6월에 동호에 가서 하룻밤 유숙하다가, 꿈속에서 갑자기 왕씨의 치양지의 학문이 몹시 정밀하지만, 대체로 그 폐단은 혹 감정을 마음대로 하고 욕망을 멋대로 할 병폐가 있음을 생각하게 되었다.[28]

유명종에 의하면, 이것은 하곡 83세 때의 기록이다. 하곡은 양지학이 욕망을 좇는 폐단이 있다고 자각했다. 이는 명말(明末) 이탁오(李卓吾) 혹은 태주학파(泰州學派) 즉 양명좌파(陽明左派)의 정욕긍정론과 대립되는 것으로, 하곡의 양지학은 양명우파(陽明右派)와 공통점이 있다.[29]

---

27) 『霞谷集』卷9, 「存言下」. "王氏以心爲理, 卽良知也, 心之良知爲體. 凡事物作用爲用, 而謂事物之理, 理皆具於心, 心自有良知, 未有不知之理. 但洞於私欲, 故有昏愚者, 致良知復其性, 窮心之理, 盡心之性, 則於五倫於心性於事物, 無非天理. 是故有體用而無內外無精粗. 故明德與親民一而無分, 知與行合一. 知者行之始, 行者知之至. 故其道一而已, 誠而已, 不貳不岐, 自吾身至事物, 以至天下萬物, 只是一以貫而已. 故曰'以天地爲一體, 天下爲一家, 雖欲不治, 不可得也.' 故曰'禮樂刑政, 無預於作聖之功, 苟合於理當於心, 則雖非古聖, 可以作爲, 只以誠心務實.'" 264쪽 上. 『한국문집총간』160 (서울, 경인문화사, 1997).

28) 같은 책, 같은 곳. "余觀陽明集, 其道有簡要而甚精者, 心深欣會而好之. 辛亥六月適往東湖宿焉, 夢中忽思得王氏致良知之學甚精, 抑其弊或有任情縱欲之患."

이러한 학문의 병폐는 진정한 성인의 학문이 아니다. 하곡의 이러한 사상은 당시 학계에 퍼져있는 사이비 학문 즉 '가학(假學)' 비판으로 이어진다. 여기서 '가(假)'란 진리 탐구의 차원에서 객관적 진리와 배치된 상태를 뜻하는 것이 아니라, 인간의 주체성을 상실한 상태를 지칭하는 말이다.[30]

(2) 가학 비판과 실심(實心)

하곡은 양명집을 보면서 '감정을 마음대로 하고 욕망을 멋대로 하는' 임정종욕(任情縱欲)의 폐단을 인식했다. 그래서 하곡은 당시 학계의 사이비 학문을 비판했다. 강만길은 하곡의 사이비 학문 비판에 대해 다음과 같이 말했다. "정제두는 심학으로써 이러한 조류에 맞추어 나타난 대유(大儒)이니, '학을 허론(虛論)에서 구할 것이 아니라, 한 점 천양(天良)의 속일 수 없는 이 한자리로부터 선악의 변파(辨破)를 관두(關頭)로 하여 나가지 아니하고는 참다운 학문을 바랄 수 없다.'고 하는 그의 견

---

29) 양명 이후 중국의 양명학파는 크게 좌우로 분립되어 우파는 실심을 갈고 닦는 것과 '靜을 위주로 하여 고요함으로 돌아가는 것(主靜歸寂)'을 주장했고, 왕용계(王龍溪)와 태주학파인 좌파는 '지금 이 순간에 본래 그대로의 완전한 양지가 아무런 전화 과정 없이도 현재 의식으로 그대로 드러나 자기전개·실현의 주체로서 활동하는' 현성양지 (現成良知), '일상적으로 생활하는 바로 이곳이 도'라고 하여 돈오(頓悟)에 기울었으며, 정욕을 긍정하게 되었다. 왕심재(王心齋)는 염정(鹽丁) 출신이라 신분에 구애되지 않았고, 이탁오(李卓吾)는 주색재기(酒色財氣)가 보리로(菩提路)를 막지 않는다고 하였다. 당시 사람들은 이탁오와 초횡(焦竑)으로 말미암아 그 경지가 미친 듯 하였다고 하였다. 그들의 선배인 하심은(何心隱)은 믿음[信]만을 주장하여 횡적 윤리를 내세워 오상을 무시했고, 이탁오는 명교(名敎) 예교(禮敎)에 반역하여 위험분자로 처단되었다. 유명종, 『왕양명과 양명학』, 247-253쪽 참고. '現成良知'에 대한 설명은 정지욱의 「王龍溪의 現成良知論─歸寂·修證派와의 비교를 중심으로」(한국양명학회, 『양명학』 6호, 2001), 151-152쪽 참고.

30) 심경호, 「강화학파의 假學 비판」, 『양명학』 13호(한국양명학회, 2005), 248쪽.

해를 보면 정녕코 그가 양명서를 보기 전에도 부지불식간에 마음속에 허례와 가식을 몰아내자는 생각이 자리했던 것임을 알 수 있다."[31] 이처럼 하곡은 하늘이 준 양심[天良]에 반하는 학문을 사이비 학문[假學]으로 규정했다. 하곡은 당시 학계에 대해 다음과 같이 말했다.

> 주자의 학문은 그 학설이 또 어찌 일찍이 좋지 않은 것이겠는가? 다만 치지의 학문과 비교할 때, 그 공적은 우회하고 직설적이고 완급의 구별이 있고, 그 본체는 나뉘고 합해지는 간격이 있었을 뿐이니, 실은 다 같이 성인의 학문을 하는 것이었으니, 어찌 일찍이 착하지 않았겠는가? 그러나 뒤에 와서 배우는 자가 흔히 그 근본은 잃고 오늘날의 학설만을 주장하기에 이르렀으니, 이것은 주자를 배우는 것이 아니라 주자를 빌리는 것이요, 주자를 빌릴 뿐만 아니라, 주자를 견강부회하여 사사로운 뜻을 이루고, 주자를 끼고 위세를 삼아 사사로움을 이루는 것이다.[32]

이처럼 하곡은 주자학을 특별히 배척하지는 않았다. 다만 성인의 학문을 규정하는데 있어서 주자학과 차이가 있음을 보여준다. 하곡은 성인의 학문을 심학으로 규정했다. 이 심은 사람이면 누구나 가지고 있다. 그런데 모든 사람이 성인이 되지 못하는 이유는 무엇인가? 마음에 천리를 보존하지 못하기 때문이다.[33] 주자는 심즉리가 아니라 성즉리를 주장

---

31) http://book.naver.com/bookdb/book_detail.php?bid=1818dp에서 재인용. 강만길, 『재미있게 간추린 한국 인물탐사기 4(조선의 인물 [2])』(도서출판 오늘, 1997).

32) 『하곡집』卷9,「存言下」. "朱子之學, 其說亦何嘗不善, 只是與致知之學, 其功有迂直緩急之辨, 其體有分合之間而已耳, 其實即是爲聖人之學, 何嘗不善乎? 後來學之者多失其本. 至於今日之說者則不是學朱子, 直是假朱子, 不是假朱子, 直是傅會朱子, 以就其意, 挾朱子而作之威, 濟其私." 264쪽 上.

33) 같은 책, 같은 곳. "聖人之學, 心學也. 心者人皆有之, 何爲則爲聖人. 曰聖人之學, 性學也. 性者心之本體也. 所謂天理也. 聖人之學, 存其心之天理者也. 本體天理, 人皆

한다. 심을 리로 보느냐 보지 않느냐의 차이는 있지만, 선하기 때문에
성인의 학문으로 볼 수 있다는 것이다. 문제는 주자학 말기의 학자들처
럼 주자학을 내세워 자신의 사사로운 이득이나 명예를 취하는 당시의
사이비 학문에 있다. 하곡은 바로 이러한 사이비 학문을 비판했다.

그러면 비판의 기준은 무엇인가? 그것은 실심이다.

> 신이 우러러 기대하는 바가 두 번째 의미로 떨어지지 않고, 첫 번째 의
> 미에 있어서는 실심으로 진실된 정치를 행하는 것이오니, 이것이 긴요한
> 공부입니다.[34]

하곡의 서원을 설치하도록 청원하는 유생들의 상소에서도 하곡학을
실심 실학으로 규정하고 있다.[35] 유명종은 '실(實)'에 대해 다음과 같이
말했다: "이러한 실(實)은 도덕적 실(實)이자 성(誠)이다. 진실무망(眞實
無妄)이 곧 성(誠)이라고 하니, 성실한 학은 실학이라는 것이 된다. 심
혹은 정(政), 정효(政效)에 실(實)을 다하는 것이 실심(實心)이고 실정(實
政)이고 무실(務實)이라고 말할 것이다. …… 하곡의 실심은 양지로서
치용(致用)·경세(經世)는 양지 스스로의 자기실현을 의미한 것이다."[36]

이처럼 하곡의 실심이나 양명의 양지는 이름만 다를 뿐 그 내용은

有之." 261쪽 上 참고.

34) 『국역하곡집 I』 「筵奏」, 戊申, 4月 17日. "臣之所期仰者, 不落於第二義, 而在第一
義, 以實心行實政, 此爲喫緊工夫矣." 54上–下. 민족문화추진회, 1984.

35) 『국역하곡집 II』 「諸疏」 「請設書院儒疏筵奏-再疏」. "惟我先正實心實學爲一世儒宗
則, 聖朝褒隆表顯之章, 豈獨後於一箇士忠義之報而終新一允哉." 153쪽 下.

36) 유명종, 『왕양명과 양명학』, 267쪽. 심경호는 강화학파의 학인들은 각기 학문 성향
이 다르지만 공통적으로 '참된 마음'을 중시하였다고 주장하면서, 그들을 넓은 의미의
실학과 구분하여 '實心實學'이라고 명명했다. 심경호의 위 논문, 247쪽 참고.

같다. 이는 맹자의 심이 양명에 있어서 양지인 것과 같은 이치다. 하곡
은 비록 왕양명의 양지학을 계승했지만, 하곡 나름의 독특한 용어 즉
'실심'을 사용했다.

3. 초기강화학파[37]

하곡은 41세까지 서울에 살다가, 41세에 안산(安山. 현재 안성)으로 이
사하여 60세까지 살다가, 61세에 강화도 하일리 하곡(霞谷)으로 옮겨
후학을 가르쳤다.[38] 하곡이 안산에 거주할 때, 저촌 심육(樗村 沈錥,
1685~1753), 둔곡 이진병(遁谷 李震炳, 1679~1756), 백하 윤순(白下 尹淳,
1680~1741) 등을 비롯하여 농암 유수원(聾菴 柳壽垣, 1694~1755) 백운 심
대윤(白雲 沈大允, 1806~1872) 등이 하곡에게 배웠고, 강화에 온 이후 이
광신, 이광사, 아들 정후일과 그의 사위 이광명과 이광려, 하곡의 손자
사위 신대우 등이 하곡의 학문을 배웠다.[39] 여기서 말하는 '초기강화학
파'는 이들을 지칭하는데, 간단히 말하면 하곡이 생존해 있을 때 직간접
적으로 가르침을 받은 문인들이다.[40]

---

37) 졸저, 「초기 하곡학파의 하곡학적 사유」, 『동양철학연구』 88집(동양철학연구회,
2016)을 저술 목적에 맞게 수정 보완했다.
38) 『하곡집』 卷10, 『年譜』. "肅宗大王元年乙卯. …… 十五年乙巳 ○先生四十一歲. ○
七月宥歸安山居焉. …… 三十五年乙丑 ○先生六十一歲. ○八月移居江華之霞谷."
39) 정인재, 『양명학의 정신』(세창출판사, 2014), 423쪽.
40) 하곡의 손자사위 완구 신대우(宛丘 申大羽, 1735~1809)는 하곡 선생 임종(1736) 1년
전에 태어났다. 따라서 완구가 하곡에게 직접 배운 적은 없다. 그럼에도 '초기강화학파'
에 넣은 까닭은 신대우가 하곡의 문집 정리에 착수했기 때문이다. 완구의 하곡 문집
정리에 대한 자세한 내용은 '한국고전종합DB'『하곡집』, '편찬 및 간행' 참고.

하곡의 6대손 정문승(鄭文升)이 기록한 「발문[跋]」에 의하면, 하곡이 돌아가신 후, 저촌과 둔곡 등이 남아 있는 글을 수집했지만, 출간하지 못하고 두 분이 돌아가셨다고 한다.[41] 이 글만 놓고 보면, 저촌과 둔곡은 하곡의 문인임이 틀림없다. 그래서 이들을 '초기강화학파'에 넣는 것은 당연하다.[42] 그러나 내용적으로 이들을 '초기강화학파'로 분류하기에는 문제가 있다.

심육은 하곡이 돌아가신 후 하곡의 유문(遺文)을 수집했을 뿐 아니라 하곡의 행장도 지었다. 그러나 심육의 학술사상은 하곡학이 아니라 주자학이다.[43] 이진병은 젊었을 때 하곡을 따랐지만 후에 주자학자 명재 윤증(明齋 尹拯, 1629~1714)을 스승으로 모셨다.[44] 따라서 이진병이 주자학자임은 의심의 여지가 없다.

윤순은 동국진체(東國眞體)를 완성한 원교 이광사에게 옥동 이서(玉洞 李漵, 1662~1723)의 옥동체(玉洞體)를 전해준 것으로 유명하다.[45] 하곡의

---

41) 『하곡집』, 「跋」(鄭文升). "先祖沒後, 樗村沈公與遁谷李公諸門人, 收集遺文, 未及出草, 兩公繼沒."

42) 정인재, 앞의 책, 423쪽.

43) 저촌의 주자학적 사유는 다음과 같이 요약할 수 있다: "理氣說: 첫째, 理는 氣를 타야(乘) 움직인다. 둘째, 惻隱之心은 氣다. 셋째, 感은 氣, 所以感은 理이다. 性說: 첫째, 性은 형이상이면서, 理이다. 둘째, 만물은 리를 품수 받았으며, 이것이 性이다. 셋째, 주자와 같이 氣質之性은 本然之性이 사물에 내재해 있는 것을 가리킨다. 心說: 첫째, 心은 氣이다. 둘째, 心에는 지각능력이 있다. 셋째, 心의 본질은 虛靈不昧하고 神明不測이다. 넷째, 太極(理)을 가지고 있다. 단 太極은 아니다. 다섯째, '求放心'의 心은 氣의 靈으로서의 心이지, 맹자의 도덕본심이 아니다." 졸저, 「樗村 沈銷의 주자학」, 『양명학』 43호(한국양명학회, 2016), 109-110쪽 참고.

44) 『耳溪集』卷31, 「墓碣銘」, 「遁谷李先生墓碣銘幷序」. "我舅氏樗村沈先生, 有道義之友, 曰遁谷李先生. 少從霞谷鄭先生, 聞爲己之學, 及摳衣于明齋尹先生之門." 일본 학자 白井順에 의하면, 둔곡은 26, 7세 때 윤증의 문인으로 들어가 尹東洙, 尹源源 등과 함께 학문을 논했다고 한다. 白井順, 「沈銷と李震炳と李星齡-鄭齊斗の周辺」, 『양명학』 30호(한국양명학회, 2011), 334쪽 참고.

가르침을 받은 것은 분명하지만,[46] 학술사상과 관련된 글이 없다.[47]

농암 류수원(聾巖 柳壽垣, 1694~1755)은 하곡의 유문을 수집한 심육의 둘째 동생 심악(沈鐸, 1702~1755)과 절친한 사이이고, 또 류수원의 저서 『우서(迂書)』에 '실사(實事)'를 강조하고 있음을 근거로,[48] 류수원을 '초기 강화학파'로 분류하기도 한다.[49] 그러나 류수원은 주자의 학문을 높이 평가했을 뿐 아니라, 조선 성리학에 대한 학문적 업적이 뚜렷하다고 평했다.[50] 류수원이 반대했던 것은 "주자의 책을 장만해 놓고 성리(性理)를 이야기하며, 사대부들이 조금만 글을 쓸 줄 알면 바로 도학(道學)을 논하는 말을 구사하여, 외면적으로 보면 훌륭하지 않은 것은 아니었다. 그러나 대체적으로 몸과 마음속에서 체험하여 나온 것이 아니라, 껍데기만 주워 모아 형식만 꾸며 놓고서 스스로 기뻐한 것이니, 명성이 아무

---

45) 조민환, 「白下 尹淳의 書藝美學에 관한 연구」, 『한국사상과 문화』 36집(한국사상문화학회, 2007), 373쪽 참고.

46) 『백하집』 「白下集附錄」 「行狀(尹得輿)」, "留心近理之學, 請益於霞谷鄭先生齊斗, 先生每服識解之高明." '한국고전종합DB' 참고.

47) 한국고전종합DB에 있는 『白下集』 목록 참고.

48) 류수원, 『우서』 1卷, 「論備局」, "分四民之業, 使之各趨實事, 以求衣食, 則儒生必有作興之實." 같은 책, 卷10 「論變通規制利害」, "惟務實事, 不尙浮論, 則國體尊嚴, 世道淸明."

49) 정인재, 앞의 책, 425-429쪽 참고.

50) 한국고전종합DB, 고전번역서, 『우서』 제10권, 「규제를 변통하는 利害에 대하여 논의함」. "寒暄堂·一蠹·靜菴 등이 계승 탄생하여 주자의 傳注를 존중하고 『근사록』을 表章한 뒤에야 우리나라 사람들이 비로소 학문의 길을 알게 되었고, 晦齋·退溪가 뒤이어 탄생하여 저술함으로써 儒風이 조금씩 진흥되어 노망스러운 풍습을 점차 벗어나게 되었다. 그 뒤로 학자들이 어떤 사람은 經書와 『心經』·『근사록』 등을 연구하기도 하고, 어떤 사람은 禮書의 變疑處를 연구하기도 하며, 어떤 사람은 주자의 책을 널리 읽기도 하고, 어떤 사람은 『語錄』을 많이 보기도 하여 점점 학문가의 수가 이루어져 가고 論說도 차츰 이해하게 되었다. 그들이 실제로 터득한 것이 과연 어떠했는지는 알 수 없어도 학문하는 길만은 자못 뚜렷하게 되었던 것이다."

리 높을지언정 실제에는 무슨 소용이 있겠는가."[51]라는 말에서 볼 수 있는 것처럼 성리학자들의 위선적인 학문 태도에 대한 비판이다. 게다가 『우서』에서 말하는 '실사'가 '본심에 전념하고, 자신에게 신실하다(專於內, 實於己)'라는 심학(心學)에서 말한 것인지도 모호하다. 왜냐하면 『우서』에는 '실사(實事)'에 대한 설명이 전혀 없기 때문이다. 따라서 비록 하곡학의 핵심이 실심[實理]에서 그 '실(實)'을 실현하는 것이지만, 그렇다고 '실(實)'이라는 용어만 보고 하곡학파로 분류하는 것은 문제가 있는 것 같다.

　백운 심대윤(白雲 沈大允, 1806~1872)은 안산에 은거하여 살 때, 하곡의 후예 정기우(鄭基雨)·정만조(鄭萬朝, 1858~1936) 부자 외에 뛰어난 제자였던 정기하(鄭基夏)를 중심으로 하여 소규모의 학파를 형성하고 있었다.[52] 이처럼 심대윤의 학문은 하곡학과 관련이 있다. 다카하시 도루(高橋亨, 1878~1967)는 심대윤의 학문적 원류를 하곡에 두고, 19세기 조선의 양명학자로 규정했다.[53] 그러나 정인보는 심대윤의 학술사적 업적을 극찬했지만, 『양명학연론』에서 심대윤을 조선양명학파에 넣지 않았다.[54] 장병한에 의하면, 심(心)·성(誠)·이기론(理氣論)·격물치지(格物致知) 등에 대한 심대윤의 해석은 모두 양명학과 배치된다.[55] 바로 이와 같은 이유 때문에 정인보가 심대윤을 조선양명학으로 분류하지 않았다

---

51) 류수원, 『우서』 10卷, 「論變通規制利害」. "家置朱書, 戶談性理, 士大夫稍解操筆, 輒辨論學說話, 自外面觀之, 非不彬彬. 而大抵非從身心上體貼出來者, 掇拾瀾翻, 文飾自喜, 名聲雖大, 實際何有." 번역은 한국고전종합DB, 고전번역서, 참고.

52) 장병한, 「19세기 양명학자로 규정된 심대윤의 사유체계」, 『한국실학연구』 10집(한국실학학회, 2005), 262쪽 참고.

53) 高橋亨, 이형성 편역, 『조선유학사』(예문서원, 2001), 318-325쪽.

54) 정인보, 홍원식 해설, 『양명학연론』(계명대학교 출판부, 2004) 참고.

55) 장병한, 앞의 논문, 263-270쪽 참고.

고 생각된다.

이상과 같은 논증을 근거로 할 때, '초기강화학파'는 문인들의 학술 사상을 바탕으로 다시 정립되어야 한다. 즉 단순히 하곡의 문인이기 때문에 '하곡학파'로 분류하는 것은 지양해야 한다. 그래서 여기서는 하곡 문인의 저술 가운데 하곡학적 사유체계가 비교적 농후한 항재 이 광신(恒齋 李匡臣)과 원교 이광사(圓嶠 李匡師) 그리고 월암 이광려(月庵 李匡呂)의 하곡학적 사유를 살펴보고, 이들이 어떤 모습으로 하곡의 학 문을 드러내고 있는지 살펴보고자 한다.

조선의 성리학은 주자학의 '심통성정(心統性情)'설을 바탕으로 심(心) 을 성(性)·정(情)을 통섭[統]하는 것으로 파악하여 심은 기(氣), 성(性)은 리(理)가 되어 성즉리(性卽理) 이론을 정립한다. 이에 반해 양명학은 심 (心) 자체를 리로 파악하는 심즉리(心卽理) 이론을 세운다. 다시 말하면 심을 어떻게 규정하느냐에 따라 주자학과 양명학으로 구분된다. 리의 '역동성[動] 여부' 또한 주자학과 양명학을 구분하는 중요한 분기점이 다. 이외에 '격물치지'에 대한 해석 또한 주자학과 양명학을 갈라놓는 핵심 요소다. 그래서 여기서는 '심성론과 이기론 그리고 격물치지' 등 세 가지 주제로 분류하여 이광신과 이광사 그리고 이광려의 하곡학적 사유를 설명한다.

1) 심성론(心性論)

육상산 왕양명과 마찬가지로 하곡 또한 인간을 중심으로 자신의 철학 을 전개한다. 그래서 인간을 규정하는 근원인 심성(心性)을 살펴보자. 주자학과 양명학이 심을 어떻게 규정하느냐에 따라 구분되듯이, 하곡학 역시 심을 어떻게 해석하느냐에 따라 하곡학 여부가 결정된다. 하곡은 심을 다음과 같이 말했다.

> 양명은 안과 밖이 없고, 심과 리는 하나일 뿐이니, 안으로부터 밖으로 나가는 것일 뿐이므로, 사물에서 별도의 리를 구하지 않을 뿐이다.[56]

하곡은 양명과 마찬가지로 심과 리는 하나라고 한다. 즉 '심즉리'임을 강조한다. 하곡은 심이 리인 까닭을 다음과 같이 말했다.

> 이것이 소위 심즉리이다. 그것은 심이 가지고 있기 때문에 심즉리라고 말하며, 이것은 성의 본연에서 나왔기 때문에 천리라고 말하는 것이니, 이 리는 새 짐승 나무 풀 등에 있는 리가 아니다.[57]

여기서 주목해야 할 점은 심이 '본연의 성[性之本然]'에서 나왔다는 점이다. 즉 심이 비록 '본연의 성'은 아니지만, '본연의 성'에서 나왔기 때문에 '본연의 성'에 속한다. 그래서 하곡은 다시 다음과 같이 말했다.

> 심은 리이며, 성 또한 리이니, 심과 성을 둘로 갈라놓을 수 없다.[58]

---

56) 정제두, 『하곡집』 卷1, 「書(二)」 「閔彦暉書」. "陽明只是無內外, 心理一耳, 只是由內而外, 故不別求理於物耳."

57) 같은 책, 卷1, 「書(二)」 「答閔誠齋書」. "此所謂心卽理, 以其心之所有, 故謂之心卽理. 又以其出於性之本然, 故謂之天理, 非其在鳥獸草木之理也."

58) 같은 책, 卷9, 「存言中」. "心理也, 性亦理也, 不可以心性貳岐矣." 이상호는 하곡의 心을 生理之心과 眞理之心으로 구분하고, 生理之心은 生理를 상대하는 것이고, 眞理之心은 眞理를 상대하는 것이라고 한다. 物理와 生理를 나누는 것은 동의할 수 있다. 그리고 生理 위에 眞理가 있다는 것인지, 生理의 특정적인 측면(예를 들면 仁義禮智)을 眞理라고 한 것인지 검증이 필요하다. '심'에 대해서도 마찬가지다. 生理之心과 眞

심은 성이고 리이다. 그러면 하곡이 말하는 성의 구체적인 내용은
무엇인가? 하곡은 성을 '성의 덕(德)'과 '성의 질(質)'로 나눈다. '성의 덕'
은 자애롭고 측은한 마음[慈愛惻怛之心], 부끄러워하고 염치를 아는 마음
[羞惡廉恥之心], 경외하고 엄숙한 마음[畏敬嚴壯之心], 깨달아 알고 변별하
는 마음[文理辨別之心]의 본원으로 리이다. '성의 질'은 '삶·죽음·요절·
장수의 마음[死生夭壽之心], 춥고·덥고·힘쓰고·편안한 마음[寒熱勞逸之
心], 굶주리고·목마르고·먹고·마시는 마음[飢渴飮食之心], 이득·해로
움·좋아함·싫어하는 마음[利害好惡之心]'이다.[59] 전자는 도덕 본성으로
서 도덕심이고, 후자는 육체적 욕망 욕심이다. 하곡이 말하는 '성즉리'
의 성, '심즉리'의 심은 전자의 도덕본성이고 '진실된 마음[眞理之心]' 즉
실심이다.

이와 같은 하곡의 심성론이 초기 하곡 문인들에게 어떻게 전개되는
지 살펴보자.

(1) 항재 이광신(恒齋 李匡臣, 1700~1744)

이광신은 하곡의 아들 정후일(鄭厚一)과 학문 교류가 많았다. 항재의
일생은 사촌 동생 원교 이광사(李匡師)가 쓴 행장과 조문에 자세히 기록
되어 있다.[60] 행장과 제문에 의하면, 이광신의 부친 이진휴(李眞休)가

理之心의 척도는 무엇인가? 선과 악의 가능성을 모두 가진 것이 生理之心이고, 선만
있는 것이 眞理之心인가? 그러면 心은 도대체 선인가가 악인가? 이처럼 적지 않은
문제점이 발생한다. 본 논문에서는 일단 하곡이 心을 '心卽理'로 규정했고, '心'은 다시
生理之心과 眞理之心으로 구분할 수 있음을 수용한다.

59) 같은 책, 卷9, 「存言中」. "死生夭壽之心, 寒熱勞逸之心, 飢渴飮食之心, 利害好惡之
心, 榮枯欣戚之心, 便自生身命根上帶來, 是亦人性, 是性之質也. …… 慈愛惻怛之心,
羞惡廉恥之心, 畏敬嚴莊之心, 文理辨別之心, 是本原自生身命根上主來, 是性之德也,
是乃所謂之理也. 其由於性體, 發於道心, 固無非道也."

일찍 죽었고(1707), 이로 인해 8세 때부터 조부모와 함께 살았다. 그러나 16세(1716) 때 조모가, 18세(1718) 때 조부가 사망했다. 이광신 또한 44세의 젊은 나이로 갑자기 죽었다.

이광신은 심을 만사의 근원으로 보았다.

> 심이라는 것은, 만사의 근원이다. 만약 끝에 이를 때까지 궁구하지 않으면, 털끝만한 차이가 끝내 천리가 되어, 위아나 겸애의 오류에 빠지지 않을 수가 없다. …… 분석 변별하고 검토하는 일은 잠깐 제쳐두고, 내 본연의 양심으로 검증하여 존양 성찰의 실질적인 것에 힘을 쏟을 뿐이다. 만약 실행하고자 하면 '쥐고 있으면 존재한다(操則存)' 세 글자면 충분하고 다하니, 또 무슨 일이 더 심각하겠는가? 또한 궁격(窮格)을 말할 뿐이다.[61]

심을 만사의 근원으로 본 것은 하곡 '심즉리'의 구체적인 표현이다. 왜냐하면 리는 만사만물의 근원이고, 심이 곧 리이므로 심을 만사의 근원으로 본 것은 옳다. 따라서 '쥐고 있기만 하면 된다[操則存]'. 문제는 인용문 후반부에 있는 '궁격(窮格)'이다. '궁격'을 '궁리격물(窮理格物)'로 해석하기도 한다.[62] 만약 이와 같은 해석에 따른다면, 심을 주자학적인 인식심(리를 인식하는 심)으로 보아야 옳다. 이렇게 되면 '만사의 근원'이 되는 '심'과 다르다.

---

60) 이광사, 『원교집』 卷9, 「五兄恒齋先生行狀」 卷6 「祭恒齋宗兄文」.

61) 이광신, 『선고』, 「答閔士相書」. "夫心者, 萬事之根源. 若不窮到極處, 則毫釐千里, 鮮不陷於爲我兼愛之謬矣. …… 姑捨其辨析商討之事而只當驗. 吾本然之良心, 着力於存養省察之實而已. 若欲行之, 則操則存三字足矣盡矣. 更有事甚乎? 且只以窮格一事言之."

62) 서경숙, 「초기 강화학파 항재 이광신의 심성론」, 『한국철학논집』 13집(한국철학사연구회, 2003), 84쪽.

이광신은 다른 곳에서 '심즉리'를 '리가 간직되어 있는 곳을 가리키는
것'이라고 했다.[63] 즉 이·기(理氣)가 합일된 심에서 리 부분만을 지칭한
것이 '심즉리'라는 의미다. 이 심이 바로 만사의 근원인 심이다. '리가
있는 곳만을 가리키는 심'이 있다면 이·기가 혼합된 부분만 가리키는
심도 있다고 가정할 수 있다.

> 궁리는 반드시 심의 리를 구해야 한다고 생각하여, 인이라 하고, 의라
> 하고, 예라 하고, 지라고 했다. 서로 다른 갖가지 다른 사물이라고 말한
> 후에야, 실질적인 곳에서 의리를 구했다고 말할 수 있다. 궁리의 방법이
> 비록 그것에 저촉되지 않을 수 없지만, 또한 리에 가깝기는 충분하다. 그
> 래서 심즉리라고 말한다. 이것은 내 마음의 리를 궁구하여 인을 구하고
> 의를 구한다는 말이지, 기를 리로 여기는 말이 아니다.[64]

이처럼 이광신에게 있어서 '궁리'의 대상은 외부 사물의 리가 아니라,
심의 리이다. 이것은 하곡이 진리(眞理)를 지칭하는 말로 사용한 '도덕
본심'과 유사하다. 단 궁리의 주체로 말하는 이광신의 심은 앞에서 언급
한 것처럼 사물을 인식하는 '인식심'이다. 이렇게 되면 인의예지 또한
인식의 대상이 되어버린다. 이것이 앞에서 설정한 '이기가 혼합된 부분
을 가리키는 심'이라고 할 수 있는데, 이때의 심은 인식심이다. 그러므
로 외형적으로 '유사'하지만 내용은 전혀 다르다. 이것은 이광재가 하곡
의 심을 명확하게 이해하지 못하고 있음을 보여준다.

---

63) 이광신, 앞의 책, 「與襄中辨難朱王理氣說」. "而弟指理之所蘊藏曰心卽理."
64) 같은 책, 같은 곳. "以爲窮理必求諸此心之理, 曰仁曰義曰禮曰智. 不可等之於事事物
物上云, 然後此可謂求義理實處也. 窮理之方, 雖不能不抵梧於彼, 而亦足近理, 而有辭
矣. 故曰心卽理. 此是窮吾心之理. 求仁求義之言, 而非以氣爲理之說也."

이제 이광신이 말하는 성(性)의 의미에 대해 살펴보자.

> 또 성이란 글자는 심과 생이다. 심이 생겼다는 것은 기에 젖어 있다는
> 것이다. 성을 리로 본다면, 심과 성은 간격이 없으니 심을 리로 삼는 것이
> 또 어째서 안 되는가?[65)]

> 정자의 성즉리설은 사람들이 성을 기로 생각하기 때문에 마침내 이기
> 가 뒤섞인 속에서, 본성 중에서 형기에 이르지 않은 부분을 골라내서, 성
> 즉리라고 명명했다.[66)]

이광신은 심을 이기의 혼합[合]으로 본 것처럼, 성도 이기의 혼합으
로 보았다. 그래서 '성즉리'도 형기와 관련되지 않은 '성'만이 '성즉리'
라고 했다. 앞에서 말한 것처럼 하곡 또한 심을 본연(本然)에서 나온 '도
덕본심과 육체적 욕심', 성을 '도덕본성[本然之性]과 육체적 욕망'으로
나누었다. 이광신이 말한 '형기와 관련되지 않은 성'이란 바로 하곡의
도덕본성이다.

이상과 같이 이광신은 하곡의 심성론을 부분적으로 계승했다고 할
수 있다. 그러나 세밀하지 못한 것은 부정할 수 없는 사실이다. 게다가
『선고』에는 심·성에 대해 더 이상의 체계적인 논의를 찾아볼 수도 없다.
따라서 더이상 진척된 논의를 할 수 없음도 사실이다. 이와 같은 문제점
은 원교, 월암 모두 마찬가지다. 어쩌면 이것이 '초기강화학파'의 공통된

---

65) 정제두, 앞의 책, 「與襄中辨難朱王理氣說」. "且性之爲字, 心生也. 心生是涉氣也. 而
以性爲理, 則心與性無間. 以心爲理又何不可乎?"
66) 같은 책, 같은 곳. "蓋程子性卽理之說, 只爲人認性爲氣故, 遂就理氣混合之中, 剔出
本性之善, 不涉形氣者, 而命名之曰性卽理."

특징이면서 논의를 진척할 수 없는 한계이기도 하다.

(2) 원교 이광사(圓嶠 李匡師, 1705~1777)

이광사의 본관은 전주(全州). 자는 도보(道甫), 호는 원교(圓嶠) 또는 수북(壽北)이다. 예조판서를 지낸 이진검(李眞儉)의 아들이다. 소론이 영조의 등극과 더불어 실각함에 따라 벼슬길에 나가지 못했고, 50세 되던 해인 1755년(영조 31) 소론 일파의 역모 사건에 연루되어 부령(富寧)에 유배되었다가 신지도(薪智島)로 이배(移配)되어 그곳에서 일생을 마쳤다.

이광사는 하곡의 덕의(德義)를 흠모하여 1731년 초봄, 강화도로 들어가 실학(실심에 대한 학문)의 핵심을 들었고, 이듬해 여러 달을 강화도에 머물며 공부했다. 그 후 1736년 온 가족을 데리고 강화도로 들어가 학문을 배우려고 했으나, 갑진(甲津)에 닿았을 때 하곡의 임종 소식을 듣게 되었다.[67] 이처럼 원교는 하곡에게 직접적인 가르침을 받았다. 그러나 『원교집(圓嶠集)』 『두남집(斗南集)』에는 양명학 혹은 하곡학의 핵심인 실심 양지 등과 관련된 전문적인 글이 전혀 없다. 다만 원교의 사촌형인 항재의 문집 『선고(先藁)』에 항재와 원교가 주고받은 편지나 항재의 문집 등에서 산발적이지만 하곡학적 사유를 접할 수 있다.

원교가 '심'을 직접적으로 논한 글은 오직 한 곳 보이는데, 중옹 이광찬(中翁 李匡贊, 1702~1766)의 글을 통해서다.[68] 『대학』의 '심(心)·신(身)·의

---

67) 이광사, 『두남집』 3, 「書贈稚婦繭紙」 참고.

68) 1755년에 을해옥사(乙亥獄事)에 연루되어 1766년 12월 함경도 명천(明川) 유배지에서 불우한 삶을 마쳤다. 학문적으로는 사촌동생 이광사, 이광신과 함께 성리학과 양명학에 대해 깊이 있는 토론을 하였고, 신후담(愼後聃, 1702~1761)과 같은 남인 인물과 당색을 넘어 『대학』에 대해 토론을 하기도 했다. 이승용, 「중옹(中翁) 이광찬(李匡贊)의 생애(生涯)와 시세계(詩世界)에 관한 일고찰」, 『한국한시연구』 23권(한국한시학회,

(意)'를 논하면서 이광찬은 "만약 '의가 심의 근본'이라고 한다면, 이것은 성·정·심·의의 경계를 알지 못하는 것이다."라고 말했다.[69] 이 이외에는 심에 대한 언급을 찾아볼 수 없다. 하곡에 의하면 '의는 심의 발현'이다.[70] 즉 하곡은 심을 의(意)의 근본[本]으로 여겼다. 이광사가 어떤 의미에서 이런 주장을 했는지 알 수 없다. 다만 하곡의 뜻과 어긋난다는 점은 분명하다. 이 한 구절 때문에 이광사가 하곡의 실학을 이해하지 못했다고 할 수는 없다.

이광사는 학문의 뜻을 하곡의 '실학'에 두고 있다. 그 계기는 외사촌형 민사상(閔士相)이다. 실사실언(實事實言)으로 만사를 대하는 외사촌형을 본 후 실사실언을 마음에 새기고 이전의 모든 것을 버렸다. 그리고 실사실언만이 사욕을 제거하고 겉과 속을 같게 하는 유일한 방법이라는 것을 깨달았다. 그리고 심정(心情)의 일체 사욕을 제거하여 어떤 행동을 해도 위반됨이 없도록 해야겠다고 다짐한다.[71] '겉과 속이 같게 하는 것[以其心情, 只如外面, 已而已矣]'이란 바로 하곡의 실심을 말한다. 그러므로 이광사는 하곡의 실심을 정확히 이해했고, 또 온 몸으로 실천하고자 한 후학자다.

이상은 심에 대한 이광사의 관점이다. 자료의 부족으로 이광사가 심을 어떻게 이해하고 있는지 정확히 알 수 없지만, 그의 행적을 놓고

2015), 212-213쪽 참고.

69) 이광찬, 『중용실적』(下), 「論學」. "若曰, 意爲心之本', 是全昧性情心意之界分也." 한국학중앙연구원, 한국학자료센터, 한국고문서자료관, 6쪽.

70) 정제두, 앞의 책, 卷13, 「大學二」. "心之發爲意, 知者意之體, 物者意之用也."

71) 이광사, 『원교집』卷6, 「祭閔兄士相鈺文」. "噫余當初, 志學頗篤, 緣何志學, 見兄感激. …… 此整治方, 只有去私, 以其心情, 只如外面, 已而已矣. …… 自夫見兄, 實事實言, 於心屛營, 一日盡棄. …… 去爾心情, 一切邪私, 只如外面, 無得違畔."

볼 때 하곡의 '심'을 계승했다고 보는 것이 타당하다.

이제 '성(性)'에 대해 살펴보자.

> 리가 곧 성이며, 성과 기는 함께 타고 나와, 함께 뒤섞여 오묘하게 합해
> 져 있다. 따라서 어느 것이 성이고 어느 것이 기인지를 볼 수 없다. 선이
> 라고 하면 모두 선하고 악이라고 하면 모두 악이다.[72]

이처럼 이광사 또한 '성즉리'를 주장했다. 단 '성'이 악이 될 수 있다
는 점은 하곡과 다르다. 이광사는 위 인용문과 같은 주장을 하려고 정명
도의 '성은 곧 기이고, 기는 곧 성이며, 생을 성이라고 한다'는 말을 근
거로 제시했다.[73] 정명도의 이 말은 성체(性體)가 기품을 떠나 존재할
수 없다는 의미다. 그리고 '즉(卽)'은 개념을 정의하는 서술어가 아니라
성체(性體)와 기품이 함께 뒤섞여 분리되지 않음을 의미하는 '즉'이다.[74]
따라서 정명도에 의하면 성은 악이 될 수 없다. 이 점은 하곡도 마찬가
지다. 이광사는 '인간의 자연적 기질'을 믿었는데, 기질이란 좁혀 마음
(心)이라 부를 수 있는 것으로, 상황에 반응하고 욕구를 표현하는 인간
에너지의 기제와 양상을 포괄한다.[75] 이광사는 바로 이런 관점에서 '성
을 기'와 일치시키려고 한 것 같다. 이로 인해 하곡의 '성(性)'에서 벗어
났다고 할 수 있다.

---

72) 이광신, 『선고』, 「辨道甫理氣說-壬戌」. "理卽性, 性與氣, 與生俱生袞, 同妙合實. 未
見其那箇爲性, 那箇爲氣. 善則皆可善, 惡則皆惡."
73) 정명도의 말은 『二程集』 卷第一, 「二先生語」 「端伯傳師說」. "生之謂性. 性卽氣, 氣
卽性, 生之謂性." 10쪽.
74) 牟宗三, 전병술 옮김, 『심체와 성체』 3(소명출판, 2012), 311쪽 참고.
75) 한형조, 「기질은 선한가-아버지 원교의 양명학과 아들 신재의 주자학」, 『정신문화연
구』 통권 123호(한국학중앙연구원, 2011), 82-83쪽 참고.

(3) 월암 이광려(月庵 李匡呂, 1720~1783)

이광려의 자는 성재(聖載), 호는 칠탄(七灘) 월암(月庵)이다. 어린 시절 원교 이광사를 스승으로 삼아 공부했다. 당시 이광사는 1731년에 강화도로 들어가 하곡에게 배웠고, 다음 해 강화도에 머물며 가르침을 받았다. 따라서 이광려 역시 이러한 분위기에 많은 영향을 받았을 것이다.

이광려 또한 다른 초기강화학파와 마찬가지로 '심'에 대해 특별한 정의를 내리지 않았다. 그러나 심을 본체로 본 것은 확실하다.[76] 이광려의 「어록」을 살펴보면, '양지'보다는 '실심'이라는 말이 더 많이 나온다. 예를 들면, '실심으로 실천하다[實心踐履]' '학문을 함에 있어서 실심이 없을까만 걱정할 뿐이다[爲學患無實心耳]' '실심으로 학문을 좋아하다[實心好之]' '실심으로 선을 행하다[實心爲善]' '실심으로 도를 행하다[實心爲道]' 등이다. 이처럼 이광려에게 있어서 '실심'은 학문의 근원일 뿐 아니라 실천의 근원이며, 도를 실현하는 근본이다. 따라서 비록 실심에 대한 정의를 내리지 않았지만, 실심을 리로 본 것은 틀림없다.

'성(性)'에 대한 언급은 거의 없다. 억지로 찾는다면, 이광려는 양명의 양지를 『중용』 첫 장 "하늘이 명한 것을 성이라 하고, 성을 따르는 것을 도라 하고, 도를 닦는 것을 교라고 한다[天命之謂性, 率性之謂道, 修道之謂敎]."와 공자의 "마음이 하고자 하는 것을 따라도 법도를 넘지 않았다[從心所欲, 不踰矩]."로 보았다. 즉 양지를 성·심으로 여겼다. 하곡 역시 성을 양지로 보았다.[77] 그러므로 이광려의 '성'은 하곡의 '성(性)'론에 부

---

76) 이광려, 『이참봉집』, 「語錄」. "故人心雖陷溺交蔽已甚, 若不可復正, 而其本體之不息者, 不可以終無, 不可以終無, 而本體之正, 終可復也."

77) 정제두, 앞의 책, 卷9, 「存言下」. "性者天降之衷, 明德也. 自有之良也, 有是生之德, 爲物之則者也. 故曰明德, 故曰降衷, 故曰良知良能."

합한다. 단 성에 대한 논의가 거의 없다는 점에서 이와 같은 결론이
견강부회일 수 있다.

　이상을 종합하면, 심성론에 있어서 초기강화학파는 하곡의 심성론을
거의 계승했다. 그러나 '심성'에 대한 전문적인 논의가 없다는 점과 특
별한 정의를 내리지 않았다는 점은 아쉽다.

2) 이기론(理氣論)

　하곡철학에서 '리'는 학자에 따라 세 가지(物理·生理·眞理) 혹은 두 가
지(物理·生理)으로 갈라진다. 핵심은 생리(生理)를 다시 진리(眞理)와 구
분할 것이냐 아니냐이다. 즉 '생리'를 형이상학적 존재 원리의 의미와
구체적으로 활동하는 생명력을 가졌다는 의미가 있다로 보기도 하고,[78]
'생리'에서 다시 '진리'를 도출해내기도 하고,[79] 리에 대한 하곡의 관심
이 '정에 맡기고 욕망을 따름(任情從欲)'의 방지에 있기 때문에, 리의 삼
층적 중층 구조가 필요하다고 보기도 한다.[80] '진리'는 '형이상학적 존
재 원리'를 가리킨다. '형이상학적 존재 원리'를 보다 구체적으로 말하
면 '도덕형이상학적 존재 원리'다. 바로 이것이 하곡이 말하는 '진리'다.
여기서는 '세 가지'설을 따른다.

　하곡이 말한 '물리(物理)'란 사람 사이의 도리를 포함한 '사물의 리'를

---

78) 송석준, 「한국양명학의 형성과 하곡 정제두」, 『양명학』 6호(한국양명학회, 2001),
　 23쪽 참고.
79) 김교빈, 「하곡철학사상에 관한 연구」(성균관대학교 박사학위논문, 1992), 15-31쪽
　 참고.
80) 이상호, 「정제두 양명학의 양명우파적 특징」(계명대학교 박사학위논문, 2004), 97쪽
　 참고.

말하는데, 심은 제외된다.[81] 하곡은 '물리'와 사람의 리가 다르다고 보았다. 왜냐하면 사람에게는 인의(仁義)의 순선함이 있기 때문이다. 하곡은 이것을 '생리'라고 했다.[82] '진리'는 심의 '밝은 덕[明德]'으로 도덕적 의미의 리를 말한다.[83]

기(氣)에 대해서는 특별한 이론이 없다. 이론의 핵심은 '리와 기의 관계' 및 '리의 동정(動靜) 여부'다. 하곡에게 있어서 리는 활동하는 생명력이 있는 역동적인 리이다. 그래서 하곡은 "쉼 없이 오묘하게 작용하는 것[妙用不息]을 동(動)이라 하고, 불변의 본체이고 불변의 존재자[常體常存]를 정(靜)이라고 하지만, 실은 하나의 리이다."[84]라고 말했다. 이 리는 기의 근원이고 본체다.[85]

리와 기의 관계에 있어서 표면적으로는 '이기일원(理氣一元)'이다. 그러나 리는 기의 근원이고 본체이기 때문에 '일원(一元)'이라고 할 수 없다. 하곡에게 있어서 리와 기는 '관계성'으로 존재한다.[86] 바로 이런 의미에서 말하는 '일원'이다. 즉 하곡이 이기의 관계를 '이기일원'으로 보았지만, 리를 기보다 본질적인 존재로 인정하고 있다는 것이다.

---

81) 정제두, 앞의 책, 卷1, 「書」2, 「答閔彦暉書」. "然則馬牛鷄犬之理, 老少朋友之道, 雖各有其物, 若其則之昭著焉則無非心之本然, 是其理耳."

82) 같은 책, 卷8, 「存言上」 「理一說」. "大抵人物雖本同生, 實則異理, 其血氣雖同, 性情絶異. 此非特人與物爲理. 犬與牛亦不同, 是豈一箇血氣之所當哉, 非所以與論於人性之仁義粹善者也. 生理之體, 雖本一原, 各隨其形氣而所稟有不同. 此所以爲人物之異, 而賦性之理有不同者也."

83) 같은 책, 卷8, 「存言上」 「睿照明睿說」. "其所以統體而爲其條路之主者, 卽其眞理之所在者, 則卽吾心明德是已."

84) 같은 책, 卷20, 「河洛易象」. "指其妙用不息則謂之動, 指其常體常存則謂之靜, 其實一理也."

85) 같은 책, 卷9, 「存言中」. "理爲氣原." "氣之本體爲理."

86) 김교빈, 앞의 논문, 40쪽 참고.

이러한 하곡의 이기론을 초기강화학파들은 어떻게 수용하고 있는지 살펴보자.

(1) 이광신

이광신은 리를 하곡처럼 세분하지 않았다. 이광신은 '리를 기의 주인 [主]'로 보고, 리는 정미[精]한 것으로, 기는 조악한 것으로 보았다.[87] 이러한 관점은 하곡이 리를 기의 근원이고 본체로 파악한 것과 통한다. 리와 기의 관계에 대해 이광신은 다음과 같이 말했다.

> 이기는 본래 자연적으로 혼합되어 하나이지만 둘이고, 둘이지만 하나 이니, 서로 떨어질 수도 섞일 수도 없고, 나눌 수도 없고, 나누지 않을 수도 없다.[88]

> 이기는 나누어 말하면 마치 두 개의 물(物)인 것 같고, 또 두 개의 물이 될 수 없는 것 같기도 하다. 합해서 말하면 하나의 물(物)인 것 같은데, 또 하나의 물(物)이 될 수 없는 것 같기도 하다.[89]

이광신은 '이기일물(理氣一物)'을 부정한다. 단 이기는 오묘한 관계를 유지한다는 측면에서 '하나의 물[一物]'로 볼 수 있음을 긍정한다. 그래서 '이기는 본래 자연적으로 혼합되어[理氣本自混合]' '서로 떨어지지 않고 서로 섞이지 않는다[不相離不相雜]'라고 한 것이다. 이것만 놓고 보면

---

87) 이광신, 『선고』「辨道甫理氣說」. "理是精而氣爲粗. …… 理固氣之主."
88) 같은 책, 「與襄中辨難朱王理氣說」. "弟理氣本自混合, 一而二, 二而一, 不相離, 不相雜, 不可分, 不可不分."
89) 같은 책, 같은 곳. "理氣分而言之則似二物, 而又非可以爲二物也. 合而言之則似一物, 而又非可以爲一物也."

주자의 이기(理氣) 관계와 유사하다. 그러나 주자는 '이기'를 '절대로 두 개의 물(決是二物)'이라고 했다. 그러므로 주자의 '이기 관계'와 다르다. 하곡에게 있어서 '이기'는 '관계성'으로 존재한다. 바로 이 점을 보고 이광신이 이기의 관계를 이처럼 파악한 것이 아닌가 생각된다. 그러나 이기 관계에 대한 이광신의 이기론은 위 인용문 이외에 찾아볼 수 없기 때문에 더 이상 논의를 전개하기 어렵다. 긍정적으로 본다면, 이광신은 하곡의 이기론 일부를 수용하고 있다고 할 수 있다.

리의 동정(動靜)에 대해 이광신은 '적연한 오묘함[寂然之妙]'를 통해 동정체용(動靜體用)이 같음을 주장했다.

> '적연함'의 '적'자는 비록 고요하다는 '정'자와 비슷하지만, 이미 리의 오묘함이므로, 원래부터 흔적이 없으니, 형이상이며, 소이연이다. …… 이 '적연한 오묘함'은 '한 번 움직이고 한 번 고요함'에 얽매이지 않고, 저절로 활발하다. 음이 고요할 때에도 적연한 오묘함이 유행하고, 양이 고요할 때에도 적연한 오묘함이 유행하니, 원래 양이 움직이는 것과 상대적인 것이 될 수 없고, 서로 체용이 되어 마치 하나의 음의 고요함의 사물과 같다.[90]

'적연함[寂然]'의 '적(寂)'은 형이상(形而上)의 리의 오묘한 역동성을 형용하는 말이다. 이광신의 '적연한' 리를 통한 동정체용동일론(動靜體用同一論)은 하곡이 '쉼 없는 오묘한 작용[妙用不息]·불변의 본체이고 불변의 존재자[常體常存]'로서 '하나의 리[一理]'라고 한 것과 유사하다.

---

90) 같은 책, 「答道甫書-甲寅」. "此寂然之寂字, 雖似與彼靜字相類, 而旣是理之妙者, 則元無迹, 是形以上者, 而所以然者也. …… 此寂然之妙, 不濡於一動一靜之間, 而自是活潑潑底. 陰靜之時, 卽寂然之妙所行底, 陽靜之時, 卽寂然之妙所行底, 元非可與陽動相爲對待, 相爲體用, 而如一個陰靜物事也."

(2) 이광사

이광사의 이기론을 살펴보자. 이광신과 마찬가지로 이광사 또한 하곡처럼 리를 세분하지 않았다. 심지어 이광사의 이기론은 이광신과 주고받은 서신을 통해서 간접적으로만 짐작할 수 있다.

이광사는 주자 양명 하곡과 마찬가지로 '성즉리'를 주장한다. 단 리(理)의 '역동성'에 대해서는 주자와 율곡의 주장에 의문을 제기하면서,[91] 성(性)을 동정(動靜)의 정(靜)으로만 본다면, 성(性)·정(情)이 둘로, 이(理)·기(氣)가 둘로 나누어지는 것을 우려했다.

> 만약 적연한 성이라고 하면, 사람이 하루 종일 적연하고 고요하게 보냈다면, 이것은 하루 종일 성은 있지만 정이 없고, 리는 있지만 기가 없다는 것입니까? 또는 하루 종일 생각하고 움직였다면, 이것은 하루 종일 정은 있지만 성이 없고, 기는 있지만 리가 없다는 것입니까?"[92]

이처럼 이광사는 이기를 동(動)과 정(靜)으로 나누는 것일 뿐 아니라, 리의 역동성을 부정하는 주자 율곡의 성리학에 강한 회의감을 나타냈다. 이는 '동정일리(動靜一理)'임을 주장하고 리의 역동성을 강조한 하곡의 이기론 영향을 받은 것이라고 볼 수밖에 없다. 다만 앞에서 언급한

---

91) 같은 책, 「答道甫書-甲寅」. "性卽理, 卽太極, 卽所以然者. 而朱子以寂然不動者謂性, 未發爲性. 栗谷又以中與寂爲性爲理. 而所謂寂然, 所謂未發之中, 是靜. 靜卽陰, 陰卽氣, 氣卽旣然者, 則中寂字. 只合用於氣之陰一邊, 而於性分上着中寂字不得, 才着中寂字時, 性便墮了陰靜一邊, 而對待陽動一邊, 是已然之氣, 非所以然之理." 이 글은 항재가 원교의 주장을 발췌한 글이다. 따라서 원교의 정확한 의미를 판단할 수 없다는 점을 고려해야 할 것 같다.

92) 같은 책. "若以寂然爲性, 則人或有終日寂然而靜者, 是一日之內有性而無情, 有理而無氣乎? 或有終日思慮而動者, 是一日之內有情而無性, 有氣而無理乎."

것처럼 자료의 한계로 이광사의 이기론을 더 이상 자세히 알 수 없다. 따라서 이처럼 추론할 수밖에 없다.

(3) 이광려

이광려의 이기론은 이광신의 이기론보다 더 혼란스럽다. 왜냐하면 기존의 『이참봉집』이나 필사본 『이참봉집』에서 '리' '기' 혹은 '이기(理氣)'라는 글자를 찾아보기 어렵다.[93] 필자가 찾아낸 것은 '리'이다.

> 이른바 형이상이란 무엇인가? 형이상이란, 리이고, 심이다.[94]

리가 '형이상'이라는 것, 그리고 '심즉리(心卽理)'라는 것 이외에 우리가 유추할 수 있는 것은 전혀 없다. 다만 심성론에서 언급한 이광려의 '실심론(實心論)'을 통해 이광려가 초기강화학파라는 것만 확실하게 알 수 있을 뿐이다.

하곡의 리는 '쉼 없이 오묘하게 작용하면서[妙用不息]·불변의 본체이고 불변의 존재자[常體常存]'로서 역동적인 리이다. 이기 관계에 있어서는 이기일원(理氣一元)이지만 리를 기(氣)보다 본질적인 존재로 보고 있다. 이광신은 일기일물(理氣一物)을 부정하지만, 오묘한 관계를 유지한다는 측면에서 일물(一物)로 본다. 이것은 하곡이 이기를 '관계성'으로 파악한 것과 유사하다. 이광신은 '적연함'의 '적'을 리의 역동적인 오묘

---

93) 기존의 『이참봉집』이란 목판본으로 한국고전종합DB '한국문집총간'에 있는 책이다. 이 책은 4권으로 되어 있는데, 1권 2권은 「시」이고, 3권 4권은 「文」으로 구성되어 있다. '필사본 『李參奉集』'이란 월암의 후손이 소장하고 있던 문집인데, 『雜著』『語錄』『服制私議』로 구성되어 있다.
94) 이광려, 『이참봉집』, 「語錄」. "所謂形以上者, 何也? 形以上者, 理也, 心也."

한 작용을 형용하는 것이라고 보고, '적연한 리[寂然之理]'를 통해 동정체
용동일론(動靜體用同一論)을 주장하는데, 이것은 하곡의 '쉼 없는 오묘한
작용[妙用不息]·불변의 본체이고 불변의 존재자[常體常存]'의 '리'와 유사
하다. 이광사는 리와 기를 둘로 나누는 것을 우려했을 뿐 아니라, 이기를
동(動)과 정(靜)으로 나누고, 또 리의 역동성을 부정하는 주자·율곡의
성리학에 불만을 가졌다. 이는 동정일리(動靜一理)를 주장하고 리의 역동
성을 강조한 하곡의 이기론을 계승한 것이라고 할 수 있다. 이광려의
이기론은 자료의 부족으로 특별히 언급할 것이 없다. 다만 그의 실심론
을 통해 월암이 강화학파라는 것만은 확신할 수 있다.

3) 격물치지론(格物致知論)

주자는 '격물치지(格物致知)'를 '만사만물[事事物物]의 리를 궁구하여
올바른 앎에 이른다'로 해석했다. 이것은 리를 인식의 대상으로 여기는
것이다. 양명은 '격(格)'을 '바르게 하다(正)'로, '사물[物]'을 '심(心) 안의
사물'로, '지(知)'를 '양지'로 해석했다. 즉 주자의 인식론적 해석에서 양
명의 공부론적 해석으로 바꾼 것이다. 하곡은 '격물치지'에 대해 다음과
같이 말했다.

> '치지는 격물에 있다'는 말에서, 치는 '이르다'며, 지는 심의 본체이며,
> 지선의 발현이다. 격은 바로잡음[正]이고, 사물은 사[事]인데, 의가 있는
> 사이다. 본체의 앎에 이르다는 것은, 실제로는 일을 바르게 하는데 있으
> 며, 이르다는 것은 그 사물의 실제를 다하는 것에 불과하다. 그러므로 반
> 드시 그 뜻이 있는 곳의 사물을 바로잡아야 한다.[95]

양명이 말하는 사물이란 내 마음 밖의 것이 아니라, 내 마음이 일상적으로 볼 수 있는 곳이면서, 나의 지(知)가 있는 곳이다.[96]

'격물치지'에 대한 하곡의 해석은 양명과 일치한다. 핵심은 '사물'을 심(心) 밖의 사물에 두지 않고, 심을 대상으로 그것을 바르게 한다는 것이다. '치지'의 '지(知)'는 견문지식[見聞知, 인식론적 앎]이 아니라 덕성지[德性知, 도덕적 앎]이다.[97] 이러한 관점에서 하곡은 격물과 치지를 하나의 일로 여기고, 나아가 격물과 치지를 선후(先後)로 나누는 것도 반대했다.[98]

(1) 이광신

이광신은 '격(格)'을 '이르다[至]'든 혹은 '바르게 하다[正]'든 모두 상관없다고 보았다.[99] '이르다'는 주자학적 해석이다. 이렇게 해석하면 '격물(格物)'의 '사물[物]'이 심 밖의 '사물'이 되어야 한다. 반대로 양명 하곡처

---

95) 정제두, 앞의 책, 卷13.「大學說」「大學(二)」. "致知在格物, 致至也, 知者心之本體, 卽至善之發也. 格正也, 物者事也, 卽意所在之事也. 致其本體之知者, 其實在於其所事之正焉. 而其至也不過盡其物之實爾. 故必卽其意之所在之物而正之."

96) 같은 책, 卷8.「學辯」. "王氏所謂物者非外於吾心也, 乃吾心之日用可見之地, 而吾知之所在者也."

97) 같은 책, 같은 곳. "所謂知者, 卽是非之心人皆有之者也."

98) 같은 책, 같은 곳. "致知格物亦一也, 非兩道也. 何者. 知非外也, 是非之心, 義非外也, 心得其宜, 理非外也. 物非外也, 知是非之物, 心得宜之理. 若以理爲外則是義外也. 物爲外則是以己性爲有外也."

99) 이광신, 앞의 책,「擬王朱問答-壬子」. "非因格字之爲至, 而後方始知做, 讀書思索也. 亦非因格字之爲正, 而後方始知做, 存誠克復也. 然則格物之義, 未知孔子之旨, 在於至, 在於正. 而要不出乎明義理, 正本原二者, 而○○姑捨. 至字正字之執得執失, 而只宜實用力於明義理正本原, 則雖未知格字之爲至. 而不害爲窮理之實. 雖未知格字之爲正, 而不害爲端本之實, 於斯二者, 終必汲合於聖經立言之本旨矣. 何必坐守一格字."

럼 '바르게 하다[正]'로 해석하면 '사물'은 심 안의 사물이 되어야 한다.
따라서 '이르다[至]' 혹은 '바로 잡다[正]' 모두 상관없다고 말해서는 안
된다. 하곡학적 해석에 따르면, 사물은 반드시 '심 안의 사물'로 해석되
어야 한다. 따라서 '격'에 대한 항재의 해석은 하곡에 부합하지 않는다.
'치지'의 '지(知)'에 대해서는 다음과 같이 말했다.

> 앎이 어찌 양지 뿐이겠는가? 보고 듣는 것으로 쌓은 지식 모두 앎이다.
> 그러나 성인이 되는 공부는 심학을 위주로 한다. 그래서 왕양명은 양지를
> 자신의 학설로 삼았다.[100]

즉 '치지'의 앎을 '양지'와 '지식의 앎' 둘로 보았다. 결국 주자학적
해석이든 양명학적 모두 옳다고 보았다. 이 또한 '격(格)'을 '이르다' '바
로 잡다'로 해석한 것과 같은 방식이다. 그렇지만 이광신은 성인의 학문
을 양지의 덕성지에 있다고 보았다. 그래서 지식에 집중하는 것은 진정
한 '앎'이 아니라고 했고,[101] '치지'의 앎을 덕성지라고 했다.[102] 이 점은
하곡의 해석과 같다. 결국 '사물'을 어떻게 보느냐에 있는데, 이광신의
문집 어디에도 '사물'에 대한 구체적인 설명이 없다. 그러나 다음과 같은
글을 보면 이광신은 '사물'을 '심' 밖의 사물로 파악한 것 같다.

> 심의 리와 사물의 리는 서로 관통한다. 그러므로 반드시 사물에 의지하
> 여 심의 리를 궁구해야지, 사물의 리를 궁구하는 것이 아니다.[103]

---

100) 이광신, 앞의 책, 「氷炭錄」. "知豈獨良知. 凡見聞知識皆知也. 而但作聖之功主心學.
故王以良知爲說."
101) 같은 책, 같은 곳. "馳騖於外之知識者, 不可謂之知."
102) 같은 책, 같은 곳. "大學致知云者, 專就德性上知."

심에 있는 리이든 사물에 있는 리이든 모두 심이 갖추고(具) 있는 리이다.[104]

사물의 리는 내 마음의 리이다. 사물의 리를 궁구하는 것이 바로 이 심의 리를 궁구하는 것이다.[105]

이처럼 이광신은 '심의 리'도 인식의 대상으로 본다. 그래서 사물의 리를 궁구하듯이 '심의 리'도 궁구해야 한다고 파악했다. 이것만 놓고 보면, 이광신이 말하는 '심'은 주자학처럼 리를 인식하는 '인식심'이 된다. 이렇게 되면 '심성론'에서 주장했던 것과 맞지 않는다. 사실 이런 이유 때문에 이광사는 이광신을 '주왕절충론자(朱王折衷論)자'라고 했다.[106]

결론적으로 말하면, 이광신은 사물을 '심 밖의 사물'로 보았다. 따라서 사물을 심으로 해석하는 정제두와 다르다. 이광신은 '격물치지'를 논할 때, 주자와 양명의 말만 언급했지 하곡의 말은 전혀 언급하지 않았다.

(2) 이광사

'격물치지'에 관한 이광사의 글은 이광사의 문집 어디에도 찾아볼 수 없다. 그러나 이광사가 중옹 이광찬과 주고받은 편지에 이광사의 '격물치지'에 관한 견해가 있다고 한다.[107] 그러나 이광찬의 문집『중옹실적

---

103) 같은 책, 같은 곳. "蓋以此心之理與彼物之理相貫. 故必依彼物而窮此心之理, 非是窮彼物之理也."

104) 같은 책, 같은 곳. "不官於吾心彼物所寓之理, 卽吾心所具之理."

105) 같은 책, 같은 곳. "朱子窮格是亦心學也. 蓋物理卽吾心之理. 窮物理卽窮此心之理."

106) 이광사,『원교집』卷6,「祭文」「祭恒齋從兄文」. "始慕晦菴, 闡明格致. 後聞霞谷新建之說, 用心於內, 當合行知. …… 初學昧要, 易至外馳, 兄契於心, 求之數歲, 尊崇信慕, 終乃生疑, 復將王朱. 二書在兀, 一一參互, 比較得失. 始時黑白, 棼然參差, 如是累歲, 血戰不已, 終見晦翁, 純然無疵. 王之爲說, 過高而捷, 擔閣其書, 專意考亭."

(中翁實蹟)』(下)에 수록되어 있는 글을 살펴보면, 이광찬의 주장만 기록되어 있을 뿐이다. 이광사가 이광찬의 주장과 반대일 것이라는 가정 아래, 혹은 이광사가 하곡의 덕의를 흠모했기 때문에 하곡의 학술사상을 잘 이해했다는 가정 아래 '사물을 심 안의 사물'이라고 주장하는 것은 문제가 매우 많다. 단 만약 이광사가 '사물을 심 안의 사물'이라고 했다면, 이것은 하곡의 '사물'과 같다고 할 수 있다.

(3) 이광려

'격물치지'에 대해 이광려는 다음과 같이 말했다.

> 소위 치지가 격물에 있다는 것은, '앎의 근본'을 말한다. …… 소위 격물치지는 다른 곳에서 구해서는 안 된다.[108]

'격(格)'과 '사물[物]'에 대한 설명은 없다. '다른 곳'이란 '심 밖'을 말한다. 그러므로 '격물치지'는 '심' 이외의 다른 곳에서 구하지 말라는 말이다. 그래서 다음과 같이 말했다.

> '치'라는 말은 이르지 못한 것에나 해당할 뿐이고, 양지는 본래 그러한 것이니, 곧 지각이다. 지각은 사람이 이르지 못한 바가 아니니, 치양지라는 말은 옳지 않다.[109]

---

107) 심경호, 『강화학파의 문학과 사상』(3)(한국정신문화연구원, 1995), 57–60쪽 참고.
108) 이광려, 『이참봉집』, 「語錄」. "所謂致知在格物者, 知本之謂也. …… 則所謂格物致知, 不可以他求者."
109) 같은 책, 같은 곳. "致之爲言, 所未至也, 而良知本然者也. 卽知覺也. 知覺非人之所未至也, 則謂之致良知不可."

양지는 본래 양지 자신을 실현하는 주체다[本然者]. '치지'의 '앎'이 양지 즉 심이므로 '심' 이외의 다른 곳에서 구하지 말하는 말이다. 이상 두 개의 인용문 이외에 '격물치지'에 대한 이광려의 설명은 없다. 비록 자료는 충분하지 않지만, 이광려의 '격물치지'는 '심 안'에서 찾아야 한다는 점에서 하곡의 주장과 같다.

4) 초기강화학파의 학문적 특징

하곡은 양명과 마찬가지로 '격(格)'을 '바르게 하다[正]'로, '사물'을 '심 안의 사물'로, '앎'을 양지로 해석했다. 핵심은 '사물'이 심 밖의 사물을 가리키는 것이 아니라, '심 안의 사물'이라는 점이다. 이광신은 '격'을 '이르다[至]' 또는 '바르게 하다[正]' 모두 상관없다고 보았다. 또 '치지'의 앎도 '양지' 또는 '지식의 앎' 모두 상관없다고 보았다. 사물은 '심 밖의 사물'로 파악했다. 이처럼 이광신은 '격물치지'에 대해 매우 모호한 자세를 취하고 있다. 이런 관계로 '주왕절충론자'라는 평가를 받았다. 이광사의 문집에는 '격물치지'를 논한 글이 보이지 않는다. 다만 이광찬의 편지를 근거로 유추할 때, 사물을 '심 안의 사물'로 보았기 때문에 하곡의 '사물론[物論]'에 부합한다고 할 수 있다. 이광려의 자료 또한 많지 않은 관계로 하곡의 '격물치지'론에 부합한다고 단정할 수 없지만, 적어도 하곡의 견해를 벗어나지 않았다는 점은 확실하다.

'초기강화학파'란 하곡으로부터 직간접으로 학문을 배웠던 문인들을 지칭한다. 비록 하곡으로부터 학문을 배웠지만, 어떤 학자는 주자학자로 평가되기도 하고, 어떤 학자는 '강화학파'라고 판단할 근거 자료가 부족하다. 이런 이유로 초기강화학파 중 하곡학적 사유가 비교적 농후한 이광신과 이광사 및 이광려의 하곡학 수용을 '심성론'과 '이기론' 그리고 '격물치지론'으로 나누어 설명했다. 이상의 설명을 요약하면 다음과 같다.

심성론: 하곡의 심은 성(性)이고 리(理)이다. 하곡은 성을 '성의 덕(德)'과 '성의 질(質)'로 나누었다. '성의 덕'은 도덕실천의 본성으로서 도덕심이고, '성의 질'은 육체적 욕망 욕심이다. 하곡이 말하는 '성즉리'의 성, '심즉리'의 심은 도덕본성이고 진리의 심[眞理之心 實心]이다. 이광신은 심도 성도 이기의 합으로 보았다. 그래서 '성즉리'도 형기와 관련되지 않은 성만이 '성즉리'라고 했다. 이광신이 말한 '형기와 관련되지 않은 성'이란 바로 하곡의 도덕본성이라고 할 수 있다. 이처럼 이광신은 하곡의 심성론을 부분적으로 계승하고 있다. 이광사의 '겉과 속이 꼭 같게 하는 것'은 하곡의 실심(實心)이다. 이광사 또한 '성즉리'를 주장했지만, '성'이 악이 될 수 있다는 점은 하곡과 다르다. 이광려 있어서 '실심'은 학문의 근원일 뿐 아니라 실천의 근원이며, 도를 실현하는 근본이다. 따라서 실심을 리로 본 것은 틀림없다. '성'에 대한 언급은 거의 없다.

이기론: 하곡이 말하는 리는 '쉼 없이 오묘하게 작용하면서[妙用不息]·불변의 본체이고 불변의 존재자[常體常存]'로서 역동적인 리이다. 이기 관계는 이기일원(理氣一元)이지만 리를 기보다 본질적인 존재로 보고 있다. 이광신은 기본적으로 이기일물(理氣一物)을 부정하지만, 이기의 '오묘한 관계' 측면에서 일물(一物)로 본다. 이광신은 '적연(寂然)'의 '적'을 리의 오묘한 역동성을 형용하는 것이라고 보고, '적연의 리'를 통해 동정체용동일론(動靜體用同一論)을 주장하는데, 이것은 하곡의 '쉼 없이 오묘하게 작용하면서·불변의 본체이고 불변의 존재자'로서의 '리'와 유사하다. 이광사는 리와 기를 둘로 나누는 것을 우려했을 뿐 아니라, 이기

를 동(動)과 정(靜)으로 나누고, 또 리의 역동성을 부정하는 주자·율곡의
성리학에 불만을 가졌다. 이는 동정일리(動靜一理)를 주장하고 리의 역동
성을 강조한 하곡의 이기론을 계승한 것이라고 할 수 있다.

격물치지론: 하곡은 '격(格)'을 '바르게 하다(正)'로, '사물[物]'을 '심 안
의 사물'로, '앎'을 양지로 해석했다. 핵심은 '사물'을 '심 안의 사물'로
보았다는 점이다. 이광신은 '격'을 '이르다[至]' 또는 '바르게 하다[正]'
모두 긍정한다. 또 '치지'의 앎도 '양지' 또는 '지식의 앎' 모두 긍정한다.
사물은 '심 밖의 사물'로 파악했다. 이처럼 항재는 '격물치지' 해석에서
모호한 자세를 취하고 있다. 이광사의 문집에는 '격물치지'를 논한 글이
보이지 않는다.

하곡의 초기 문인들 대부분은 스승 하곡의 학술사상에 버금가는 학
술 저서를 남기지 못했다. 설사 문집이 있다 해도, 학술사상과 관련된
체계적인 글이 아니라 시나 편지 제문 등이다. 이런 이유 때문에 문인들
이 주고받은 서신을 근거로 그들의 학술사상을 유추할 수밖에 없다.

4. 중기강화학파[110]

하곡의 직전(直傳) 제자를 '초기강화학파'로, 재전 제자를 '중기강화학
파'로, 재전 제자 이후의 강화학인을 '말기강화학파'로 분류하기도 한다.
'말기강화학파'를 '후기강화학파'라도 한다.[111] 직전 제자란 하곡이 강화

---

110) 졸저, 「중기하곡학파의 학술사상 연구」, 『양명학』 54호(한국양명학회, 2019)를 저술
    목적에 맞게 수정 보완했다.
111) 서경숙, 「초기 강화학파의 양명학에 관한 연구」, 성균관대학교 박사학위 논문, 2000,
    191-192쪽; 최재목, 「강화 양명학파 연구의 방향과 과제」, 『양명학』 12호(한국양명학

도로 이주하여 거주할 때, 하곡으로부터 직접 배운 문인들을 말하는데, 이광신, 이광사가 가장 대표적이다. 강화양명학연구팀은 이들을 '초기 강화학파'라고 했다.[112] 그러나 정인재는 양보 이광명(良輔 李匡明, 1701~1778), 이광려, 그리고 손자사위 신대우를 하곡의 초기 문인으로 분류했다.[113] 이처럼 비록 포함된 문인들은 약간의 차이가 있지만, 재전 제자를 '중기'로 분류한 점은 일치한다. 필자가 말하는 '중기강화학파'란 하곡의 직전 제자들에게서 하곡의 학문을 배운 문인들이 가리키는데, 대표적 문인으로 완구 신대우(宛丘 申大羽, 1735~1809), 신재 이영익(信齋 李令翊, 1738~1780), 석천 신작(石泉 申綽, 1760~1828) 등이다.

1) 신대우의 학술사상

신대우는 하곡의 손자사위이고, 조선조 대표적 경학자 신작의 부친이다. 「하곡집목록발(霞谷集目錄跋)」에 의하면, 하곡의 문인 심육(沈錥)과 이진병(李震炳) 등이 하곡의 유고를 모으고, 그 유고를 처음 정리해서 35권의 목록을 작성한 제자가 바로 신대우다. 그러나 신대우가 정리한 하곡의 유고는 대부분 분실되었다고 한다.[114] 이처럼 신대우는 강화학파에서 매우 중요한 위치를 차지하고 있다.

하곡의 유고를 신대우가 정리했기 때문인지, 신대우를 초기강화학파로 구분하기도 한다.[115] 이후 신대우에 대한 이러한 평가는 그대로 지속

회, 2004), 56쪽.

112) 강화양명학연구팀, 『강화학파의 양명학』, 한국학술정보, 2008. '차례' 부분 참고.

113) 정인재, 『양명학의 정신』(세창출판사, 2014), 423쪽.

114) 심경호, 「宛丘申大羽論」, 『강화학파의 문학과 사상(4)』, 한국정신문화연구원, 1993. 310쪽.

되었다. 이렇게 되었던 가장 큰 원인은 신대우에 대한 단독 연구가 거의 이루어지지 않았기 때문이다.[116] 2012년 이우진·이남옥은 「강화학파의 형성담론의 재구성」에서 자세한 문헌 고증을 통해 신대우가 정제두·정후일에게 수학한다는 것은 불가능하고, 그의 실질적 스승을 이광명보다는 이광려로 보고 있으며, 나아가 신대우를 이광려와 함께 당시 강화학파를 이끄는 실질적 지도자로 규정했다.[117]

신대우는 15세 때인 1749년 하곡 손녀와의 결혼으로 하곡의 학문과 인연을 맺었다. 혼인한 지 5년 만에 부모님이 모두 돌아가시면서 가세가 극도로 기울었다. 장모 류(柳)씨는 신대우의 가족을 데려와 강화 진강산에 살게 했다.[118]

현존하는 『완구유집(宛丘遺集)』 어디를 살펴봐도 신대우 당시 유학자들의 관심 개념인 이기나 심성 또는 인물성론(人物性論)에 대한 논의는 없다. 심지어 하곡의 후학들이 하곡학의 핵심이라고 하는 '실(實)'·'실충실효(實忠實孝)'·'실치실격(實致實格)'의 '심학', '내면을 오롯하게 하고 자기를 충실히 하는 것[專內實己]', '실심' 등 주요 개념을 직접적으로 논

115) 정인재, 앞의 책, 423쪽. 서경숙, 「강화학파의 원류」, 『오늘의 동양사상』 3호(예문동양사상연구원, 2000), 135쪽. '강화학파 학계도' 참고.
116) 심경호, 「宛丘申大羽論」, 『강화학파의 문학과 사상(4)』, 한국정신문화연구원, 1993.
117) 이우진·이남옥, 「강화학파의 형성담론의 재구성」, 『양명학』 33호(한국양명학회, 2012), 234쪽.
118) 신대우, 『완구유집』 5권, 「鄭氏夫人墓誌銘」. "大羽獲戾於天, 纔冠而失怙恃, 貧無以爲家. 夫人母柳淑人, 清白吏慶昌孫, 愛重余愁靡所賴, 俾占其鄰宅, 於是偕夫人僦居沁州之海上. 沁文康藏修之鄉, 而夫人所生長也. 吾弟妹四人時尚童齒, 隨余于沁, 若穉莖弱苗. 然而夫人視護盡其道, 旣飲食之, 又漱櫛之, 寒而授襦, 暑而授葛, 滌綴敝垢, 熏除蚤蝨." 申綽, 『石泉遺稿』 1권, 「行狀」「先府君事狀」. "遭家不造, 先考妣相繼殞沒, 素貧儉, 葬斂訖益大窘, 遂率率弱弟稚妹, 投跡海濱, 僦居于沁州鎭江南二里許翁逸村塢. 一畝之宅, 方丈之室, 土階松簷, 中日一餐, 人不堪其虞."

한 글도 남기지 않았다.[119] 이런 이유 때문에 신대우의 학술사상을 논할
때, 그의 글 속에 함축되어 있는 내용들을 통해 신대우의 학술사상을
가늠할 수밖에 없다.

신대우의 산문 가운데 양명학적 심학을 가장 잘 드러낸 글로 평가되
는 것은 「철재설(徹齋說)」이다.[120]

> 눈이 밝은 것을 '명'이라 하고, 귀가 밝은 것을 '총(聰)'이라고 한다. '총'
> 과 '명'이 만나서 '밝음'이 나온다. 그러나 '명'에 밝은 것이 반드시 '총'에
> 밝지는 않다. '총'에 밝은 것이 반드시 맛에 밝지는 않다. 코에 있어서도
> 또한 그러하다. 각각의 밝음을 밝게 하지만 그 밝음을 통하게 할 수는 없
> 다. 오로지 마음에 있어서의 밝음은 그렇지 않다. 마음이 관장하는 것은
> 앎이다. 앎의 밝음은, 모든 것에 그 밝음이 통한다. 그러므로 사군에 있어
> 서는 忠에 밝고, 사친에 있어서는 효에 밝고, 집에서의 생활에서는 리에
> 밝고, 자기에게 있어서는 의에 밝고, 타인과의 관계에서는 신에 밝으니,
> 어디를 가도 밝지 않을 것이 없고, 어느 곳에 있어서도 밝지 않은 것이
> 없다. 그러므로 밝음의 앎이 바로 성인의 공이다.[121]

"눈이 밝은 것을 '명(明)'이라 하고, 귀가 밝은 것을 '총(聰)'이라고 한다
[目徹爲明, 耳徹爲聰]."는 『장자』 「외물(外物)」에 나오는 구절이다. '철(徹)'

119) 정제두, 『하곡집』 卷11, 「祭文」 「祭文 盧述等」. "先生之道, 上下昭徹, 惟一實字, 不
　　可微滅, 實忠實孝, 實致實格, 言無夸嚴, 行無僞飾, 鬼神昭布, 天地充塞, 何以命之, 是
　　謂心學." 같은 책 11권, 「門人語錄」. "李匡師曰, 先生之學, 專於內實於己."
120) 심경호, 「宛丘申大羽論」, 『강화학파의 문학과 사상(4)』, 355쪽.
121) 같은 책, 1권, 「雜著」 「徹齋說」. "目徹爲明, 耳徹爲聰. 聰明之會, 徹之所繇生也. 然徹
　　於明者, 不必徹於聰. 徹於聰者, 不必徹於味. 於鼻亦然. 各徹其徹而不能通其徹, 獨徹於
　　心者不然. 心之官知, 知之所徹, 百爲皆濟其徹焉. 故事君徹於忠, 事親徹於孝, 居家徹於
　　理, 爲己徹於義, 與人徹於信, 無所往而不徹, 無所處而無徹, 則徹之知, 固聖功也."

은 '통(通)'이다.[122] 귀는 듣는 것만 관장하고, 눈은 보는 것만 관장하며, 코는 냄새를 맡는 것만 관장한다. 이처럼 이목구비는 각각 관장하는 것이 있다. 오직 '심'만이 모든 것을 관장하고 모든 것에 통한다. 신대우의 이 말은 맹자의 '심이 관장하는 것은 생각하는 것[心之官則思]'이다.[123] '심'이 이목구비 모두를 관장한다는 점에서 맹자나 신대우 모두 같다. 다만 '생각[思]'이라고 말한 점과 '앎[知]'이라고 하는 점이 다르다.

신대우에 의하면 심은 앎을 관장한다. 심의 '밝은 앎[徹知]'은 이목구비의 모든 밝음에 통한다. 마치 맹자의 심이 이목구비 모두를 관장하는 것과 같다. 이런 관점에서 볼 때, 신대우의 '철지(徹知)'와 양명의 양지가 같은 의미라고 보는 것이 타당하다.[124] 그러므로 신대우는 양명의 양지를 '철지'로 재해석했다고 할 수 있다. 신대우의 '철지'는 하곡학을 이해하지 않고서는 나올 수 없는 개념이다.

> 윗단에 채록한 아송은 '대월재천'의 뜻이요, 아랫단에 인용한 경전과 주렴계·정명도의 설은 '천인일리'의 뜻이다. 대개 하늘과 사람은 일리로서 상하 틈이 없는 것인데, 특별히 사람은 성·경으로서 본성을 보존하여 하늘 대하듯 하지 못해 하늘과 간격이 있게 되는 것이다. 반드시 성·경으로 보존하여 하늘을 대하듯 해야 하늘과 더불어 덕을 같이 할 것이다. 그러나 거꾸로 사람이 반드시 성·경으로 본성을 항상 보존하고 상천을 대하듯 해야 하는 것은 하늘과 사람이 일리로서 본래 간격이 없기 때문이다.[125]

---

122) 陳壽昌, 『南華眞經正義』, 新天地書局, 1977, 457쪽.
123) 맹자, 『맹자』「告子上」15. "耳目之官不思, 而蔽於物. 物交物, 則引之而已矣. 心之官則思, 思則得之, 不思則不得也. 此天之所與我者."
124) 정인재, 앞의 책, 450쪽.
125) 『하곡집』卷16, 「詩誦」. "竊觀上端所錄雅頌, 是對越在天之義, 而其下所引經傳周程之說, 是天人一理之義也. 蓋天人一理, 上下無間. 特人不能常存誠敬, 如對上天, 故自

위 인용문은 하곡의 「시송(詩誦)」 끝에 첨부되어 있는 글인데, 신대우의 글인 것 같다고 했다.[126] 주목해야 할 구절은 "주렴계·정명도의 설은 '천인일리(天人一理)'의 뜻이다." 양명은 주자학적·도통론에 대응할 수 있는 양명학적 도통론을 새로 확립하고, 외부 사물의 리에 대한 탐구를 주장하는 정이천·주자를 유가 도통의 계열에서 제외시키고, 주렴계·정명도·육상산을 자신의 도통론에 포함시켰다. 하곡은 이와 같은 양명학적 도통론을 받아들였다.[127] 신대우가 말하는 주렴계·정명도의 '천인일리'론이란, 정명도 철학으로 말하면 천(天)과 인(人)은 '하나의 근본 [一本]'을 의미한다. 정명도의 '하나의 근본론[一本論]'은 천인불이(天人不二)·천인무간(天人無間)을 말한다. 이와 같은 자신만의 철학적 관점을 견지하고 있었기 때문에 '천인합(天人合)'을 말하는 장횡거(張橫渠)의 말에 "하늘과 사람은 본래 둘이 아니니 '합(合)'이라는 말을 할 필요가 없다."라고 말했다.[128]

신대우가 정명도 혹은 왕양명의 어록을 살펴보았는지 알 수 없다. 그러나 하곡의 글을 본 것은 확실하며, 나아가 하곡의 학문을 이해하고 있음도 분명하다. 그래서 마지막 구절에서 "하늘과 사람은 일리로서 본래 간격이 없다[天人一理, 本自無間]."라고 말한 것이다.

신대우는 이덕윤(李德胤)의 행장에서 '내면을 오롯하게 하고 자기를 충실히 함[專內實己]', '진실하여 거짓이 없음[眞實無僞]'라는 말로 이덕윤

間于天. 必須常存誠敬, 如對上天, 然後乃可與天同德, 然而必須常存誠敬, 如對上天者, 蓋以天人一理, 本自無間故也."

126) 정량완·심경호, 『강화학파의 문학과 사상(1)』, 한국정신문화연구원, 1993, 310쪽.
127) 한정길, 「난곡 이건방의 양명학 이해와 현실 대응 논리」, 『양명학』 51호(한국양명학회, 2018), 277쪽.
128) 『宋元學案』, 「明道學案」 「語錄」. "天人本無二, 不必言合."

의 행실을 극찬했다.[129] '전내실기' '진실무위(眞實無僞)'는 하곡학의 핵심 내용이다. 비록 '전내실기' '진실무위'가 무슨 의미인지 논하지 않았지만, '내면을 오롯하게 하고 자기를 충실히 함' '진실하여 거짓이 없음'을 하곡학파가 추구하는 가장 전형적인 인물의 평가 기준으로 삼고 있다는 점은 분명해 보인다.

이상 언급한 어록 이외에 완구의 하곡학적 사유를 발견할 수 있는 글은 현존하는 문집에서 찾아보기 어렵다. 이는 초기강화학파에 속하는 이광신, 이광사, 이광려 등과 비교할 때 하곡학적 사유가 분명하게 드러내지 않았다고 할 수 있다.

2) 이영익의 학술사상

이영익의 부친은 이광사이고, 그의 형은 『연려실기술(燃藜室記述)』을 지은 연려실 이긍익(燃藜室 李肯翊, 1736~1806)이다. 부친 이광사가 부녕(富寧)과 신지도(薪智島)에서 유배 생활을 할 때, 형 연려실은 서울 둥그재(서대문구 충정로2가와 냉천동 뒤에 있는 산으로서, 산이 둥글고 곱다는 뜻에서 붙여진 이름이다. '금화산' '원교'라고도 한다)에서 누이동생을 데리고 생계를 꾸렸고, 이영익은 서울과 강화도를 오가고 유배지의 부친을 모시면서 일생의 대부분을 보냈다. 부친 이광사는 하곡의 문인이고, 이영익 자신도 하곡의 손자사위로서 하곡의 학문을 계승하고자 했다.[130]

---

129) 신대우, 『완구유집』 9권, 「行狀(二)」 「李先生行狀」, "惟先生卓爾, 先立乎其大, 以專內實己之學, 言不離典訓, 行不出倫彝, 日用云爲, 一以蔽之曰, 眞實無僞而已." 李德胤은 全義 사람으로 부친은 성천도호부를 지낸 徵成이며 부인이 하곡의 딸이다. 딸이 하곡의 손자 志尹과 결혼했으므로 이덕윤 집안과 하곡 후손은 겹사돈 관계가 된다. 심경호, 「宛丘申大羽論」, 326쪽.

이영익의 학문에 대해 정인보는 '학문의 깊은 뜻을 탐구하여 스스로 터득한[深造自得]' 학자라고 평하면서, "양명학을 비난한 말이 있는데 전후를 종합하여 보면 이는 궤사(詭辭), 속으로는 양명학을 주장하던 것을 가릴 수 없는 이들"에 속한다고 지적했다.[131] 즉 정인보는 이영익을 양명학을 계승한 강화학파로 보았다. 그러나 심경호는 신재의 심학사상을 논하면서 '양명학의 지행합일설을 수용했지만, '선에 오염되어 붕 떠 있는[浮高染禪]' 양명학의 폐단을 배격하여, 주자의 문인에도 양명의 문인에도 속하지 않고 곧바로 성인이 되기를 갈망한' 학자로 평가했다.[132] 이에 반해 한형조는 이영익을 주자학자로 평가했다.[133]

이영익은 6촌 아우 초원 이충익(椒園 李忠翊, 1744~1816)과의 대화에서 다음과 같이 말했다.

> 군자의 학문은 실행하는 것이 소중하다. 진실로 반드시 실행하고, 진정으로 바르게 닦아 근본을 세우면, 비록 스스로 누구 문인이라고 말하지 않아도, 여전히 성인의 제자이다. 만약 반드시 실행하지 않고서 헛되이 문호만 정한다면, 주자에게 붙으면 주자에게 누를 끼치고, 양명에게 붙으면 양명에게 누를 끼친다. 주자를 배반한다고 말해도, 주자에게 무슨 손해가 있을 것이며, 양명에게 붙는다고 말해도, 양명에게 무슨 이득이 있겠는가?[134]

---

130) 심경호, 「信齋李令翊論」, 『강화학파의 문학과 사상(3)』, 179쪽.

131) 정인보, 홍원식 해설, 『양명학연론』(계명대학교출판부, 2004), 126쪽.

132) 심경호, 「信齋李令翊論」, 180쪽.

133) 한형조, 「기질은 善한가: 아버지 원교의 양명학과 아들 신재의 주자학」, 『정신문화연구』 통권123호(한국학중앙연구원, 2011).

134) 이영익, 『신재집』 2冊 「書」 「答虞臣」. "君子之學, 行之爲貴. 苟能行, 誠正修, 而立大本, 則雖不自謂某門, 固聖人之徒. 若不能行而徒定門路, 則將附朱則累朱, 附王則累王, 雖曰背朱, 何損於朱. 雖曰附王, 何德於王." a252_464c.

이충익과의 대화를 보면 이영익은 주자학도 양명학도 아닌 '군자의 학문'에 중점을 두었다고 할 수 있다. 이영익의 또 다른 말을 살펴보자.

> 지난날 꿈에 손님이 나타나서, 공손하게 말하기를 주자라고 했다. 사려를 제거하는 방법을 묻자, 그것은 적에 맞서서 진을 치는 것과 같다. 만약 우리의 사방이 견고하면, 그 누가 들어올 수 있겠느냐? 먼저 자신을 견고하게 하지 않은 관을 빨리 벗어 항복하는 것이라고 말했다. 조금 있다가 다시 말하기를, 인의예지의 행함은 신이 근본이다. 신이란 실이다. 진실로 실이 없으면, 인의예지가 저절로 행해질 수 없다. 하학은 먼저 이것을 힘써야 한다.[135]

위 인용문은 이영익을 주자학에 가깝다고 주장할 때 인용되는 어록의 일부이다.[136] 여기까지 보면 이영익은 주자학에 가깝다고 할 수 있다. 그러면서 한형조는 아래와 같은 이영익의 말을 인용하여 이영익이 주자학에 가깝다고 주장했다.

> 모두에게 부채를 쓰라 권하고, 예절에 얽매이지 말라 하고, 모두 증점의 방광을 배우게 하고, 이천의 지키려는 것을 꾸짖어 배척하게 하고, 정처 없이 떠돌아다니면서 거리낌 없이 제멋대로 놀게 하여 한 학파의 풍속이 되도록 하는데, 이것이 과연 이른바 군자의 사람 가리키는 도인가?[137]

---

135) 이영익, 『신재집』 2冊 「雜著」 「信齊説」. "昔者之夢有賓, 敬謂之曰朱子, 問除思慮, 曰此如臨敵而設陳, 若我四面堅固, 其誰能入. 不先固於我, 是速冠也. 已而曰, 仁義禮智之行, 信爲本. 信也者, 實也. 苟無實, 仁義禮知, 非可自行. 下學所先務也. 嗟乎, 不敬之不能自進, 其故何也. 心有所向, 慢泛而無實心. 行有所擬, 苟假而無實行. 盖由未信也." a252_453c.

136) 한형조, 앞의 논문, 80쪽.

137) 이영익, 『신재집』 2冊 「書」 「答虞臣」. "勸一座皆用扇, 皆不以禮節絪縛, 皆學曾點放狂, 譏斥伊川謹守, 欲以飄飄放逸, 成一門風俗, 是果所謂君子敎人之道." a252_467d.

위 내용은 표면적으로 볼 때 양명학에 대한 비판이라고 볼 수 있다. 한형조는 이런 내용을 근거로 이영익을 주자학자로 보았다. 문집에는 "주자의 학문의 근본은 바꿀 수 없다."라는 말도 기록되어 있다.[138] 이 말만 놓고 보면 이영익이 주자학적 관점을 유지한 것은 분명한 듯하다.

이상의 인용문 이외에 이영익의 문집 여러 곳에서 양명학을 비판하는 구절을 찾아 볼 수 있다. 이영익은 이충익이 왕양명의 치양지설에 빠지자 다음과 같이 경계했다.

충익은 일찍이 왕양명의 치양지설을 좋아했다. 선생이 말하기를, 양명의 학문은 붕 떠 있고 선에 물들어 있으니, 모름지기 주자의 학문을 배우는 것을 정도로 삼아야 한다.[139]

훗날 이충익은 이 말을 듣고 이영익의 말이 옳다고 여겼다. 이충익은 이영익의 「가전(家傳)」에서 다음과 같이 기록했다.

선생은 "『대학』의 '격물'이란 '사물은 본말이 있음'을 가리키고, '치지'는 선후의 앎을 가리킨다."라고 했다.[140]

'선생'은 이영익을 가리킨다. 이영익이 이충익에게 말한 내용은 '격물치지'의 주자학적 해석이다. 양명학에서 '격물치지'는 양지를 자각하

---

138) 이영익, 『신재집』 2冊 「書」 「答虞臣」. "吾嘗與瓮日言曰, 晦菴爲學之本, 無以易之." a252_467d.

139) 이충익, 『초원유고』 2冊 「文」 「從祖兄信齋先生家傳」. "忠翊嘗喜王氏致良知之說, 先生曰, 王氏之學, 浮高染禪, 須學晦庵爲正. 忠翊久而後信其然." a255_542a.

140) 같은 책, 같은 곳. "先生謂, 大學格物, 卽指物有本末, 而致知者, 致知所先後之知也."

는 공부이고, 선을 행하고 악을 제거하는[爲善去惡] 공부이다. 따라서 성의(誠意) 중심으로 해석하는 주자학적 격물치지와는 다르다.

> 주자의 학문하는 근본은 바꿀 수 없다. (주자는)『초사』『참동계』『음부경』한유의 문장에 이르기까지 모두 주석을 붙였다. 그밖에 기예에 종사한 따위는 취미가 지나쳤기 때문이지 도가 거기에 있기 때문이 아니었다. 왕양명도 도로 나아감이 명확하고 적확하다는 점에서 취할 만한 면이 없지 않지만, 구속을 거리고 황당한 취향을 지녔던 것은 역시 성격이 편벽되어서일 따름이다. 사람이 성인이 아니거늘 어찌 성격이나 기호의 치우침이 없겠는가?[141)

즉 주자의 학문하는 근본을 바꾸지는 않지만, 주자의 치우침이나 양명의 치우침 모두 성인이 아니기 때문에 있을 수 있는 일이므로, 주자 양명 양쪽에서 본받을만한 것만 취해야 한다는 것을 강조했다. 그러면 본받을 만한 것이란 구체적으로 무엇인가? 이영익의 편지에 그 답이 있다.

> 양명이 일찍이 외면에 긍지를 가지려고만 힘쓰는 일을 경계했다. 이 주장은 그래도 폐단이 그리 심하지 않다. 그러나 예절이 (사람을) 속박한다는 주장에 이르러서는, 정말로 억지로 엄호할 수 없다.[142)

'외면에 긍지를 갖는 것(外面矜持)'은 양명학에서 가장 배척하는 것일

---

141) 이영익, 『신재집』冊2 「書」「答虞臣」. "晦菴爲學之本, 無以易之. 至於楚辭參同, 陰符, 韓文, 皆有註. 其他從事技藝之類, 不過嗜癖之偏, 非道亦在是也. 王氏亦非無造道明的之可取. 至於憚拘撿趣浮高, 亦性偏耳. 人非聖人, 豈無性癖嗜好之偏." a252_467d.
142) 같은 책, 같은 곳. "稽山嘗戒專用力於外面矜持. 此說則弊猶不甚. 至若禮節綑縛之說, 正不可强掩護." a252_467d.

뿐 아니라, 하곡학에서도 배척하는 것이다. 하곡의 '실심'은 바로 여기서 출발한다. 예절이 사람을 속박한다는 주장은 양명 말류 학자들이 주장하는 것으로 양명학의 핵심 내용이 아니다. 그러므로 위 인용문의 핵심은 양명학 말류의 '붕 떠 있는 경향[趣浮高]'을 경계하는 것이지, 양명학을 비판하는 것은 아니다.[143)]

이상 이영익의 말을 통해 볼 때, 이영익이 비판하고 경계했던 것은 양명학 말류의 '붕 떠 있고 선에 물들어 있는[浮高染禪]' 것이지, 양명학의 기본사상이 아니다. 다음의 인용문을 보면 이영익이 하곡의 학문을 계승하고 있다는 것을 알 수 있다.

> 아아, 어리석은 내가 나아가지 못하는 것은, 어떤 이유 때문인가? 마음이 지향하는 것이 있지만, 태만하고 (학식이) 얕은데 실심이 없고, 행동에는 그럴듯한 것이 있지만, 단지 임시적이고 실행이 없다. 믿음이 없음에서 말미암는다.[144)]

이영익은 실심이 없고, 실행(實行)이 없는 근본 이유를 믿음[信]이 없는데서 찾았다. 그러면 '믿음'이란 무엇인가? '참됨[實]'이다. 이영익은 "참됨이 없으면, 인의예지가 저절로 행해질 수 없다. 하학(下學)은 먼저 이것을 힘써야 한다."라고 말했다.[145)] 하학은 실심으로부터 시작되어야 한다. '얄팍한 학식과 나태함[慢泛]·그럴듯한 행동[苟假]'은 모두 스스로

---

143) 같은 책, 같은 곳. "稽山之學, 再傳而爲顔鈞, 三傳而爲李卓吾, 滔天之弊, 百倍舊學." a252_469d.

144) 같은 책, 2冊 「雜著」「信齊說」. "嗟乎, 不敏之不能自進, 其故何也. 心有所向, 慢泛而無實心, 行有所擬, 苟假而無實行, 盖由未信也." a252_453c.

145) 같은 책, 같은 곳. "苟無實, 仁義禮知, 非可自行. 下學所先務也." a252_453c.

를 속이는 '자기 기만[自欺]'이다. 하곡학의 핵심은 '자기 자신을 속이지
않는' 부자기(不自欺)의 '실심'이다. 이영익이 생각하는 '군자의 학문'은
양명학 말류나 주자학자들의 '외형적인 것에 자긍심을 갖는[外面矜持]'
'헛된 학문[虛學]'이 아니라, '일진무가(一眞無假)의 속일 수 없는'(정인보
가 규정한 하곡의 철학) 학문을 말한다.

> 리를 체득하고, 의를 축적함이 우리들이 말하는 학문이다. 먼저 사물을
> 찾는 것이, 우리들이 근심하는 폐단이다. …… 우리들은 학문을 사물에서
> 찾을 수 없다는 것을 알기 때문에, 마침내 사물에 대해 나태하고 소홀히
> 한다. 마음에서 찾는다고 하면서, 매번 실리를 축적하는 것이 어렵고, 상
> 황이 먼저 노출되어 있는 것을 근심한다. …… 도란 공으로 우리 몸에 실
> 제로 있는 것(實事)이다.[146]

왕양명에 의하면 '의를 축적[集義]'하는 것은 치양지와 같은 의미다.[147]
양명학에서 리는 심 밖에서 찾는 것이 아니라 심에서 찾는 것이다. 그러
므로 '리의 체득[體理]'은 심 밖이 아니라 안이다.[148] 이것이 이영익이
말하는 '리를 체득하고 의를 축적함[體理集義]'이며, 자신들이 추구하는
학문이다. 그래서 심 밖에 있는 사물에서 찾는 것을 근심했다는 것이다.
   이영익은 자신들이 추구해야 할 학문을 분명히 인식하고 있다. 그것

---

146) 같은 책, 冊2「書」「答虞臣」. "體理, 集義, 吾輩所說之學也. 先求事物, 吾輩所憫之弊
    也. …… 而吾輩則旣知學不可求之物, 故遂慢忽事物, 所謂求之心者, 則每患實理難積,
    光景先露, 終至無所遊心. …… 道者, 公也, 吾身之實事也." a252_469d.
147) 왕양명, 『전습록』2권, 「答歐陽崇一」170조목. "孟子言必有事焉, 則君子之學終身只
    是集義一事. 義者, 宜也. 心得其宜之謂義. 能致良知則心得其宜矣. 故集義亦只是致良
    知." 이하 조목은 정인재·한정길의 『傳習錄』(청계, 2004), 참고.
148) 같은 책, 2권, 「答顧東橋書」133조목. "外心以求理, 此知行之所以二也. 求理於吾心,
    此聖門知行合一之敎."

은 다름이 아니라 양명학적 사고이고, 하곡학의 실심실학이다. 이영익이 우려하는 것은 사물에 대해 나태하고 소홀히 하는 양명학적 말류이다. 이영익은 바로 이것을 고민하고, 또 이로 인해 방황[放浪]했다고 고백했다.[149]

이상과 같이 이영익 학술사상의 근본은 하곡학에 바탕을 두고 있다. 이영익이 주자학을 기웃거린 것은 양명학적 말류 현상을 극복하기 위해서이다. 다만 신대우와 마찬가지로 하곡학 관련 논저가 없다는 점이다. 이런 이유 때문에 정인보는 이영익을 '겉으로는 양명학을 비난하지만, 속으로는 양명학을 주장'한 부류로 분류했다.

3) 신작의 학술사상

신작은 신대우와 정부인(貞夫人) 영일정씨(延日鄭氏, 鄭厚一의 딸, 정제두의 손녀)의 3남 2녀 가운데 둘째 아들로 강화도 옹일리에서 태어났다. 형은 진(縉)이고 동생은 현(絢)이다.

신작의 학술사상에 관한 전문적인 저술로 정량완·심경호의 『강화학파의 문학과 사상(4)』이 있다.[150] 이 책은 '강화학파의 문학과 사상'이라는 주제 아래 총서 형식으로 저술된 것이지만, 이 책의 모든 내용이 신작의 문학과 편지 그리고 학문 및 다산 정약용과의 교류에 관한 것이다. 책 내용을 근거로 한다면 '신작의 학술사상'이라고 하는 것이 적합할 정도로 신작의 학술사상 전부를 소개하고 있다. 그러나 필자가 주목

---

149) 이영익, 『신재집』 冊2 「書」 「答虞臣」, "今吾輩優游於詞章道學之間, 疑似於爲己爲人之際, 東西不着, 百無所成, 眞所謂其爲小人, 亦不索性. 子則能不慮此邪." a252_469d.

150) 정량완·심경호, 『강화학파의 문학과 사상(4)』(한국정신문화연구원, 1999).

하는 부분은 신작과 하곡학과의 관계다. 왜냐하면『강화학파의 문학과
사상(4)』의 목차 뿐 아니라 내용 전체에서, 신작과 하곡학과의 관계를
찾을 수 있는 내용이 거의 없기 때문이다.

비록 하곡학 관련 전문적인 글은 없지만, 신작 나름의 학문적 특징이
있으니, 그것은 바로 경학 방면에 뚜렷한 업적을 남겼다는 점이다. 정
인보는『조선고서해제(朝鮮古書解題)』「감서(憨書)」편에서 신작의『시차
고(詩次故)』『역차고(易次故)』『서차고(書次故)』를 당시의 명저라고 평했
다.[151] 심경호는 이들 3대 저작을 조선 경학의 최고봉이라고 해도 부족
함이 없을 뿐 아니라, 전해지지는 않지만『춘추좌전례(春秋左傳例)』를
저술했고,『의례(儀禮)』등의 예학에도 밝았으며, 강화학의 노자 연구
전통을 이어『노자지략(老子旨略)』을 집필했다고 평가했다.[152] 다만 석
천의 이와 같은 저술들이 하곡학과 어떤 관계인가에 대해서는 별다른
설명을 하지 않았다.

역학은 의리역(義理易)과 상수역(象數易)으로 구분되고, 의리역은 다시
유가역(儒家易)과 도가역(道家易)으로 구분된다. 유가역은『역전(易傳)』을
중심으로 유학의 관점에서『주역』을 해석한 저술이다. 도가역은 왕필(王
弼)의『주역』해석이 가장 대표적이다. 중국과 조선의 유학자들은『주역』
(『역전』포함)을 바탕으로 자신의 철학을 전개하기도 하고, 반대로 자신의
철학적 관점을 바탕으로『주역』(『역전』포함)을 해석하기도 했다. 왕양명
과 하곡 모두 역학 관련 전문 서적은 없다. 다만 자신의 철학적 관점을
바탕으로『역전』의 몇몇 구절을 해석한 어록이 있다. 신작은『역차고』
를 통해 자신의 역학을 전개했다. 이 책에서는 '역(易)'이라는 공통점을

---

151) 정인보, 앞의 책, 3쪽.
152) 정량완·심경호,『강화학파의 문학과 사상(4)』, 315쪽.

근거로, 신작과 양명 혹은 하곡의『역전』해석과의 비교를 통해 신작의 하곡학적 사유를 모색한다.

신작의『주역』해석 방법은 다음 네 가지로 정리할 수 있다. 첫째, 한학 중심의 고증학적『주역』해석. 둘째, 의리적『주역』해석. 셋째, 문자 고증·음고증(音考證)적『주역』해석. 넷째, 문헌 고증을 통한『주역』해석이다.[153]

양명학의 핵심은 양지다. 양명은 양지의 특징을 '적연부동(寂然不動)'으로 풀이했다.

> 본성이 선하지 않을 수 없으므로 앎은 좋지 않음이 없다. 양지는 아직 발현하지 않은 중이고, 확 트여 공정한 것이며, 적연하여 움직이지 않은 본체로서 사람들마다 똑같이 가지고 있다.[154]

양명에 의하면 '적연하여 움직이지 않는' 본체로서의 양지는 발현하지 않는 중(中)이고, 확 트여 공정하다[廓然大公]. 그러나 적연하여 움직이지 않는 양지가 사물을 맞이해서는 '자연히 느끼면 마침내 통하고[感而遂通]'하고, 발현하면 절도에 맞고, 사물에 순응한다.[155]

이 구절에 대해 하곡은 다음과 같이 말했다.

---

153) 서근식,「석천 신작의『주역』해석방법에 관한 연구」,『퇴계학보』119집(퇴계학연구원, 2006), 목차 참고.
154) 왕양명,『전습록』卷中,「答陸原靜書」155조목. "性無不善, 故知無不良. 良知卽是未發之中, 卽是廓然大公, 寂然不動之本體, 人人之所同具者也."
155) 같은 책, 卷上,「陸澄錄」72조목. "此便是寂然不動, 便是未發之中, 便是廓然大公, 自然感而遂通, 自然發而中節, 自然物來順應."

　　'존천리'란 사물의 리를 말하는 것이 아니라, 심이 적연하여 움직이지
않는 본체로서, 사물이 있을 때나 없을 때나 항상 존재하며 어둡지 않을
것을 가리키는 것으로, 큰 근본을 말한다.[156]

　　하곡에게 있어서 심은 적연하여 움직이지 않는다. 적연하여 움직이
지 않는 심은 '사사로운 생각이 없고[無思]', '억지로 하는 것이 없지만
[無爲]', 사물에 감응하면 통하는 실체다.[157] 천리(天理)란 적연하여 움직
이지 않는 심이고 큰 근본이다. 이것은 하곡이 심과 리를 둘로 보지
않고 하나로 보고 있음을 보여주는 근거다. 그래서 "심과 리는 하나일
뿐인데, 단지 안으로부터 밖으로 향하므로, 사물에서 리를 찾아서는 안
된다."라고 말했다.[158]

　　이상과 같이 양명이나 하곡 모두 양지·심·천리를 '적연하여 움직이
지 않는' '사사로운 생각이 없고 억지로 하는 것이 없는[無思無爲]' 본체
로 파악했다. 하곡은 천리 뿐 아니라 도(道)·역(易)·신(神)·성(性) 모두
형이상의 본체로 파악했다.[159]

　　이제 위에 언급된 개념들에 대해 신작은 어떻게 설명하고 있는지 살
펴보자. 먼저 본체로서의 양지·심의 역동성을 묘사한 '적연하여 움직

---

156) 정제두, 『하곡집』 卷1, 「書」(二) 「答閔彦暉書」. "存天理, 非所謂事物之理也. 已見上
　　心理之說 卽指此心寂然不動之體, 通有事無事而常存不昧者是也, 卽大本之謂也." a160_
　　023a

157) 같은 책, 같은 곳. "無思也, 無爲也, 寂然不動, 感而遂通之體." a160_023a.

158) 같은 책, 같은 곳. "心理一耳, 只是由內而外. 故不別求理於物耳." a160_023a.

159) 같은 책, 卷17, 「經學集錄」(上編) 「天之道」. "蓋上天之載, 無聲無臭. 其體則謂之易,
　　其理則謂之道, 其用則謂之神, 其命于人則謂之性, 率性則謂之道." a160_446a. 이 말은
　　程明道의 말이다. 하곡은 程明道를 흠모했다. 그래서 비록 정명도의 말이지만, 하곡의
　　견해라고 보아도 된다. 하곡과 정명도의 사상 비교에 대해서는 졸저, 「程明道 『定性書』
　　에 대한 하곡의 이해」, 『양명학』 15호(한국양명학회, 2005), 참고.

이지 않음[寂然不動]'에 대해 신작은 『계사전상(繫辭傳上)』 10장의 용어 중 '연기(硏幾)'만 설명하고 다른 나머지는 해석하지 않았다.[160]

'한 번 음이 되고 한 번 양이 되는 것을 도라고 한다[一陰一陽之謂道]'(『계사전상』 5)의 '도'에 대한 설명은 다음과 같다.

> 도란 사물의 움직임으로, 도에서 나오지 않는 것이 없다. …… 왕필은 "'한 번 음이 되고 한 번 양이 되는 것'이란, 혹 음이라 말하기도 하고, 혹 양이라 말하기도 하니, 명칭을 정할 수 없다."라고 말했다. 음이 되면 양이 되지 않고, 부드러움이 되면 강함이 되지 않는다. 오로지 음도 아니고 양도 아닌 뒤에야 음양의 근원이 된다. 부드러움도 아니고 강함도 아닌 뒤에야 강하면서 부드러움의 근원이 된다. 그러므로 적음도 없고 형체가 없으며, 양도 아니고 음도 아닌 것이, 비로소 도라고 말할 수 있고, 비로소 신이라고 말할 수 있다. …… 도로 말하면, 깊고 미묘하고 순수하여 알 수 없고, 그 본체는 음과 양에 있으면서 하나가 되고, 양과 음에 있기에 둘이 아니다.[161]

신작은 왕필의 '음도 없고 양도 없다[無陰無陽]' 즉 귀무론(貴無論)적 관점에서 도를 해석하고 있다.[162] 도에 대한 이러한 해석은 양명·하곡

---

160) 申綽, 『易次故』, 「繫辭傳上」 10장. "文選潘勗冊注, 李善引周易鄭玄注曰, 硏喩思慮哲又任昉序. 注李善引此. 呂延濟曰, 硏幾謂硏窮其幾微之理. 釋文, 硏, 蜀本作擘. 幾, 本或作機. 鄭云, 機當作幾微也." 이처럼 신작은 '硏幾'에 대한 풀이만 했다. 韓國經學資料시스템, 〈易經〉 23冊.

161) 같은 책, 「繫辭上傳」 5장. "道也者, 物之動, 莫不由道也. …… 王弼云, 一陰一陽者, 或謂之陰, 或謂之陽, 不可定名也. 夫爲陰則不能爲陽, 爲柔則不能爲剛. 唯不陰不陽然後爲陰陽之宗, 不柔不剛然後爲剛柔之主. 故无劣无體, 非陽非陰, 始得謂之道, 始得謂之神. …… 至於道者, 精微純粹而莫知, 其體處陰與陽爲一, 在陽與陰不二."

162) '귀무론'이란 無를 천지만물의 근원으로 보는 것이다. 이런 관점에서 왕필은 道를 無로 파악하고 있을 뿐 아니라, '一陰一陽'의 '一'도 無로 파악하고 있다. 왕필의 易學에 대한 자세한 내용은 牟宗三, 『才性與玄理』(臺灣, 學生書局, 1985), 115-116쪽 참고.

의 도 해석과 전혀 다르다.

『역전』의 '신묘함[神]'에 대한 신작의 설명은 다음과 같다.

> 『서경』「대우모」주소는 이것을 인용하여, '신묘하고 머무는 곳이 없다' 라고 하면서, 신묘한 도는 미묘하여 비교할 만 한 것이 없는데, 그 까닭을 모르겠다.[163]

위 인용문은 "신은 장소가 없고 역은 형체가 없다[神無方而易無體]."(『계사전상』 4)에 대한 해석이다. 정명도는 '신'을 운동 변화의 본체로서의 '신'으로 파악했다. 그러나 신작은 위 인용문에서 알 수 있듯이 '신묘함[神妙]'으로 풀이했다. "신이란 만물을 오묘하게 하는 것을 말한다[神也者, 妙萬物而爲言者也]."(『설괘전』 6)의 '신(神)'을 귀신의 '신'으로 풀이했다.[164]

"건도가 변화하여, 각각의 성을 바르게 한다[乾道變化, 各正性命]."(건괘(乾卦)『단전(彖傳)』)의 '성'에 대한 신작의 풀이를 살펴보자.

> 성이란 하늘로부터 받은 자질인데, 마치 강유·지속의 차이와 같다. 명이란, 사람의 타고난 성품으로, 귀천·수요가 여기에 속한다.[165]

『역전』에서 성은 도를 이루는 것으로 형이상의 본체다.[166] 양명·하

---

163) 신작, 『역차고』, 「繫辭傳上」 4. "書禹謨疏引此作, 神妙無方, 言神道微妙, 無可比方 不知所以然."

164) 같은 책, 「說卦傳」 9. "漢上易, 鄭玄曰, 共成萬物, 不可得而分, 故合謂之神. 莊三十二年, 左傳疏, 引此云, 雖復鬼神之神, 亦無形象可見. 釋文, 妙王肅作眇, 音妙. 董云, 眇, 成也."

165) 같은 책, 「乾卦」「彖傳」. "性者天生之質, 若剛柔遲速之別. 命者人所禀受, 若貴賤壽夭之屬是也."

곡 모두 '성'을 본체로 파악하고 있다. 그러나 신작은 형이하(形而下)의 '기질[質]'로 파악했다.

이상과 같이 신작은 『역전』의 본체론적 의미의 용어 즉 천리(天理)·도(道)·역(易)·신(神)·성(性)을 모두 형이하의 기(氣, 혹은 기질)로 풀이했다. 신작의 이와 같이 풀이는 하곡학적 사유와 완전히 다르다고 할 수 있다. 신작의 해석은 왜 이처럼 하곡과 다른가? 가장 중요한 원인은 신작의 『역전』 풀이 방법은 한대(漢代) 문헌을 중심으로 한 문자 훈고에 중점을 두었기 때문이다.[167] 즉 철학적 관점보다는 훈고에 중점을 둔 『역차고』를 저술하려고 했기 때문이다.

『역차고』 이외에 현존하는 신작의 문집에서는 신작의 하곡학적 관점을 찾아보기 어렵다. 따라서 신작을 강화학파로 분류하려면 또 다른 기준이 필요하다고 생각된다.[168]

중기강화학파에 대한 이상의 서술을 정리하면 다음과 같다.

하곡학의 핵심은 실심실학이다. '실심실학'이란 실체로서의 도덕본심을 생활 속에서 실현하는 것이다. 하곡의 문인 및 하곡 후학들은 하곡의 실심실학을 계승했고 또 실생활에서 실현했다.

---

166) 『繫辭傳上』 5. "一陰一陽之謂道. 繼之者善也, 成之者性也."
167) 졸저, 「石泉 易學의 특질 연구」, 『양명학』 53호(한국양명학회, 2019), 63쪽 참고.
168) 이에 대해 심경호의 주장은 설득력이 있다. 심경호에 의하면, 강화학파의 인물들은 협의의 양명학적 자구나 강령을 묵수하면서 다른 학문을 배척하지 않았다. 심지어 양명학이라는 정통교학의 범위를 뛰어 넘어서 傍涉하고 학문의 외연을 확장시켜 나갔다. 이런 관점에서 볼 때, 경학에 치중된 석천의 학문 역시 하곡학파(심경호는 '강화학파')에 속한다고 할 수 있다. 문제는 經學(도가 관련 저서도 마찬가지) 관련 저술에서 하곡학이라고 할 수 있는 개념을 찾아볼 수 없을 때도 실심실학의 하곡학파에 귀속시킬 수 있을 것인가?라는 의문은 여전히 존재한다. 심경호, 「강화학안 편술의 제안」, 『양명학』 51호(한국양명학회, 2018), 238쪽.

중기강화학파에서 속하는 신대우, 이영익, 신작을 강화학파라고 하는데, 무엇을 근거로 강화학파라고 할 수 있는가? 이들 3인의 가계도를 근거로 하면, 이들 3인은 분명히 강화학파에 속한다고 할 수 있다. 그러면 '하곡의 학문과 사상의 계승'이라는 학술적 관점에서 이들 3인을 강화학파로 귀속시킬 수 있는가이다. 학계에 알려진 여러 가지 많은 학파 중 강화학파 만큼 학인들이 다양한 학문으로 파생되어 나아간 경우는 거의 찾아보기 어렵다.

신대우, 이영익, 신작은 정인보의 말대로 하곡학과 관련된 뚜렷한 저술이나 논설이 없다. 그러다 보니 현존하는 문집의 내용을 꼼꼼하게 살펴보아야 한다.

신대우의 경우 「철재설(徹齋說)」이외에는 하곡학과 관련된 내용을 찾아볼 수 없을 뿐 아니라, 이 「철재설」마저도 전문적인 저술로 나아가지 않았다. 이덕윤의 행장을 쓰면서 '내면을 오롯하게 하고 자기를 충실히 함[專內實己]', '진실하여 거짓이 없음[眞實無僞]'라는 하곡학 종지를 쓰기는 했지만, 다른 곳에서는 이마저도 찾아볼 수 없었다.

이영익은 신대우에 비해 양명학을 많이 언급했지만, 양명학 말류의 폐단을 마치 양명학 전체인 것처럼 여겨 비판적인 자세를 취하고 있다. 그래서 정인보는 이영익을 '양명학을 비난한 말이 있는데 속으로는 양명학을 주장'한 계보에 넣었다. 그러나 이영익 또한 신대우와 마찬가지로 하곡학 관련 저술이 없다.

신작은 강화학파라기 보다는 경학자로 더 알려져 있다.[169] 그래서 신

---

169) 정인보는 석천을 經師로 규정했다. 정인보, 『石泉遺稿記』, 「記」(鄭寅普). "然石泉顯門之業, 羽翼古經. …… 石泉書中云品節老子注. …… 石泉經師也." 정인보의 이 글은 한국고전종합DB 『石泉遺稿』에 실려 있다.

작에 대한 연구는 하곡학이라는 철학적 관점보다는 경학 관련 연구가 더 많다. 신작의 하곡학 관련 실마리를 찾는데 가장 좋은 자료는 경학 삼대 저술 중 『역차고』라고 할 수 있다. 그러나 『역차고』 전체 내용에서 하곡학 관련 용어는 거의 보이지 않으며, 양명학·하곡학에서 본체론적 개념으로 사용되고 있는 용어조차 문헌 고증학적 관점에서 풀이하고 있다. 신작의 이와 같은 학술을 강화학파로 분류해야 하는지는 좀 더 많은 논의가 필요하다.

'학문과 사상 계승'이라는 좁은 의미의 '학파' 관점에서 중기강화학파 세 문인을 강화학파로 규정하기에는 매우 곤혹스럽다. 그러나 중기강화학파의 특징은 바로 이것이다. 즉 하곡학에 대해 모호한 입장을 취하고 있다는 것이다. 이런 점에서 필자는 중기강화학파를 '모호한[詭辭] 강화학파'라고 규정해도 될 것 같다.

5. 후기강화학파[170]

1970년대 민족문화추진회의 『국역 하곡집』 출간으로 하곡에 대한 연구가 본격적으로 시작되었고,[171] 1995년 '한국양명학회' 창립 후, 하곡사상은 이광사, 이광려, 이광신, 이영익, 이충익, 신대우, 신작, 심대윤

---

170) 졸저, 「후기하곡학파의 실천정신」, 『양명학』 50호(한국양명학회, 2018)을 저술 목적에 맞게 수정 보완했다.

171) 박연수, 「하곡 정제두 사상에서의 인간 이해에 관한 연구」, 성균관대학교 박사학위논문, 1989. 김교빈, 「하곡 철학사상에 관한 연구」, 성균관대학교 박사학위논문, 1992. 송석준, 「한국양명학과 실학 및 천주교와의 사상적 연관성에 대한 연구」, 성균관대학교 박사학위논문, 1992.

등 하곡 후학으로 그 연구 범위가 넓혀졌다. 이들 연구를 바탕으로 인천학연구원은 『강화학파 연구 문헌 해제』를 출판했고,[172] 강화양명학연구팀은 『강화학파의 양명학』을 펴내어 이전의 연구 성과를 집약했다.[173]

2000년 이후 한국 학계는 그동안 많이 논의되지 않았던 후기하곡학자 영재 이건창(寧齋 李建昌, 1852~1898)과 경재 이건승(耕齋 李建昇, 1858~1924), 그리고 난곡 이건방(蘭谷 李建芳, 1861~1939)에 대한 연구를 시작했다. 그러나 이건창, 이건승, 이건방 등 후기강화학파에 대한 지금까지의 연구는 대부분 도덕실천의 원리(인(仁)·양지·실심)에 집중되어 있다는 것이 필자의 생각이다. 그러나 도덕실천의 원리를 실생활에 구현하는 것도 유가의 핵심사상이다.

여기서는 '실심'에 대한 서술보다는 실심의 구현이라는 '실천'적인 측면이 두드러진 후기강화학파의 실천정신을 살펴보고자 한다. '실천'적인 측면이 두드러졌다는 관점에서 필자는 강화에서 활동한 이건창·이건승·이건방 등 후기강화학파 학술사상의 특징을 '실천적 하곡학자'라고 규정한다.[174] 그래서 '실심'이라는 형이상학적 본체론에 대한 해석보다는 변화하는 현실 세계에 시의적절하게 대응하는 '권도(權道)' 또한 유학의 핵심 과제이기 때문에, 후기강화학파 이건창·이건승·이건방 등이 처한 시대적 상황에서 실심을 어떻게 실현하고 구현했는지를 서술하려

---

172) 김수중·조남호·천병돈 공편, 『강화학파 연구 문헌 해제』(인천대학교 인천학연구원, 2007).

173) 강화양명학연구팀, 『강화학파의 양명학』, 한국학술정보, 2008.

174) 후기학파의 문헌(이건창의 『당의통략』·『명미당집』, 이건승의 『해경당수초』, 이건방의 『난곡존고』)에서 하곡학 핵심 개념인 '실심'에 대한 논의는 거의 찾아볼 수 없다. 이건창은 국가를 바로 세우는 방법에 중점을 두었고, 이건승은 항일운동과 애국 운동 및 역사의식 고취에, 이건방은 우리말 쓰기와 단기(檀紀) 표기 및 외국학문 수용에 중점을 두었다.

고 한다.

후기강화학자 이건창·이건승·이건방 등 '삼건(三建)'이 처한 시대적 상황이 그들을 더욱 실천적이게 만들었다. 그래서 필자는 이들을 '실천적 하곡학자'라고 이름 붙였다.

1) 영재 이건창(寧齋 李建昌, 1853~1898)

영재 이건창은 철종 3년(1853) 양산 군수 이상학(李象學, 1829~1888)의 장남으로 강화도 사기리에서 태어났다. 할아버지이며 스승인 이시원(李是遠, 1790~1866)으로부터 가학으로 내려오는 하곡학을 계승했다. 이시원은 형조판서와 이조판서를 지냈고, 1866년 병인양요 때 프랑스군의 침략을 막지 못한 책임을 통감하고 동생 지원(止遠, 이건방의 아버지)과 함께 순절했다.

이건창은 15세(1866)에 강화별시(江華別試)에 합격했고, 1870년 19세에 기거주(起居注)[175]에 뽑혔다. 23세에 서상관(書狀官)으로 추금 강위(秋琴 姜瑋)와 함께 연경(燕京, 북경의 옛 이름)에 갔다. 이때 중국 한림(翰林)의 명사였던 황옥(黃鈺) 장가양(張家驤) 서부(徐郙) 등과 시문을 주고받았고, 그들은 그의 문장과 학문에 탄복했다고 한다. 이런 관계로 이건창에 대한 지금까지의 연구는 대부분 문학 방면에 치중되어 있다.

26세에 호남우도(湖南右道) 어사가 되어 충청지방을 암행하면서 민간의 고충을 묻고 항상 백성들 입장에서 일을 처리했고, 탐욕스럽고 포악한 충청우도 감찰사 조병식(趙秉式)을 탄핵하기도 했다. 그러나 이건창은 거꾸로 모함에 빠져 28세에 평안도 벽동(碧潼)으로 귀양 갔다. 민영

---

175) 사간원의 정5품 벼슬.

익의 도움으로 32세에 경기도 안렴사가 되었다. 경기도 연안 13개 읍을 설치했고, 광주 수원 개성의 세금을 덜어주는 등 모든 일을 임의대로 처리했다고 한다. 이상 두 차례의 안렴(按廉)으로 그는 어사로서 커다란 명성을 얻게 되었다.[176]

이건창 당시의 정치적 상황은 수구파와 개화파로 나누어져 있었고, 이건창은 수구적 입장에서 당시의 정치적 상황을 극복하려고 했다. 그러나 이건창의 수구적 입장은 위정척사론과 차이가 있다. 즉 당시의 위정척사론은 소중화적(小中華的) 화이론(華夷論)에 바탕을 둔 주체적 수구파였지만, 이건창의 수구적 입장은 민족자존적 주체사상이었다. 이와 같은 민족자존적 정치사상은 가학으로 내려온 심학(心學) 사상에서 나왔다.[177]

이건창은 병인양요(1866), 동학혁명(1894), 갑오개혁(1894) 등 근대화의 격동기 속에 살았다. 그래서 젊은 시절부터 정치에 참여했고, 그가 처한 시대적 상황 역시 그를 정치로부터 멀어지게 할 수 없었다. 이러한 시대적 배경이 이건창으로 하여금 사회 개혁에 중점을 두는 삶으로 이끌었다고 생각된다. 저서로는 문집 『명미당집(明美堂集)』과 『당의통략(黨議通略)』이 있다. 이건창의 또 다른 호는 명미당(明美堂)인데, 문집을 『명미당집』이라고 명명한 것은 '명미당'이라는 호에서 비롯되었다.

이건창의 정치서 『당의통략』은 선조 8년(1575)부터 영조 31년(1755)에 이르는 180년 기간의 당쟁에 관한 내용들을 추려서 편집한 것이다. 이

---

176) 이상의 내용은 이희목의 『이건창의 문학연구』(성균관대학교 출판부, 2005)의 서언 부분을 참고했다.
177) 송석준, 「영재 이건창의 심학사상」, 『유학연구』 2집(충남대학교 유학연구소, 1994), 174쪽.

책은 30대 중반인 1890년경에 완성된 것으로 보인다. 『당의통략』이 편찬되기 이전, 이긍익의 『연려실기술(燃藜室記述)』, 고조할아버지 이초원(李椒遠)의 『군자지과설(君子之過說)』, 증조할아버지 이면백(李勉伯)의 『감서(憨書)』, 할아버지 이시원(李是遠)의 『국조문헌(國朝文獻)』 등에 당쟁에 관한 기록들이 전해 내려오고 있었다. 이중 『당의통략』 편찬에 직접적인 영향을 미친 것은 『국조문헌』이다. 이건창은 『국조문헌』에서 당쟁에 관계된 것을 2권으로 정리했는데 그것이 바로 『당의통략』이다. 이건방은 『당의통략』 발문에서 다음과 같이 말했다.

> 사대부가 나라를 위한 계획과 국민을 걱정하는 생각은 하지 않고, 오직 집안끼리 싸움만 하고, 서로 살벌하게 다투기만 한다. 그 이유를 자세하게 살펴보니, 비록 시비와 사정의 분별이 없는 것은 아니지만, 사당을 만들어서, 권리를 경쟁하는데, 혼란과 망국을 재촉하는 것은 똑같다.[178]

즉 당쟁을 국가의 혼란과 망국의 원인으로 보았다. 비록 이건방의 발문이지만, 이건창이 『당의통략』을 지은 목적이라고 생각된다.

국가의 혼란과 망국의 원인을 제거한 후 국가가 가야 할 길은 부강이다. 이건창은 당시 조선의 상황을 다음과 같이 묘사했다.

> 지금이 어떤 때인지 되돌아보시기 바랍니다. 천하는 출렁거리고, 강토의 변방은 외세의 왕래로 어수선하며, 나라는 치욕스럽고 백성은 시름에 잠겨 있으며, 병기는 무뎌지고 재정은 거의 사라졌습니다. 이것이 진정으로 가의가 눈물을 흘리면서 통곡한 날이고, 제갈량이 말한 국가 존망이

---

178) 이건방, 「黨議通略拔」. "士大夫不以國計民憂爲慮, 而惟同室操戈, 互相殺伐. 細究其故, 則雖不無是非邪正之分, 而其植私樹黨, 以競權利, 而促亂亡則一也."

위급한 시기입니다.[179]

1895년 4월 청일전쟁에서 승리한 일본은 타이완과 요동반도를 차지
했다. 이에 러시아는 독일과 프랑스와 함께 요동반도의 청나라 반환을
요구하여 이를 관철시켰다. 같은 해 5월 친일파가 내각에서 쫓겨나고,
7월에는 궁중 호위를 위해 미국 장교의 지휘를 받는 시위대가 편성되
고, 일본 장교가 지휘하던 훈련대는 해산될 것이라는 소문이 돌았다.
일본은 조선의 이러한 조치를 일본에 대한 공개적이고 전면적인 부정
으로 받아들였다. 이에 일본은 배후에 명성황후가 있다고 보았고, 10월
에 명성황후를 시해했다. 이처럼 조선은 외세의 침략으로 위기에 빠져
있었다. 바로 이런 상황에서 이건창이 내세운 것은 국가의 부강을 도모
하는 것이었다. 이건창은 국가 부강의 근원을 왕의 실심에 두었다.

전하가 진실로 나라를 부강하게 하는 것에 뜻이 있고, 반드시 그 효과
가 있기를 바라신다면, 신은 명목에서 구하지 말고 실질[實]에서 구하시
기를 청합니다. 진실로 명목에서 구하지 않고 실질에서 구하려고 하신다
면, 신은 가까운 나라에서 찾지 말고 우리나라에서 찾으시기를 청합니다.
우리가 부유하지 않은 이유는, 반드시 우리에게 가난한 이유가 있습니다.
내가 굳세지 않은 이유는, 반드시 우리에게 약한 이유가 있습니다. 이 모
든 것은 우리에게 있지, 다른 사람에게 있지 않습니다. …… 가난한 이유
를 뒤집으면, 그것이 부유하게 되는 이유입니다. 약한 이유를 뒤집으면,
그것이 굳세게 되는 이유입니다. 부유하고 굳세게 되는 이유는 오직 전하
의 일심의 실질에 달려 있지, 변경의 분분함에 달려 있지 않습니다.[180]

---

179) 이건창, 『명미당집』 卷7, 「疏」, 「擬論時政疏」. "而顧今何如時哉. 寰宇波蕩, 疆圉旁
午, 國耻民愁, 兵鈍財竭. 此誠賈誼流涕痛哭之日, 而諸葛亮危急存亡之秋也."

　이건창은 조선 부강의 첫 번째 조건으로 집정자의 실심을 내세웠다. '가난' 안에 '부유함'의 원인이 있고, '허약함'의 원인이 있다. 나라가 부강하지 못한 이유는 외세의 침략에 있는 것이 아니라, 근원적으로 나라 안에 그 원인이 있다는 것이다. 그래서 나라의 부강의 근원을 다른 나라에서 찾지 말고 우리나라에서 찾아야 한다는 것이다. 이것은 주체적 노력이 무엇보다 중요함을 강조한 것이다. 이건창에게 있어서 실심은 하곡의 실심이다.[181] 따라서 나라의 부강을 이루는 것은 일종의 '실심'의 정책적 발현이라고 할 수 있다.

　실심은 제국주의의 침략으로 위태로운 국가적 존망에서 어떻게 실천되어야 하는가? 이건창은 왕에게 올린 시무책에서 공정한 법집행을 제시했다.

　　전하께서 진실로 공명정대한 도를 법 집행의 책무로 여긴다면, 안팎으로 전하를 위해 법을 집행하는 사람들은 모두 법으로 단속할 수 있으니, 다른 곳에서 빌릴 필요가 없으니, 또한 무슨 어려움이 있겠습니까?[182]

　이건창은 법을 준수하는 것이 곧 공평하고 지극히 올바른 실심의 실현이라고 보았다. 왜냐하면 실심이 외부로 발현된 것이 법이기 때문이

180) 같은 책, 같은 곳. "殿下誠有意乎富強, 而期其必效, 則臣請無求於名而求於實. 誠無求於名而求於實, 則臣請無求於隣國而求於我. 凡我所以不富者, 必我有所以貧也. 我所以不强者, 必我有所以弱也. 是皆在我, 不在人. …… 反所以貧, 則乃所以富也. 反所以弱, 則乃所以强也. 而其所以致此者, 亦惟在殿下一心之實, 而不繫乎變更之紛紛也."
181) 같은 책, 같은 곳. "盖誠者, 實理也. 實理之所在, 卽實事之所由. 實理不存乎內, 則實事不成乎外. 不誠則無物矣. 故苟無實心而徒取其名, 則雖漢武之興禮樂, 漢元之崇儒術, 無救於衰亂."
182) 같은 책, 같은 곳. "殿下誠以大公至正之道, 惟法之是務, 則中外之爲殿下執法者人, 皆可以按之以法. 無所假貸, 亦何難之與有哉."

다. 다시 말하면 법을 통해 실심이 발현되도록 해야 한다는 것이다.

이건창은 봉건국가 제도 아래서 가장 높은 위치에 있는 국왕이 법을 준수하면 밑에 있는 신하들은 자연적으로 법을 준수할 것으로 보았다. 왕이 법을 준수하면, 신하들 또한 사사로운 정에 얽매이지 않고 법대로 집행하기 때문에 곤란에 처하지도 않는다.

법은 공정하게 집행되어야 한다. 그러기 위해서는 법을 집행하는 사람을 잘 뽑아야 한다. 이것이 바로 인재등용이다. 이건창이 제시한 인재등용 방법은 시험이다.

시험은 인재를 양성하고 인재가 능력을 발휘하게 하는데 목적을 두어야 하며, 모든 시험에 모든 사람들이 응시할 수 있도록 전국적으로 실행하고 이를 통해 인재를 발탁하며, 발탁된 인재는 시험의 목적에 맞게 자신의 능력을 충분히 발휘할 수 있도록 해야 하며, 임금의 특별 명령으로 임용하는 중비(中批)는 가급적 줄이고, 임용된 사람의 자질에 맞게 직분을 주어야 한다는 것이 이건창의 인재등용론이다.[183]

시험제도가 합리적이라고 할 수는 없지만 예나 지금이나 관리 등용에 있어서 최소한의 공정한 제도임에는 부정할 수 없는 사실이다. 시험을 통해 등용된 관리는 최소한 공정하게 임용되었기 때문에 사람들에게 공정성을 인정받는다. 그러나 시험이 아닌 특채로 들어온 관료는 대부분 요직을 담당하지 않고, 하는 일도 별로 없어 녹만 축낸다. 그래서 시험을 거치지 않는 임금의 특별 채용인 '중비'라는 특채 제도를 줄

---

183) 같은 책, 같은 곳. "歷試周行, 與衆共之, 然後拔擢而盡其才, 亦所以培養成就之至也. 豈必震耀人耳目爲哉. 至於中批之頻數, 尤莫近日若. 政官唱注, 不過閒司漫職, 與數三貴郎而已. 其餘自節鉞, 至于乘障督郵, 皆出於上裁爲多. 臣未敢知殿下何從而知其人之賢否, 而量其才, 授其職也. …… 萬一有非其人而用之, 是殿下前有侵職之過, 後有失人之悔."

여야 한다는 상소를 올렸다. 특채를 줄여야 하는 이유는 유능한 인재를
더 뽑을 수 있고, 왕의 월권을 줄일 수 있기 때문이다.

　이건창은 국가의 존망을 한 치 앞도 내다보기 어려운 시기에 살았다.
이러한 시기에 국가의 부강에 관심을 가지는 것은 지식인으로서 당연한
의무라고 할 수 있다. 그러나 이건창이 제시한 방법은 국가 비상상태에
대응하는 비상적인 수단이라고 하기에는 부족하다. 게다가 이건창이
제시한 법의 집행이나, 인재등용의 권한은 절대적으로 왕에게 있다. 국
가적 비상상태라면 보다 혁신적인 방안이 제시되어야 한다. 그러나 정
책과 법 그리고 개방적 시험제도를 통한 인재등용이라는 제도적 장치를
통해 실심을 실현하려는 이건창의 개혁론은 긍정적이라고 할 수 있다.

2) 경재 이건승(耕齋 李建昇, 1858~1924)

　이건승은 형 이건창보다 5살 어리지만, 그의 삶은 을사늑약으로 나
라를 빼앗긴 시기였기에 더욱 절망적이었다.

　이건승은 1858년 강화 사기리(沙器里)에서 세 아들 중 둘째로 태어나
1924년 서간도(西間島) 안동현(安東縣, 현 丹東) 접리촌(接梨村)에서 생을
마감했다. 『해경당수초(海耕堂收艸)』(혹은 『경재집(耕齋集)』이라고도 한다)가
그의 문집이다.

　「경재거사자지(耕齋居士自誌)」에 의하면, 이건승의 나이 31세(1891)때
진사가 되었고, 34세(1894) 때 주사(主事)로 임명되었지만 역적들의 권
력 장악으로 나라가 부패하자 부임하지 않았다.

　1905년 을사늑약으로 일본에 국가의 주권을 빼앗겼을 때, 이건승은
기당 정원하(綺堂 鄭元夏)와 죽기로 다짐했다. 그러나 가족들의 만류로

죽을 수 없자, "내가 비록 방안에서 말라 죽은들 나라에 무슨 도움이 되겠는가?"라고 탄식했다. 1906년 재산을 털어 계명의숙(啓明義塾)을 설립하고 인재를 양성했다. 1910년 경술국치로 일본에게 국가의 주권을 완전히 빼앗기자, 비겁하게 일본의 신민으로 살기보다는 중국 만주로 망명했다.[184]

당시 지식인들의 망명지는 지리적으로 가장 가까운 만주 지역 간도(間島)다. 간도는 백두산 동북쪽 두만강과 마주하고 있는 북간도와 백두산 서남쪽 압록강과 마주하고 있는 서간도 전 지역을 가리킨다. 지리적으로 서간도는 안동(安東)·집안(輯安)·통화(通化)·류하(柳河)·회인(懷仁) 등의 현(縣)이 있다. 이들 현은 압록강을 경계로 조선과 나누어져 있기 때문에 조국으로 되돌아오는 중요한 길목이었다.

이건승은 일본의 황국신민으로 살기보다는 '절개를 지키기 위해 해외로 떠난다[浮海去守]'는 심정으로 강화도를 떠나 회인·안동·집안 등지에서 힘겨운 망명 생활을 하면서 조국의 독립을 간절히 바랐다. 이건승이 서간도 망명길에 오른 때는 1910년 9월 24일 52세 때이다. 「서래우존(西來偶存)」의 기록을 근거로 망명길을 서술하면 다음과 같다:

1910년 9월 24일(경재 나이 52세) 강화 '사기리'에서 망명길에 올라 개성에 사는 왕성순 집 도착.
10월 2일 홍승헌과 함께 신의주 '사막촌'에 은신.
11월 28일 고구에서 마지막 생일을 보냄.
12월 1일 중국인의 수레를 타고 압록강 건넘.

---

184) 이건승, 『해경당수초』, 「耕齋居士自誌」.

12월 7일 회인현(懷仁縣) 흥도촌(興道村) 도착. 먼저 도착해 있는 綺堂
의 집에서 세 달 정도 얹혀 삶.

1911년 3월 22일 강구촌(康溝村)으로 이사.

1914년 7월 안동현(安東縣) 접리촌(接李村, '接梨村'이라고도 함)으로 이
사하여 임종할 때까지(1924년 2월 18) 거주.[185]

1905년 11월 17일 을사늑약이 강제로 체결되자 다음과 같은 시를 지
었다.

> 선비이든 대부이든 의로 죽기는 마찬가지다. 상소문은 끝내 궁궐에 이
> 르지 않았는데, 간신은 나라를 팔아먹고 충신은 자결하니, 우리들은 어떤
> 신하가 되려는가![186]

정량완에 의하면 위 시는 을사늑약 직후에 지은 것이다. 황현에게
보낸 편지에서는 "황운경(黃雲卿; 황현)께서는 아직도 인간 세상에 머물
고 있습니까? 이보경(李保卿; 이건승)은 어리석고 미련해서 구차하게 살
아 있을 뿐입니다. 나라는 망했는데 아직 살아 있으니, 사람이 마땅히
죽어야 하는데 살아 있는 것은 다 정상적인 도리가 아닙니다."라고 말했
다.[187] 이처럼 나라를 빼앗긴 비통함에 이건승은 자결을 하려고 했다.
실제로 이건승은 정원하(鄭元夏), 문원 홍승헌(汶園 洪承憲)과 함께 목숨을

---

185) 졸저, 「경재의 양명학과 민족정신」, 『양명학』 41호(한국양명학회, 2015), 119-120쪽.
186) 정량완, 『강화학파의 문학과 사상(5)-특히 耕齋 李建昇의 『海耕堂收艸』를 중심으로』
   (월인, 2012), 「至月十九日訪綺堂」, "士與大夫死義均, 封章竟不到楓宸. 奸臣賣國忠臣
   死, 我輩欲爲何等臣." 256쪽.
187) 이덕일, 『근대를 말하다』(역사의아침, 2012), 102쪽.

끊기로 약속하고 간수를 준비했다.[188] 그러나 죽는 것이 국권 회복에
도움이 되지 못함을 알고 계명의숙을 세워(1906) 후학을 양성했다.

그러나 결국 이건승은 황국신민이 되기 싫어 망명길에 오른다. 간도
로의 망명은 고국을 완전히 떠나는 것이 아니라 절개를 지키려는 '부해
거수(浮海去守)'다. 그러나 이건승은 이것이 진정으로 나라를 위한 것인
지 의심하고 고민했다.[189] 이건승은 황종희(黃宗羲, 1610~1695)가 나라가
망했을 때에도 학문 강론을 그치지 않았다는 것에 대해 비판적이었다.
그러나『명이대방록』을 읽고 황종희의 의도를 깨달았다. 그래서 비록
일본에게 나라를 빼앗겨서 황국신민으로 살더라도, 국가의 미래를 위해
인재를 가르치는 것 또한 나라에 대한 '충(忠)'이라고 생각했다.[190]

어렸을 때부터 같이 자라고 동고동락했던 장례원소경 희래 서병호(掌
禮院少卿 喜來 徐丙祜, 1851~1915)[191]가 죽었을 때, 간도에서 제문(祭文)을
보내면서 처량한 망명 신세를 다음과 같이 한탄했다.

> 나라는 깨지고 백성은 흩어졌네, 이렇듯 때를 못 만남은, 비유하면 초
> 파리와도 같구나. 항아리에 의지하는데, 바람과 우레에 뒤엎어져, 항아리
> 깨어지니 의지할 곳 허공이네. 살아남기도 하고 죽기도 하고, 동으로 서
> 로 떠도는구나. 방관하며 살피니, 다를 것도 없어라. 여기서 살아남아,

---

188) 이덕일, 위의 책, 110쪽.

189) 정량완,『강화학파의 문학과 사상(5)-특히 耕齋 李建昇의『海耕堂收艸』를 중심으
로』,「興道收艸」,「次春世韻寄之」. "형제이면서 知己까지 겸하니, 있는 곳 달라도 뜻은
한 가지(兄弟兼知己, 迹殊意則同). 문 닫고 사니 세상과 끊은 줄 의심하려, 고국을 떠난
게 忠은 아닌 듯(閉門疑絶俗, 去國恐非忠)." 201쪽 참조.

190) 정량완, 같은 책,「西來偶存」,「讀待訪錄有感」. "梨洲當國滅, 講學猶不撤. …… 雖
無官守責, 大儒與人別. 衣皁薙其髮, 何心講帳設. 世人或有譏, 我亦從以說. 及見待訪
錄, 方知公豪傑." 178쪽.

191) 정량완, 같은 책,「徐少卿祭文」, 497쪽.

저기 죽은 이 조상하니, 나 또한 억지웃음, 서러워할 겨를 없네.[192)]

이처럼 이건승은 나라를 잃은 서러움을 뼈저리게 느꼈다. 이에 이건
승은 고국에 있을 때에는 학교를 세워 인재를 양성하고자 했고, 중국에
서는 조국의 민족정신을 일깨우기 위해 독립투사들의 항일운동을 자세
하게 전했다.

먼저 인재양성을 위해 세운 계명의숙(啓明義塾)에 대해 살펴보자. 이
건승은 「계명의숙취지서(啓明義塾趣旨書)」에서 다음과 같이 선언했다.

바로 지금 서양의 부강은 오로지 인재 교육에 있다 하니, 지식을 넓히
고, 사물에 대한 무식을, 자신의 근심으로 삼고, 바르지 못한 행위를, 자
신의 책임으로 여긴다. 학문은 사물을 떠나지 않고, 마음은 행위를 떠나
지 않으니, 사물·행위를 국가에 대한 임무로 삼고, 국가에 대한 임무가
바로 자신의 본분이다. 학문과 사물·행위는, 다르지 않기 때문에, 슬기로
움과 기술이 나날이 번창하고, 국가의 임무와 자신의 본분이 분별이 없으
므로, 부강함이 나날이 발전하니, 이 방법은 우연히 옛 것과 일치하고 오
늘날과는 마땅히 일치한다.[193)]

동양의 학문뿐 아니라, 서양의 학문도 배워야 한다는 이건승의 교육
관은 당시 개화파들의 교육관보다 더 개혁적이라고 할 수 있다. 그리고

---

192) 정량완, 같은 책, 「徐少卿祭文」. "國破民散, 遭此不辰. 譬如醯鷄, 寄托瓮中. 風雷翻
覆, 瓮破托空. 或存或亡, 漂蕩西東. 傍觀視之, 將無異同. 以此或存, 吊此或亡. 我亦嘻
笑, 不暇爲傷." 499쪽.

193) 이건승, 「啓明義塾趣旨書」. "現今 西洋의 富强은 專在敎育人才ᄒ니, 開廣知識ᄒ야,
以一物之不知로 爲己憂ᄒ고, 以一事之不修로, 爲己責ᄒ야, 學不離物ᄒ고, 心不離事
ᄒ여, 事物이 爲國務ᄒ고, 國務가 卽身分이라. 學問事物이, 非二致故로, 智巧가 日盛
ᄒ고, 國務身分이 無分別故로 富强이 日進ᄒ니, 此其法이 暗合於古而宜於今也."

학문이 실생활과 떨어져 있지 않다는 학행일치(學行一致) 또한 이건승 교육관의 특징이라고 할 수 있다. 신용하는「계명의숙취지서」해제에서 다음과 같이 말했다.

1905년 소위 을사조약에 의하여 국권을 박탈당하자 개화파들과 국민들은 혼연일체가 되어 애국계몽운동을 일으켰으며, 그 중에서도 교육구국운동이 전국적으로 전개되었다. 이건창은 1898년 서거하고 아우 이건승은 이 애국계몽운동에 참가하여 대한자강회를 적극적으로 지지하였으며, 그 스스로 동지들을 모아 1907년 5월 24일 그의 조부 이시원의 고향인 강화도 사기리에 신식학교인 계명의숙을 설립하였다. 그러나 그의 학교 설립 취지는 다른 애국계몽운동가와는 약간 달리 동양의 학문과 서양의 학문을 조화시키는 것을 강조하면서 신학문교육을 주장한 특징이 있는 것으로 보인다.[194]

이건승은 애국운동을 고취시키고 역사의식을 높이기 위해서 망명 생활에서도 끊임없이 글을 썼다. 역사의식을 고취시키는 글로는「서명이대방록후(書明夷待訪錄後)」,「독통사(讀痛史)」,「박백암방류호지정안사로수동국근사이시기지(朴白庵方留滬之靜安寺路修東國近史以詩寄之)」,「제박백암은식동명왕실기사론(題朴白庵殷植東明王實記史論)」,「제양군기하소술집안현고구려고적기(題梁君基河所述輯安縣高句麗古蹟記)」,「봉화박오당선양(奉和朴浯堂先陽)」,「곡오당(哭浯堂)」등 7편이 있다. 독립운동가 관련 글로는「백삼규·김덕신전(白三圭·金德新傳)」,「이석대·황봉인봉신전(李碩大·黃鳳仁鳳信傳)」,「천우거사가전(川愚居士家傳)」,「오파거사집서전(梧坡居士集敍傳)」,「안중근전(安重根傳)」,「이재명·김정익전(李在明·金貞益

---
194) 신용하,「啓明義塾趣旨書·唱歌·慶祝歌·創立記念歌·勸學歌」(『韓國學報』6), 291쪽.

傳)」, 「서비자전(西扉子傳)」 등 7편이 있다.[195]

이건승의 글은 형 이건창의 글과는 완전히 다르다. 이건창은 왕권 강화를 통한 보수적 개혁을 요구하는 글이 대부분이다. 이건창의 영향을 받은 이건승이지만, 이건승의 글은 진보적이면서 혁신적이다. 아마도 일제 식민지로 인해 어쩔 수 없이 고국을 떠나 타국에서의 망명 생활을 했기 때문이 아닌가 생각된다.

이건승이 처한 시대적 상황은 일제 강점기였다. 이건승은 이러한 시대적 상황에서 조국의 독립이 가장 큰 임무라고 여겼다. 그래서 민족의식 고취하기 위해 역사서에 대한 논평을 많이 했고, 독립정신을 북돋우기 위해 독립운동과 관련된 글을 많이 남겼다. 이것이 이건승이 실천한 '실심'이다.

3) 난곡 이건방(蘭谷 李建芳, 1861~1939)[196]

이건방은 이건승의 사촌동생이며, 일제 강점기에 국학연구(國學硏究)와 교육을 통해 나라를 구하고자 했던 한국 근세기 최고의 지성으로 존경받는 담원 정인보의 스승이다.

난곡의 문집으로는 『난곡존고』가 있는데, 13권 4책으로 구성되어 있다. 책 표지에는 "이 문집은 선생의 큰아들(諱 琮夏)의 친필이며, 제12권 끝에 있는 '안교리묘지명(安校理墓誌銘)'만은 위당 정인보(爲堂 鄭寅普)선생의 필적입니다."라고 기록되어 있다.

---

195) 이상 7편에 관한 자세한 내용은 천병돈, 「경재 이건승의 민족정신」, 『양명학』 40(한국양명학회, 2015), 164-172쪽 참고.

196) 이건방의 철학사상에 대해서는 2부에서 자세히 논한다. 이 절에서는 후기강화학파 전체를 설명하는 측면에서 간략하게 설명한다.

1905년 을사늑약으로 나라를 잃은 당시의 유생들은 의병투쟁과 애국 계몽운동을 통해 제국주의 일본에 저항했다. 그러나 일제는 야만적인 '남한 대토벌'작전을 통해 호남을 중심으로 한 삼남 일대의 의병들을 살육했다.[197] 의암 류인석은 '의병을 일으켜 일본군을 소탕함[擧義掃淸]·절 개를 지키기 위해 해외로 떠남[浮海去守]·스스로 목숨을 끊는다[自靖致 命]'는 '처변삼사(處變三事)'를 항일의 대처방안으로 제시했다.[198]

이건승은 망명을 택했고, 이건방은 의암의 세 가지 대안 중 어느 것 도 택하지 않았다. 조병세와 민영환은 망국에 대한 책임을 통감하고 순절을 택했다. 이들의 순절에 대해 홍승헌은 이들의 순절이 적절하지 못하다고 주장했다. 홍승헌의 이러한 주장에 대해 이건방은 책임을 지 고 순절했느냐 하지 않았느냐가 중요한 것이 아니라, 내 마음의 의(義) 를 지켰느냐에 중점을 두고 홍승헌의 주장을 반박했다.

> 스스로 책임지고 맡아야 할 중책도 없고, 넘어지면 부축하고 위태로우 면 붙잡아 줄 희망마저 없는 무력함에, 죽음으로 자신의 마음을 밝히고 자신의 의로움을 다한, 두 분의 죽음은 참으로 의로움을 얻었으니, 다시 논의할 만한 것이 없다.[199]

내 마음의 의를 어떻게 지키고, 어떤 상황에서 드러내느냐가 중요한

---

197) 이덕일, 위의 책, 116쪽.

198) 송상훈 編, 『騎驢隨筆』(국사편찬위원회, 1985). "又會士友, 議處變三事, 曰擧義掃淸 也, 曰浮海去守也, 曰自靖致命也, 俱無不可, 令各行其志." 재인용, 이은영, 「20세기초 유교지식인의 망명과 한문학」, 성균관대학교 한문학과 박사논문, 2012, 2쪽 참조.

199) 이건방, 『난곡존고』卷2, 「文祿」「書」「答洪汝園小宰承憲書」. "身無肩責受任之重, 力無扶顚持危之望, 則惟有一死, 可以明吾之心, 而盡吾之義, 此二公之死正得其義, 而 不見其有可議者也."

것이지, 순절이라는 죽음 자체는 커다란 의미를 부여하지 않았다. 즉 '상황에 맞는 중용의 도[時中之道]'에 중점을 두고 순절을 파악해야 한다는 것이다. 그래서 다음과 같이 말했다.

> 군자가 강의하고 변별해야 하는 것은, 국가의 안정과 개인의 순절이 아니라, 마음의 의로움을 강구하고 마음의 의로움을 변별하는 것이다. 평소에도 마음을 잃지 않도록 지키고 길러서, 사물을 마주함에 나의 본심을 정밀하게 살펴서 의리가 밝게 드러나고 사욕에 얽매이지 않게 되었다면, 국가의 안정을 도모해야 한다면 안정을 도모하고, 순절해야 한다면 순절하는 것이니, 자신이 처한 상황에 따라 스스로 중도에 맞지 않은 것이 없게 한다.[200)]

'심의(心義)'란 실심이다. 실심으로서의 심의는 실현되어야 할 뿐 아니라, 시의성도 있어야 한다. 국가의 존망이 위태한 시기에, 국가의 안정도 중요하지만, 순절 또한 항일의 수단이다. 문제는 국가의 안정을 도모하든, 순절을 하든 중요한 것은 시의성에 맞느냐 맞지 않느냐의 문제다. 이건방은 순절이든 국가의 안정이든 시의에 맞게 '심의'을 실천해야 한다는 것이다.

이건방의 이러한 학문정신에 대해 정인보는 「난곡선생묘표(蘭谷先生墓表)」에서 다음과 같이 말했다.

---

200) 같은 책, 「答洪汶園小宰承憲書」, "君子之所講辨, 非靖與殉之講也. 講吾心之義, 辨吾心之義之爲也. 若使存養有素, 而臨事精察, 義理昭著, 而私欲不累, 則當靖而靖, 當殉而殉, 隨所處而自無不中."

갑오년 이후, 세상이 날로 어그러짐에, 영재는 자신의 뜻을 굳게 지키고, 몸가짐을 깨끗이 하는 의를 지켰다. 그러나 선생은 항상 나라를 구하는데 진력했고, 한시라도 듬성듬성해서는 안 된다고 생각했다. 비록 멀리 떨어진 구석에 살고 있지만, 멀리 서양의 헌법, 재정, 형법, 외교를 연구하지 않은 것이 없었다. 옛날 유학자들은 지나치게 춘추를 가져다 쓰고, 우리 것을 다루지 않는 것만 즐겨서 백성들에게 순수함을 잃게 하는데, 말이 여기에 이르러서는 잠시 격앙했다. 선현 중 오로지 정약용만 추앙했으며, 가슴 속의 충직함은 한순간이라도 국가의 존망에 있지 않은 적이 없었다.[201]

이건방은 사서오경 교육에 집중된 유교식 전통적 교육 방법에서 벗어나 서양의 헌법, 재정, 법률 심지어 그들의 외교까지 국가에 실용적인 것이라면 모두 연구했다는 것이 위당의 증언이다. 이건방은 일제 강점기의 상황에서 민족을 지키고 교육을 통해 미래를 준비했다. 이것은 단순히 생명을 부지하기 위함이 아니라, 실심을 지키면서 시대적 상황에 맞는 적절한 대응을 통해 자강의 길을 가고자 했던 것이라고 할 수 있다.

유학은 골동품도 아니고, 강단에만 존재하는 문화적 유산도 아니다. 유학은 일상생활 속에 살아 있는 역동적인 학문이다. 역동적인 유학에 대한 지금까지의 연구는 훈고학적인 이론 분석 및 개념 해석에 치중했다는 점 또한 부정할 수 없는 사실이다. 하곡 및 강화학파에 대한 연구 또한 본체론적 해석에 중점을 두었다는 점에서 유학 연구에 비슷한 실

---

201) 정인보, 『담원정인보전집 6』, 「蘭谷先生墓表」. "自甲午後, 時事日棘, 寧齋狷介, 守潔身之義. 而先生恒主救, 時以爲不可徒邁邁, 雖潛處隩澨, 若遠西國憲財政刑律外交, 無所不究. 節痛往昔儒者過引春秋, 樂不操土而使民失粹, 語及輒激. 仰於先輩, 獨推丁文度, 其胸懷耿耿, 幾無一時不在存亡."(연세대학교출판부, 2009), 170-171쪽.

정이다.

유학은 상도(常道)를 지키면서 시대에 대응하며 도통을 이어왔다. 즉 시의적절한 대응을 통해 시대적 공간적 변화 속에서 도를 구현했다. 그러므로 유학은 상도를 지키는 것뿐 아니라 시대에 맞는 대응 또한 중시한다. 하곡학 역시 마찬가지다. 양명의 양지학을 수용하여, 조선의 상황에 맞게 양지의 자기실현을 강조한 실심실학으로 대체했다.

실심실학은 하곡학의 상도이며, 상도로서의 실심실학은 후기강화학파 이건창, 이건승 그리고 이건방으로 이어지고, 후에 정인보로 계승되었다. 이건창, 이건승, 이건방은 실심실학을 바탕으로 국가적 위기에 여러 가지 방식으로 대응했다.

후기강화학파의 학문적 지도자라고 할 수 있는 이건창은 왕에게 올리는 시무책을 통해 국왕의 공정한 법집행·인재등용·공정한 시험 등을 통해 국가적 위기에 대응해야 한다고 했다.

이건창의 동생 이건승은 을사늑약으로 일본에 나라를 빼앗겼을 때, 자결하지 못하고 간도로 망명했다. 강화도에 있을 때에는 계명의숙을 통해 동양의 학문뿐 아니라 서양의 학문을 가르치면서 인재를 양성했다. 고달픈 망명지에서는 민족정신과 역사의식을 고취시키기 위해 한국역사 및 독립투사들의 항일운동을 기록했다.

이건창의 사촌동생 이건방은 사촌형 이건승의 만류로 강화에 남아 후학을 양성했다. 이건방은 을사늑약으로 인한 순절 문제, 삭발 문제 등에 대해 실심을 지키면서 시의성 있는 행동을 주장했다. 다시 말하면 순절과 체발의 적절성 여부는 상황에 따라 다르기 때문에 각자의 상황에 따라야 한다고 주장했다.

강화학파 문인들의 특징은 하곡학의 핵심 개념인 실심실학을 비롯하여 하곡이 제시한 다양한 철학적 개념, 예를 들면, 생리(生理), 진리(眞理), 진체(眞體), 실심 등에 대해 체계적인 논의를 전개하지 않았을 뿐 아니라, 전문적으로 논한 글도 보이지 않는다. 이런 관계로 하곡학 문인들의 하곡학적 사유를 파악하기가 매우 어렵다.

그러나 후기강화학파는 중기강화학파 문인들과 다르게 그들의 하곡학적 특성을 드러내는데 그것은 바로 실심실학을 실생활 속에서 구현하고 실천한 '실천적 하곡학'이라는 점이다. 물론 '실심의 구현'이 자각적인 것이 아니라, 국가적 위기라는 시대적 상황에 의한 것이었지만, 실심을 실생활 속에서 구현한 실천정신이 바로 후기강화학파의 특징이라고 하겠다.

2부

난곡 이건방의 철학사상

1. 난곡의 생애

이건방의 생애에 대해서는 자세히 알려져 있지 않다. 그러나 이건방이 서거했을 때, 동아일보는 다음과 같이 이건방의 부음을 전했다.

> 실학파의 유일한 석학 이건방옹서거
>
> 조선에 있어서 실학파 제일인자였던 난곡 이건방(蘭谷 李建芳, 1861~ 1939) 옹은 24일 오후 5시 15분 다옥정(茶屋町) 163번지 자택에서 79세를 일기로 서거하셨다. (이건방)씨는 영재 이건창(寧齋 李建昌)씨의 재종제로 황매천(黃梅泉) 김창강(金滄江) 이수당(李修堂) 등 여러 선배가 돌아가신 후에는 문장가로 홀로 진영을 지켜온 분으로 한학과 문장 이외에도 서양사학과 법학에도 공정이 깊으셨고, 특히 양명학에 있어서는 정하곡(鄭霞谷)의 연원을 받은 석학이다. 난곡유고 이외에 양명학의 저서로서는 "조선유학과 양명학"의 연구결정이 있고 수십 년간 두문불출로 학문만을 닦으신 분인데 제자로서 위당 정인보(鄭寅普)씨가 있다. 장례는 6월 30일에 시흥군 신동면 사당리(始興郡 新東面 舍堂里) 선영에서 거행하기로 되었다.[1]

[난곡 선생]

이건방의 문집 『난곡존고』의 내용은 모두 이건방의 큰아들이 친필로
썼다. 그러나 아쉽게도 이건방의 생애가 전혀 기록되어 있지 않다. 이
건방 선생의 제자이면서 이건방의 묘표와 제문을 쓴 정인보의 문집에
도 이건방의 생애는 없다.

　그나마 이건방의 부분적인 발자취만이라도 알 수 있는 기록이 있는
데, 그것은 정인보의 제자 민영규가 저술한 『강화학 최후의 광경』이다.[2]

---

1) 동아일보, 1939년 6월 25일. 신문에 부음 기사가 날 정도의 석학이었음을 보여주기
　위해 부음 기사를 옮겼다. 하곡학연구원, '이건방 선생 1939년 돌아가신 뒤 부음 및
　사진'에서 가져옴.

민영규가 서술한 이건방의 부분적인 발자취를 살펴보면 다음과 같다.

◆ 난곡의 발자취

1861년 강화에서 태어남. 이후 강화에 계속 거주.

1885년 진사시 합격했지만 곧 돌아옴.[3]

1908년 강화에서 서울 花洞으로 거처를 옮김.[4]

1909년 구례에 사는 황현(黃玹) 방문함.[5]

1909년 9월 24일. 이건승 만주 망명을 위해 강화 사곡(沙谷) 마을
　　　　떠남.[6]

　　　　9월 26일. 이건승 개성 도착.[7]

1910년 10월 1일. 이범하와 함께 사촌형 이건승과 홍문원의 망명을
　　　　배웅하기 위해 개성 도착.[8]

　　　　10월 2일. 이건승 망명길에 오름. 이건방은 서울로 출발.[9]

　　　　일자 미상. 담원 정인보 이건방 문하에 제자로 들어옴.[10]

1910년 11월. 만주 망명길을 떠날 사촌형 이건승과 홍문원의 행장을
　　　　준비하기 위해 분주한 나날을 보냄.[11]

---

2) 민영규, 『강화학 최후의 광경』(우반, 1994).
3) 정인보, 『담원 정인보전집 6』「蘭谷先生墓表」, 170쪽.
4) 민영규, 『강화학 최후의 광경』(우반, 1994), 73쪽.
5) 민영규, 위의 책, 73쪽.
6) 민영규, 위의 책, 73쪽.
7) 민영규, 위의 책, 73쪽.
8) 민영규, 위의 책, 73쪽.
9) 민영규, 위의 책, 73쪽.
10) 민영규, 위의 책, 73쪽.
11) 민영규, 위의 책, 28쪽.

1929년 경. 정인보 구정 설날에 장교동(長橋洞)으로 세배하러 옴.[12]
　　　이렇게 볼 때, 이때까지 이건방은 서울에 살고 있었음.
　　　서울 다동(茶洞)에 칩거하고 있을 때, 때를 기다리면서 군자금
　　　을 항아리에 담아서 뒤뜰 깊숙이 조심스럽게 묻어두었던 것
　　　을 아들이 알고 파내어 감.[13]
　　　약천동 꼭대기에 살 때 병석에 있음.[14]
1939년 79세 다동에서 운명.

　이상은 지금까지 나온 문헌을 근거로 살펴본 이건방의 생애다. 1885
년 진사시에 합격한 이건방에게 사촌형 이건창이 서울로 와서 머물 것을
권유했지만, 두 집의 어머니를 봉양해야 했기 때문에 서울로 이사하지
않았다. 그런데 결국 1908년에 서울로 이사했다. 어떤 연유로 이사했는
지 전해진 기록이 없다.
　이건방은 서울에 거주하면서 필명 길성산인(吉星山仁)으로 1933년 4월
15일부터 같은 해 6월 12일까지 총 8회에 걸쳐『조선유학과 왕양명』이라
는 제목으로 기고했다.[15]

2. 『난곡존고(蘭谷存稿)』 내용

　이건방의 고조는 하곡 정제두의 제자 이광명(李匡明)의 아들 초원 이

---

12) 민영규, 위의 책, 77쪽.
13) 민영규, 위의 책, 54쪽.
14) 민영규, 위의 책, 55쪽.
15) 『조선유학과 왕양명』은 이 책 3부에 원문과 번역문이 있다.

충익(椒園 李忠翊)이고, 증조는 대연 이면백(岱淵 李勉伯)이다. 조부는 사기 이시원(沙磯 李是遠), 부친은 이상만(李象曼)이다. 종숙 이상기(李象蘷)에게 자손이 없어 그의 양자로 갔다. 부친과 종숙이 돌아가신 후, 두 분의 어머니를 모시느라 진사 합격을 포기했다.

『난곡존고』는 이건방의 문집으로 13권 4책으로 구성되어 있으며, 1971년 청구문화사에서 영인 간행되었다. 편찬 과정은 서문이 없어서 자세히 알 수 없다. 표지에는 "이 문집은 선생의 큰아들(諱 琮夏)의 친필이며, 제12권 끝에 있는 '안교리묘지명(安校理墓誌銘)'만은 위당 정인보(爲堂 鄭寅普)의 필적입니다."라고 기록되어 있다.[16] 문집의 목록을 통해 알 수 있듯이 문집에는 하나의 개념을 체계적으로 설명한 글이 없다. 굳이 체계적인 글을 뽑는다면 「원론」이다.

『난곡존고』의 개략적인 내용은 다음과 같다.

시는 친구들 간에 주고받은 것이 대부분이다. 「답조심재긍섭서(答曹深齋兢燮書)」와 「답조심재제이서(答曹深齋第二書)」는 조긍섭과 도덕과 문장에 대한 견해를 피력한 것으로 문장보다는 도덕에 중점을 두어야 한다는 것이 주요 내용이다. 「답이현규서(答李玄圭書)」 「숭란관시고서(崇蘭館詩稿序)」 등에 같은 내용이 들어 있다. 「쌍충록서(雙忠錄序)」는 1871년 신미양요 때 강화에서 순절한 어재연(魚在淵) · 재순(在淳) 형제의 충절을 기록한 『쌍충록』 서문이다. 「독통감론(讀通鑑論)」은 『통감』을 읽고 11개의 주제에 대해 자신의 의견을 개진한 내용이 담겨 있다.

---

16) 필자가 참고로 한 『난곡존고』는 국립중앙도서관에 소장된 문집이다. 국립도서관 소장본 12권에는 '安校理墓誌銘'이 없다. 편찬 과정에서 유실된 것인지, 아니면 『난곡존고』 자체가 난곡의 문집이고, 또 '安校理墓誌銘'은 난곡의 글이 아니기 때문에 빼버린 것인지 알 수 없다.

『원론(原論)』은 상·중·하·속(續) 4편으로 구성되어 있는데, 『난곡존
고』6권 전체를 차지하고 있다. 사람이 살아가면서 서로 다투는 것은
필연적인 이치로서 당연하지만, 약자는 항상 강자에게 피해를 당하지
않기 위해서 강자의 강한 까닭을 배워야 한다는 것이 『원론』의 전체
내용이다.

3. 『난곡존고』의 철학사상[17)]

정인보는 500년 조선 역사의 운명이 '본심' 회복에 달려 있다고 보고,
그 본심 회복의 방법을 양명학에서 찾았다. 정인보에게서 양명학은 조
선 민중의 복리를 도모하고 국권을 회복할 수 있는 사상으로 기능하고
있었다. 이 때문에 정인보는 사상 방면에서 양명학자로 평가된다.[18)] 정
인보에게 있어서 매우 중요한 위치를 차지하고 있는 양명학적 사상은
바로 이건방으로부터 전수받았다. 그러나 한국 학계에서 이건방의 사
상은 거의 알려지지 않았다.

이건방의 사상은 유명종의 『성리학과 양명학』『왕양명과 양명학』에
의해 학계에 알려졌고,[19)] 정인재의 『양명학의 정신』에도 간략하게 서
술되어 있다.[20)] 이들 저서는 이건방의 철학사상을 양명학적 관점에서

---

17) 졸저, 「난곡 이건방의 『난곡존고』 연구」, 『정신문화연구』 통권 134호(한국학중앙연
구원, 2014, 봄호)를 저술 목적에 맞게 수정 보완했다.
18) 재인용, 한정길, 「정인보의 양명학관에 대한 연구」, 『동방학지』 141권(연세대학교
국학연구원, 2008), 84쪽 참조.
19) 유명종, 『성리학과 양명학』(연세대학교 출판부, 1994). 『왕양명과 양명학』(청계,
2002).
20) 정인재, 『양명학의 정신』(세창출판사, 2014), 460-463쪽.

개괄적으로 설명하고 있다.

이에 필자는 이건방의 사상을 좀 더 자세하게 살펴보기 위해 기존 저서와 다르게 '도의(道義)'·'진가(眞假)'·'도덕과 문장' 등 세 가지로 나누어 설명하고자 한다.

'도의'론은 이건방의 사상이 양명학에 속하는지, 혹은 주자학에 속하는지를 가늠할 수 있다. 이건방은 도의론을 통해 자신의 학문이 양명학, 구체적으로 말하면 하곡학을 계승하고 있음을 보여준다. 이건방은 도덕론을 바탕으로 진가(眞假) 담론을 전개하고, 이를 근거로 당시에 '도덕과 문장'에 대한 지인과의 서신을 통해 도덕이 문장보다 우선 되어야 함을 강조했다.

1) 도의론(道義論)

이건방이 말하는 '도(道)'는 '떳떳한 도리[彝]·아름다운 덕[懿德]', '믿을 수 있는 말·근면한 행동', '모든 사람이 똑같이 가지고 있는 마음[同然之心]'이다. 이처럼 이건방이 말한 도는 특별하지 않고 평범하며, 모호하지 않고 명백하다. 이처럼 평범한 도를 본체[體]와 쓰임[用]으로 말하면, 본체로서의 도는 성명(性命)의 바름[正]이고 인의예지신의 덕성이다. 쓰임[用]으로서의 도는 윤리강상이고 군신·부자의 도리다.[21]

이처럼 '모든 사람이 똑같이 가지고 있는[同然]' 심은 성[性命]이고 또

---

21) 이건방, 『난곡존고』, 「原論中」. "故其爲道也, 明白坦易. 言而民莫不悅, 行而民莫不服. 詩曰, 天生蒸民, 有物有則, 民之秉彝, 好是懿德. 易曰, 庸言之信, 庸行之謹. 孟子曰, 理者, 義也. 人心之所同然也. 人心之同然, 卽庸言庸行之謂也. 言乎其體, 則爲性命之正, 而仁義禮信之德備焉. 以言乎其用, 則爲倫理之常, 以君臣父子之道行焉." 이하 편명만 쓴다.

리이고 도이다. 이렇게 볼 때, 이건방은 심과 성을 '심즉성(心卽性)', '심즉리(心卽理)'이다. 따라서 '성'은 도덕본성이다.

> 성이란 하늘이 인간에게 준 것이고, 인간이 하늘로부터 받은 것이다. 처음부터 리가 갖추어지지 않은 것이 없고, 덕이 선하지 않은 것이 없다. 이것을 보존하여 기르면, 근본이 서고 사람이 지켜야 할 도가 행해지니, 비록 천지가 만물을 화육하는데 동참하는 것이지만, 모두 나의 성 (자체의) 본분이 본래 가지고 있는 것에서 이루어진 것이지, 바깥에 있는 것을 기다려 더해진 것이 아니다. 오직 안에서 사물에 동화되어 이글이글 피는 정의 유혹을 받아, 밖으로 공격을 하려고 하여, 본체의 바름이 마침내 어둡고 가려지고 방종에 이르러, 있는 것이 적게 된다. 있는 것이 적어서 거의 없는 것을 일러 '잃어버렸다'고 한다."22)

'성'이란 하늘이 인간에게 준 것이다. 그래서 '성명(性命)'이다. 성은 하늘로부터 받은 것이다. 이것이 『중용』의 '하늘이 명한 것을 성이라고 한다[天命之謂性]'이다. 그러므로 이 성은 처음부터 리이다. 즉 '성즉리(性卽理)'라는 의미다. '보존하고 기르다[存而養之]'는 남송(南宋)의 유학자 호오봉(胡五峯)의 『지언(知言)』에도 나오는 말인데, 그 근원은 맹자다.23) "바깥에 있는 것을 기다려 더해진 것이 아니다."란 맹자의 "인의예지는 밖에서부터 나를 녹여 오는 것이 아니고, 내가 본래부터 지니고

---

22) 「復性齋記」. "性也者, 天以是賦於人, 人以是受乎天. 其始也, 理無不具而德無不善. 苟存而養之, 大本立而達道行, 則雖參天地贊化育, 皆吾性分之所固有, 非有待於外, 而增益之也. 惟其知誘物化情熾於內, 欲攻於外, 而本體之正, 遂至於昏蔽放逸, 而存者寡矣. 存者寡而幾於無, 則謂之失也."

23) 『知言』에 있는 말은 다음과 같다. "操而存之, 存而養之, 養而充之, 以至於大, 與天同矣." 이 구절에 대해 蔡仁厚는 모두 맹자에서 유래했다고 한다. 蔡仁厚, 천병돈 역, 『맹자의 철학』(예문서원, 2000), 제5장 2절 참고.

있는 것이다. 생각하지 않을 뿐이다."[24]와 같이 성의 선천성과 본래 가지고 있다는 '본구성(本具性)'을 강조한 말이다. "본체의 바름이 마침내 어둡고 가려지고 방종에 이르러, 있는 것이 적게 된다."는 본래 풀이 우거진 산이었는데, 소들이 조금씩 다 먹어버려서 민둥산이 되었다는 맹자의 '우산(牛山)의 무성한 숲' 고사를 생각나게 하고,[25] '잃어버리다 (失)'는 맹자의 '방기심(放其心)'의 '방(放)'과 같다.[26] 이처럼 이건방이 말하는 '성'은 맹자가 말하는 도덕 본성으로서의 '성'이다. 도덕본성으로서의 성은 선하다.

주지하듯이 하곡학에서 성은 양지로서 본체이고, 심은 양지의 전체이며, 정(情)은 양지의 작용이다. 이건방 역시 하곡의 이러한 관점을 그대로 계승하여 성을 본체로 보고, 이 선한 성이 그대로 발현되는 것을 정이라고 했다. 그래서 정을 선으로 규정한 것이다. 사물과 감응하여 측은·수오의 정으로 발현되어도, 정의 선후와 본말이 성에 어긋나지 않고 질서를 잃지 않으니, 이것이 바로 만물의 법칙이며 동시에 사람들이 가지고 있는 떳떳한 도리다.

그러면 인간은 왜 성에 어긋나는 행위를 하는가? 이건방은 사욕에 얽매이고, 사사로운 의견에 연루되어, 본래 가지고 있는 밝고 맑은 성 본체가 가려져, 모든 사람이 똑같이 가지고 있는 동연(同然)의 법칙을 잃기 때문에 성에 어긋나는 행위를 한다고 보았다.[27]

정(情)을 성(性)의 발현으로 본 이건방은 심을 인심(人心)·도심(道心)으

---

24) 『맹자』「告子上」6. "仁義禮智, 非由外鑠我也, 我固有之也, 弗思耳矣."
25) 『맹자』「告子上」8. 牛山의 고사 참고.
26) 『맹자』「告子上」11. "仁, 人心也. 義, 人路也. 舍其路而不由, 放其心而不知求, 哀哉."
27) 「原論中」. "惟梏於有己之私, 而涉於意見之累, 則蔽其本體之明, 以失其同然之則."

로 나누는 것에 반대한다. 퇴계학에서 도심은 사단(四端)이 되고, 인심은 칠정(七情)이다. 그러나 율곡은 사단이 도심인 것에는 동의하지만, 칠정을 인심과 도심의 결합으로 보았다. 중요한 것은 퇴계나 율곡 모두 '심'을 둘로 보고 있다는 점이다.

　이건방은 근본적으로 심을 인심과 도심 둘로 나누는 것을 반대한다. 이건방에 의하면 인심은 외형[聲色]이나 재화·이익과 같은 사물에 대한 욕심을 가리키는 것이 아니라, 사욕에 얽매이고 사사로운 견해에 연루된 '심'이다. 이것은 심이 오직 '하나일 뿐이다[一心]'[28]이라는 것을 강조한 것이다. '일심'은 인간이 고유하게 가지고 있는 '인의지심(仁義之心)'을 말한다.[29] 인의지심은 모든 인간이 똑같이 가지고 있는 심이다. 그래서 '모든 사람이 똑같이 가지고 있는 마음'이다. 인간은 '모든 사람이 똑같이 가지고 있는 마음'을 귀하게 여기고, 위태로워지는 것을 염려할 뿐이다. '위태로워지는 것'이란 다름이 아닌 인의지심이라는 '모두 똑같이 가지고 있는 본성[同然性]을 잃어버리는 것'이다.[30]

　이처럼 이건방은 인간에게는 '인의지심' 이외에 또 다른 심이 있다고 보지 않았다. 이러한 관점은 이건방이 성리학과 전혀 다른 하곡학을 계승하고 있음을 보여준다.

　이건방에게 있어서 도는 심이고 리이다. 이제 의에 대해 살펴보자.

　이건방에 의하면 '의'는 고정불변이 아니다. 경중에 따라서, 완급에 따라서, 그리고 시간과 장소에 따라서 시의적절한 '마땅함[宜]'을 따를

---

28) 「原論中」. "所謂人心者, 不獨指聲色貨利外誘之慾也. 凡梏於有己之私, 而涉於意見之累者, 皆人心也. 夫心一也."
29) 「原論中」. "仁義之心, 彼所固有."
30) 「原論中」. "而或貴其同然, 或慮其危殆者, 豈有他哉. 惟失其同然, 故所以危也."

뿐이다.[31] '마땅함'이란 무엇인가? 바로 앞에서 말한 인의지심이고, 리이고, 도이다. 이것을 근거로 하면, 의란 단순히 경중과 완급 및 시공 속에서 '도'만 따르는 부차적인 것으로 전락해버린다.

그러므로 적개심으로 죽는 것은 반드시 떳떳하게 지니고 있는 변하지 않는 성으로부터 해야 한다. 이것이 리의 올바름이다. 능력을 헤아리고 형세를 가늠하는 것 또한 사물의 법칙[理]의 본래 그러함으로부터 나온다. 이것이 곧 일의 마땅함이다. 리에서 얻고 올바름에 적합한 것이 의이고 도이다.[32]

위 인용문은 다음 세 가지로 정리할 수 있다. 첫째, '변하지 않는 성[恒性]'이 곧 리이다. 둘째, '사물의 법칙[物則]'이 곧 '일의 마땅함(事宜)'이다. 즉 사(事)와 물(物)이 하나임을 보여준다. 셋째, 리·사물의 법칙·일의 마땅함·의·도는 명칭만 다를 뿐 같은 내용이다. 다시 말하면 리는 사물의 법칙이고 마땅함이며, 의이고 도이다.

'리에서 얻고 마땅함에 적합한 것이 의이고 도이다'라는 말을 근거로 하면, 의와 도는 같다. 왜냐하면 도와 의 모두 리에서 얻고, 마땅함[宜]에서 적합하기 때문이다.

이와 같이 도와 의는 내용적으로 같다. 여기서 맹자의 "리는 의다[理者, 義也]"라는 말을 인용하여 성인의 도를 설명한 이건방의 말을 상기할 필요가 있다. 즉 이건방 또한 맹자처럼 의를 리로 파악하고 있다는 것이

---

31) 「原論中」, "且義非一定不移之物, 而輕重緩急, 各隨所宜. 此所以爲義者, 在彼未必爲義也, 前日之所以爲義者, 在今日亦未必爲義也."

32) 「原論下」, "故敵愾而死綏, 必由於秉彝之恒性, 是卽理之正也. 量力而度勢, 亦出於物則之本然. 是卽事之宜也. 得於理而適於宜者, 乃所以爲義而爲道也."

다. 리가 도이고 심이므로, 의는 리이고 도이고 심이다.

'의'가 고정불변한 것이 아니듯이, 도 또한 고정불변한 것이 아니다. '도' 안에 '의'의 의미가 이미 포함되어 있고, '의' 안에 '도'의 의미가 포함되어 있다. 이것은 맹자의 '인의지심'이 '인'과 '의'가 결합된 것이 아닌 것과 같다. 앞에서 서술한 것처럼 도가 심이므로 '도심'이다. 이때의 '도심'은 '인심도심(人心道心)'설의 '도심'이 아니다. 도가 곧 의이므로, '도심'은 곧 '의심(義心)'이라고 할 수 있다. 그래서 이건방은 매우 단정적으로 다음과 같이 말했다.

> 오호 도의는 사람의 마음속에서 사라진 적이 없다.[33]

도의는 인간의 심이다. 이제 인간과 동떨어져 있는 것처럼 여겨졌던 도의는 저 멀리 있는 어떤 무엇이 아니라 바로 '내 마음[心]'이 되었다. 사실 본래 '도의는 바로 심'이다.

이상과 같이 이건방이 말하는 도와 의는 내용적으로 같은 의미다.[34] 이건방의 '도의'론은 '진(眞)·가(假)'를 결정하는 기준이 된다.

2) 진가론(眞假論)

기본적으로 하곡의 진가론(眞假論)을 계승하고 있다. 먼저 '진(眞)'의 의미를 살펴보자.

---

33) 「原論上」. "嗚呼道義之在人心未嘗亡."
34) '도의'에 대해서는 이 책 '4. 『원론(原論)』의 사회철학 3) 도의(道義) 확립'에서 다시 설명한다.

천하의 사물은 진에서 이루어지고, 위에서 이루어지지 않는다. 진이란, 성을 말한다. 전(傳)에 이르기를, '성은 만물의 끝이고 시작이니, 성하지 않으면 사물이 없다.' 만물의 종류가 모두 다르고, 수박·거세·청탁 등 고르지 못하지만, 또한 각기 리를 가지고 있어서, 그것(사물)의 본질이 되어, 스스로 다른 것과 구별된다. 그러므로 그 사이에 거짓으로 빌려오는 것을 조금도 용납하지 않는다. 진실로 거짓으로 꾸미기만 한다면 곧 위이지 진이 아니니 하루도 존재할 수 없다."[35]

'진(眞)'이란 '망령됨이 없는 진실[眞實無妄]'을 뜻하는 성(誠)'이다. 만물은 '성(誠)'에서 시작하고 '성(誠)'에서 끝난다. 이는 '성(誠)'이 만물의 근원이라는 의미다. 그러면 왜 '성(誠)'이 만물의 근원이 될 수 있는가? 만물의 모습은 모두 다르지만, 만물의 본질이 되는 리를 가지고 있기 때문에 다른 사물과 구별될 뿐 아니라, 조금의 거짓도 용납되지 않는다. 만약 조금의 거짓으로 꾸밈이 있다면 그것은 사물이 아니다. 다시 말하면 거짓된 꾸밈이 있으면 사물이 아니며, 설사 사물이라고 해도 하루도 존재할 수 없다. 즉 사물의 존재 여부는 '성(誠)'에 달려 있다는 말이다. 그러므로 '성(誠)'이 만물의 근원이 될 수밖에 없다. 이러한 관점에서 '성(誠)'을 '성체(誠體)'라고 규정하기도 한다. '진(眞)'이 '성(誠)'이므로 '진' 또한 '진체(眞體)'라고 규정할 수 있다.[36]

---

35) 「梅泉集序」. "夫天下之物, 成於眞, 敗於僞. 眞者, 誠之謂也. 傳曰, 誠者, 物之終始, 不誠無物. 蓋物之品類萬殊, 其粹駁巨細淸濁之不齊, 而亦各有獨得之理, 以爲之本質, 而自別於他. 故其間不容纖毫假借. 苟可以假借則卽僞而不眞, 不可一日而存也."

36) 蔡仁厚는 程明道의 사상을 논하면서 明道가 말하는 실체를 天命·天道·太極·太虛·性體·誠體·神體·中體·心體·敬體·義體·忠體·直體 등 여러 가지로 표현했다. 蔡仁厚, 『宋明理學-北宋篇』(學生書局, 1984), 293쪽. 이를 근거로 필자는 난곡이 '眞'을 거짓이 없는 '참'으로 파악하고, 또 그것이 바로 心이고 '인간의 정(人之情)'이므로, 실체의 의미를 부여하는 '體'자를 붙여 '眞體'라고 했다.

그러면 '진(眞)'은 구체적으로 무엇인가?

> 진을 구하려고 하면, 반드시 먼저 가(假)가 무엇인지 알아야 한다. 어떻
> 게 가(假)를 알 수 있는가? 성현의 도에 부합하지 않는 것이다. 성현의
> 도에 부합하지 않음을 어떻게 아는가? 사람의 정에 부합하지 않는 것에
> 의해서다.[37]

여기서는 '진'을 비교적 구체적으로 설명한다. 즉 '진'이란 '성현의
도'라고 규정한다. '성현의 도'란 또 무엇인가? 그것은 다름이 아닌 '사
람의 정[人之情]'이다.

결국 '진'이란 진실되고 거짓됨이 없는 '성(誠)'이고, 그래서 만물의
근원으로 '본체[體]'이며, 성현의 도이고, 사람의 정이다. '정'이란 성(性)
이 왜곡되지 않고 그대로 발현된 것이다. 따라서 진은 곧 성(性)이고
정(情)이 된다.

'진'은 '사람의 정'이다. 그러면 '가(假)'는 무엇인가? '사람의 정'에 어
긋나는 것이 '가(假)'이다.

> 도의 핵심은, 명백하고 평이하니, 알기 쉽고 행하기 쉽다. 거기서 반드
> 시 가짜가 나오는 것은 어째서인가? 명백하고 알기 쉽기 때문에, 심오하
> 고 어려운 고담준론은 없다. 평이하고 쉽게 행할 수 있기 때문에, 은밀하
> 고 기이하게 보통 사람과 다르게 행하는 것이 없다. 세상의 유자들은 근
> 본·사람이 지켜야 할 도[達道]에서, 얻은 것 없이, 한갓 사심과 편견을
> 가지고, 겉으로는 그것을 취하는 것처럼 거짓으로 의지하고, 지나친 승부

---

37) 「原論上」, "欲求其眞, 必先知其假. 何以知其假以不合乎聖賢之道也? 何以知其不合
乎聖賢之道, 以其不合乎人之情也."

욕으로 매달리지만, 다른 사람의 안목을 두려워하고, 명성과 명예만을 낚아서 취하려고 한다. 그래서 사람이 지켜야 할 떳떳한 도리·사물의 법칙[物則]인 모든 사람이 똑같이 가지고 있는 동연(同然)과 일상적인 언행인 변하지 않는 덕을 달갑게 여기지 않고, 고담준론과 기이한 행동에만 힘쓰면서, 도라고 여기고 덕이라고 여긴다. 이는 도와 의가 부족하다고 여기는 것만 못하다.[38]

도는 분명하고 쉬워서 이해하기 쉽고 실행하기 쉽다. 그러므로 고담준론이나 기이한 행동을 할 필요가 없다. 왜냐하면 고담준론이나 기이한 행동은 사람이 지켜야 할 떳떳한 도리[民彝]나 사물의 법칙[物則]인 '사람의 정'에 어긋나고 또 도에도 어긋나기 때문이다. 그러므로 '가(假)'란 현실성 없는 고담준론이나 기이한 행동이라고 말할 수 있다. 이것이 '가(假)'의 구체적인 내용이다. 이러한 구체적인 내용을 다른 구절에서는 단정적으로 '고담준론·기이한 것'을 '가짜(假) 도의(道義)라고 규정하고 있다.

> 반드시 고담준론에 힘쓰고, 반드시 기이함을 바라니, 일상적인 언행에 어긋나고 가엽게 여기는 것을 모른다. 이것이 내가 말하는 '가짜(假)' 도와 의이다."[39]

이처럼 이건방이 말하는 가(假)는 '인간의 정'에 어긋난 것을 가리킨

---

38) 「原論中」. "夫道之大端, 明白坦易, 易知而易行, 彼之必出於假者, 何也? 惟其明白易知, 故無艱深峻高之說. 坦易易行, 故無隱詭崖異之行. 世之儒者於大本達道, 旣無所得, 徒欲以私心偏見, 藉其貌襲色取之僞, 而騁其誇大好勝之念, 以聳人心目, 而釣取聲譽. 故遂不屑於民彝物則之同然, 庸言庸行之常德, 而務爲峻高之說, 崖異之行, 以爲是道也義也. 不如是不足以爲道與義也."
39) 「原論中」. "必務於峻, 必期於異, 以畔於庸言庸行而不知恤也. 此吾所謂假道與義."

다. 다시 말하면 '인간의 정'에 어긋나면 '가짜[假]'라는 말이다. 이건방
이 보기에 옛날 관료들이 사용한 관모나 옥백(玉帛) 등도 '인간의 정'에
어긋난 것이다. 그래서 다음과 같이 말했다.

> 사람들은 주공·공자의 도가 천리·사람이 지켜야 할 떳떳한 도리, 군
> 신·부자의 인륜에 있다고 여기는가? 아니면 관모·옥과 비단·종과 북·
> 제사를 차리는 것과 같은 말단적인 것에 있다고 여기는가? 공자가 말하기
> 를, '예라, 예라 이르는 것이 옥과 비단을 말하는 것이겠는가? 악이라,
> 악이라 이르는 것이 종과 북을 말하는 것이겠는가?' 예악은 옥과 비단·
> 종과 북에 있지 않으니, 반드시 있는 곳이 있다.[40]

이건방은 주공·공자가 말하는 도를 천리·사람이 지켜야 할 떳떳한
도리, 군신·부자의 인륜으로 보고, 이것이 바로 '진(眞)'이며, '인간의
정'에 부합한다고 보았다. 그러나 관료들이 쓰는 모자인 '관면(冠冕)',
고관대작 혹은 타국을 방문할 때 예물로 가지고 가는 '옥백(玉帛)', 중국
고대 귀족과 고관만이 사용하는 악기 '종고(鐘鼓)', 제기를 다루는 '변두
(籩豆)' 등은 모두 일상적인 것이 아니라 특수한 상황에서만 사용하는
사물이다. 그래서 '말단[末]'이라고 표현했다. 이것이 바로 '가(假)'이다.

국가와 국민의 재난을 잊고 자기 한 몸만 살려고 도모하는 것 또한
'가(假)'에 속한다. 왜냐하면 선량한 본심을 죽이고, 경중의 원칙을 잃어
버린 것이기 때문이다.[41]

---

40) 「原論中」. "子以爲周公孔子之道, 將在於天理民彝, 君臣父子之大倫歟! 抑在於冠冕
玉帛鐘鼓籩豆之末歟! 孔子曰, 禮云禮云, 玉帛云乎哉! 樂云樂云, 鐘鼓云乎哉! 使禮樂
而不在於玉帛鐘鼓, 則其必有所在矣."

41) 「原論中」. "忘國家生靈之禍, 而惟潔身之是謀, 則不幾近於戕本心之良, 而失輕重之
則耶."

이상의 논의를 종합해 볼 때, 난곡이 말하는 '가(假)'는 '가짜'를 의미
한다. 그러나 어떤 곳에서는 '빌리다'라는 '가차(假借)' 혹은 '가탁(假託)'
의 의미로 사용된 경우도 있다.

> 비면에 숭정 기원후 모년이라고 쓰는 것이 마땅하다고 했습니다. 숭정
> 이라는 연호는 명나라 의종의 연호입니다. 명나라가 망한지 이미 오래인
> 데, 오히려 그 연호를 쓰는 것은, 매우 성숙하지 못한 것입니다. 연호의
> 시작 또한 '의리를 빌려서' 그렇게 된 것이고, 춘추의 뜻을 첨가한 것이다.
> …… 하물며 나라가 없는데 나라가 있는 것처럼 하겠습니까? 이것은 실
> 상을 구하지 않고서 가짜로 의라고 여기는 것이고, 리를 거스르고 법도에
> 어긋난 것입니다.[42]

당시 조선은 고종이 독자적인 연호를 사용하기 전까지 중국의 연호
를 사용했다. 이건방은 망해 없어진 나라를 마치 있는 것처럼 하여 쓰는
것도 문제지만, 그 보다 더 큰 잘못은 연호를 쓴 것이 춘추의 의리를
가탁한 것일 뿐 아니라, 리를 거스르고 법도[經]에 반하기 때문이다. 그
래서 이건방은 명나라 연호 사용에 비판적인 입장을 취했다. 이처럼
'없는 것'을 '있는 것'처럼 하는 것 또한 이건방이 말하는 '가(假)'의 범위
에 들어간다. 위 인용문에 사용된 '가'는 '빌리다'는 의미가 '강하다'.[43]

---

42) 「答梁信默書」, "碑面當書崇禎紀元後某年, 夫崇禎者明毅宗之年號也. 明亡已久, 猶書
其號, 不誠孰甚焉. 蓋其始也亦假義理者爲之, 以竊附於春秋之義. …… 況無國而可以
爲有國乎? 不求其實而假以爲義, 則悖理畔經, 不可爲訓而顧沿襲已久狃, 而不之察也".
43) 그러나 '假'를 반드시 '빌리다'로 해석해야 한다고 단정할 수 없다. 위 인용문에서는
'假'를 '가짜'라고 해석해도 맞다. 그래서 필자는 '강하다'라고 표현했다. 「梅泉集序」에
서는 '빌리다'는 의미로 '假借'라고 분명히 말하고 있다. 「梅泉集序」, "故其間不容纖毫
假借. 苟可以假借則卽僞而不眞, 不可一日而存也."

'진가(眞假)' 담론은 조선후기 중요한 화두였다. 하곡과 이충익은 '가'를 '빌리다'는 의미로 사용했지만, 양명좌파에 속하는 명말의 이탁오는 '가'를 '진(眞)'의 상대적 개념으로 사용했다.[44] 이건방이 말하는 '가'는 이 두 가지 의미를 모두 가지고 있다. 물론 이건방이 하곡이나 이충익처럼 '진가(眞假)'에 대한 논의를 본격적으로 전개하지 않았다. 그래서 '가'를 '빌리다' 혹은 진(眞)의 상대적 의미인 '가짜'라고 단정하기는 어렵다. 그러므로 내용에 따라 '빌리다' 혹은 '가짜'라고 해석해야 한다.

이건방의 '진(眞)은 성(誠)'이라는 말을 살펴보자. 성(誠)은 만물의 시작으로서 근원이 된다. 그래서 '성체(誠體)'이고, '진'이 '성(誠)'이므로 '진체(眞體)'다. '진가(眞假)' 담론은 현상으로 드러난 인간의 행위에 대해 진(眞)인가, 가(假)인가에 초점을 두고 있었다. 다시 말하면 현상에 중점을 두고 있었다. 그러나 이건방이 말하는 '진'은 현상에 머무르지 않고 '성(誠)'을 가리킨다. 이는 곧 '진(眞)'이 '본체'로 격상된다는 의미다. '진'이 본체이므로 '진'은 절대적 개념이다. 가령 양명의 '양지'를 '진양지(眞良知)'·'가양지(假良知)'로 구분한다면, 실체로서의 양지는 이미 실체가 아닌 것이 된다. 왜냐하면 양지는 실체로서 절대적이기 때문이다. '진' 또한 마찬가지다. 그러므로 '진'을 단순히 '진이냐 가이냐'라는 형이하(形而下)의 세계로 한정지어서는 안 된다.

---

44) 이진경, 「주체와 도덕의 관점에서 본 강화학파의 眞假 담론」, 『유학연구』 제27집(충남대학교 유학연구소, 2012), 197쪽. 김윤경은 이탁오의 '假'는 '眞'과 상대적인 개념으로 사용되었고, 정제두의 '假'는 '假朱子'처럼 '주자의 학문과 위상을 빌리는 것'이라고 했고, 李忠翊의 '假'는 '假仁義'처럼 '仁義를 누구나 빌릴 수 있지만, 그것을 개인의 소유인 것처럼 아무렇게나 쓰는 태도를 경계하는 의미'라고 했다. 김윤경, 「이충익의 假論-이탁오 진가론, 정제두 假論과의 비교」, 『동양철학연구』 제73집(동양철학연구회, 2013), 214쪽.

이건방에게서 '가(假)'란 '도의·심성정(心性情, 이때의 정은 성이 그대로 드러난 정을 말한다)'에 어긋난 것을 말한다. 다만 '가(假)'가 어떤 경우에는 '빌리다'라는 의미로 사용되기도 한다.

'가'는 '도덕과 문장'을 논할 때에는 '가짜[假]'라는 의미로 쓰인다.

3) 도덕과 문장[45]

이건방은 사촌형 이건창과 마찬가지로 당시 문장을 잘 쓰기로 알려져 있었다. 이건방 당시 도덕과 문장 사이에 갈등이 있었다. 즉 성현의 뜻을 구현하는 것이 시급한지, 아니면 문장을 잘 쓰는 것이 중요한지에 대한 지식인의 고민이다. 이건방 또한 도덕과 문장의 경중에 대해 관심을 가졌지만, 도덕과 문장에 관한 전문적인 글은 없다. 그러나 지인과 주고받은 서신 속에서 도덕·문장에 대한 이건방의 생각이 보인다.

『난곡존고』의 서신[書]은 모두 8편이다.[46] 도덕과 문장에 관한 논의는 심재 조긍섭(深齋 曺兢燮)과 주고 받은 편지에 보인다.

---

45) 졸저, 「난곡 이건방과 심재 조긍섭의 도덕문장론」, 『양명학』 38호(한국양명학회, 2014)를 저술 목적에 맞게 수정 보완한 글이다.

46) 『난곡존고』 卷2, 「文錄」 「書」에는 「答洪汝園少宰承憲書」 「答曺深齋兢燮書」 「答曺深齋第二書」 「答李玄圭書」 「答李玄圭書」 「答梁信默書」 「答梁信默書」 「答人問爲人後議書」 「答河九鑌書」 등 9편의 답신이 수록되어 있다. 「答洪汝園少宰承憲書」는 2,200여 자나 되는 장문의 편지다. '勒約調印'이라는 국가적 치욕을 당했지만, 사직의 책무를 지닌 조병세·민영환이 일시적인 분개로 자결을 택한 것은 '大臣'의 책무를 버린 것으로 옳지 않다라는 홍승헌의 주장에, 조병세·민영환 두 대신이 義를 다했다고 답신을 보낸 것이다.

(1) 조긍섭이 이건방에게 보낸 편지

조긍섭은 문장에서 일가를 이루었다는 평가를 받는다.[47] 이건창은 조긍섭이 문장가로 명성을 얻기 전에 이미 명문장가로 유명했다.[48] 그래서 조긍섭은 이건창 만나기를 원했지만 만나지 못했다. 그렇지만 이건창이 남긴 글은 읽었다. 조긍섭은 창강 김택영(滄江 金澤榮, 1850~1927)에게 보낸 편지에서 이건창의 글이 조리가 맞지 않다고 비판했다.[49] 그러나 비판만 하지 않았다. 김택영에게 보낸 또 다른 편지에서는 이건창의 문장을 높이 평가하기도 했다.[50]

---

47) 조긍섭(1873~1933)은 약관의 나이에 당시 영남의 대표적 학자라고 할 수 있는 西山 金興洛·晩求 李種杞·俛宇 郭鍾錫 등으로부터 國士가 될 인물로 기대를 받았다. 그의 문장에 대해 寧齋는 "문장에 뛰어난 자질을 가졌다."라고 호평하였고, 山康은 "김창협 홍석주 김만순 이건창 이남규 등과 견줄 만한 현존하는 古文家."라고 할 만큼 극찬하였다. 조긍섭은 문장에 관심을 두고, 중년에 滄江 등 문장가들과 빈번하게 교유를 했다. 이러한 조긍섭의 행동을 달갑지 않게 여겼던 당시 영남지역 유학자들로부터 道學보다는 문장에 비중을 둔 인물로 평가를 받았다. 반면 창강 등 문장가들은 "우리 젊은 친구 曹仲謹은 주자에 큰 뜻을 두고 들어앉아 학문을 강구한지 수십 년에 온 영남 사람들이 하늘에 상서로운 구름과 별이 있는 것처럼 우러러 보았다. 그는 공부하는 여가에 古文辭를 익혔는데 經書와 諸子에 근거했다."라고 하여, 조긍섭을 문장가로서보다 道學家에 가깝다고 평가했다. 재인용, 강동욱, 「한말 영남학맥과 심재의 역할」, 『영남학』 11호(영남문화연구원, 2007), 9-10쪽 참고.

48) 滄江 金澤榮은 淵泉 洪奭周·臺山 金邁淳와 함께 근세 삼대 문장가라고 평했다. 이건창, 『明美堂集』, 序(金澤榮). "以吾韓諸王孫之名卿. 而文章聲望, 與近世洪淵泉·金臺山二公, 並列爲三者乎."

49) 『암서집』卷8, 「書」「與金滄江 丙辰」. "寧齋之文, 尤與前日所見不同. 修堂麗澤二記, 辭理俱短, 兪叟銘理掩於辭, 不足爲法." 「修堂記」「麗澤堂記」 모두 『明美堂集』 卷10에 실려 있고, 「兪叟墓誌銘」은 卷19에 실려 있다. 이 편지는 深齋 나이 44세(丙辰, 1916) 때 창강에게 보낸 편지다. 본 논문이 참고로 한 『巖棲集』은 한국고전번역원의 '한국고전종합DB'이다.

50) 『巖棲集』卷8, 「書」「與金滄江」. "寧齋固是一代眞才, 而其薄處終不可諱. 人生天地間, 是十九首嫩語, 何至揷入於記事. 見修堂記 天下後世吾不敢知, 一似孩童口氣, 豈宜加之於銘人. 見李杏西墓誌. 見山堂記無一字不似牛山, 而摹擬之過, 天眞已喪. ……. 兢於寧齋文, 見之不多. 然如原論及與諸弟論蘆沙集書每讀之, 不覺寢食爲廢. 蓋其眼

조긍섭은 이건창의 동생 이건승에게는 5통의 편지를 보냈다. 5통의 편지 중 4통은 '답장(答)'이다. 5통의 편지 중 도덕과 문장을 논한 편지는 없다.[51]

『암서집(巖棲集)』에는 조긍섭이 이건방에게 보낸 편지가 1통 보인다. 그러나 이건승에게 보낸 편지 내용과는 다르게 '도덕과 문장'에 관한 내용으로 이루어졌다.

조긍섭은 1913년(41세)에 김택영에게 보낸 편지에서 도덕과 문장에 대한 고민을 토로했다.[52] 이외에 「요천선생문집서(堯泉先生文集序)」(『암서집』권18, 「서(序)」)와 「매천집중간서(梅泉集重刊序)」에서도 도덕과 문장을 언급했다. 그러나 두 글은 타인의 문집에 덧붙이는 '서문'에 불과하다. 서문을 통해 조긍섭 자신의 생각을 조리 있게 전개하기는 부적절하

目之高, 思解之徹, 不但近代所未見, 而至於應酬之作, 終有不滿人意處, 豈其才有長短耶? 抑區所見之未逮耶."

51) 조긍섭은 1918년(46세)에 이건승에게 첫 번째 편지를 보냈다. 그 내용은 이건승의 형 이건창이 지은 『독역수기(讀易隨記)』를 읽고 교정을 했다는 내용이다. 두 번째 편지는 1923년(51세)에 보냈는데, 김택영이 이건창의 행장을 잘못 쓴 것을 지적한 이건승의 편지에 김택영의 경솔함을 탓하는 내용의 답장이다. 세 번째 편지는 보낸 연대가 기록되어 있지 않다. 공자가 『춘추』를 저술하면서 은공(隱公)과 환공(桓公) 사이에 있었던 일은 분명히 기록하고, 자신의 시대에 재위했던 정공(定公)과 애공(哀公) 사이의 일은 애매하게 기록했다는 사마천(司馬遷)의 '은환지설(隱桓之說)'을 근거로 김택영이 지은 (책 제목이 기록되어 있지 않아 어떤 책인지 알 수 없다)을 『춘추좌씨전』에 비유하면서 간단하게 쓴 편지다. 네 번째 편지는 답장으로, 연대는 기록되어 있지 않다. 내용은 안부 편지다. 다섯 번째 편지는 갑자년(1924, 심재 나이 52세)에 보낸 답장이다. 양명의 양지설에 대한 조긍섭의 사상을 엿볼 수 있는 편지다. 이상 5통의 편지는 한국고전번역원의 '한국고전종합DB'를 근거로 했다.

52) 조긍섭, 『심재집』「與金滄江-癸丑」. "兢今四十一矣. 少也不自量度, 妄有志於古作者, 旣已知力之不足成而事之有急於此者. 於是捨而從境內師友, 求古聖賢之旨." 재인용, 김진균, 「深齋 曺兢燮의 道德文章 추구 논리」, 『영남학』제11호(경북대학교 영남문화연구원, 2007), 106쪽.

다. 그러나 이건방에게 보낸 편지는 비록 짧은 글이지만 내용은 앞에 언급된 '서문[序]'과는 전혀 다르다.

> 저 긍섭은 어렸을 때부터 영재공의 인품이 고귀함을 듣고, 그분의 글을 읽고 그분의 글을 좋아했지만, 생전에 한 번도 뵙지 못한 것을 항상 애석하게 생각했습니다. 집안에서 그분이 남긴 법도를 지킬 수 있는 집사(이건방을 가리킴) 같은 분이 계시다는 것을 듣고서 흠모했습니다. 세상을 등지고 제 자신에게 멈추어 있는 저를 돌아보니, 사람들과 친분을 맺지 못해 품격이 낮아지고 자존심마저 꺾이니 그 비루함이 더욱 부끄럽습니다. 요사이 집사께서 남쪽의 선비와 왕래하면서, 매번 저의 이름을 언급하시면서, 도덕과 문장을 겸비한 이의 반열에 드는 인물로 거론하신다고 들었습니다. 저 긍섭은 집사께서 어째서 사람을 가벼이 인정하셔서 실언을 고려하지 않으시는지 정말 모르겠습니다."[53]

1920년 조긍섭 나이 48세 때 이건방에게 보낸 편지다. 이건방은 조긍섭을 도덕과 문장을 논하면서 자신은 도덕과 문장을 겸비한 선비로 보았다. 그러면 이건방은 조긍섭을 도덕가로 평가했을까 아니면 문장가로 평가했을까?

> 도덕과 문장을 함께 하기 어렵게 된 지 오래되었습니다. 도덕가는 문장가를 부족함이 있다고 생각합니다. 그리고 문장가 또한 스스로 도덕가의 거짓됨을 하찮게 생각합니다. 그래서 둘(도덕과 문장)은 더욱 벌어져 하

---

53) 『巖棲集』卷9,「書」「與李蘭谷-建芳·庚申」. "兢燮自少, 竊聞寧齋公之風而高之, 讀其文而知愛之. 常以此生未及一識而悵惜之. 旣而聞堂幃間有能守其遺矩如執事者在, 則又傾嚮之. 顧以屯於世而蹇於身也, 並未獲攀下風而扣緒餘, 則其卑陋益可愧也. 間者竊聞執事因南中人士之往來者, 每及不肖之名, 而若將比數以道德文章之列者. 兢誠不自知何執事之輕於與人而不慮其失於言也."

나가 될 수 없게 되었습니다. 그러나 이것은 스스로 그 참됨을 모르는 것일 뿐입니다. 도덕가에게 문장이 무슨 허물이 됩니까? 참된 도덕가는 반드시 참된 문장을 갖추고 있으며, 참된 문장가는 반드시 참된 도덕을 알고 있습니다.[54]

도덕가는 문장가가 도덕이 부족하다고 여기고, 반대로 문장가는 도덕가가 문장이 부족하다고 여긴다. 이것이 조긍섭 당시의 도덕과 문장에 대한 시류였던 것 같다. 이러한 시류에 대해 조긍섭은 문장을 못 짓는다고 도덕에 흠이 될 것이 없다고 보았다. 그러면서 참된 도덕가는 참된 문장가이고, 반대로 참된 문장가는 참된 도덕가라고 했다.

참 문장이란 무엇입니까? 규범과 법칙이 있는 것을 말할 뿐입니다. 참 도덕이란 무엇입니까? 언어·문자 밖에 있을 뿐입니다. 그러나 세상에는 본래 도덕은 갖추고 있지만 문장이 부족한 사람이 있는데, 문장 때문에 그들을 비판해서는 안 되며, 이는 그들이 실로 참된 것에서 얻은 것이 있기 때문입니다. 또 우연히 도덕가이면서 문장을 잘 다듬는 사람이 있기도 하는데, 도덕이 그것(문장을 다듬는 능력)을 주었다고 해서는 더욱 안 되며, 이는 그들이 여전히 허울에서 못했기 때문입니다.[55]

'참 문장'이란 일정한 규칙에 맞게 언어·문자가 배열되어야 '참 문장'이다. 그러므로 '참 문장'은 언어와 문장 안에 있다. 반면에 '참 도덕'은

---

54) 같은 곳. "夫道德文章之難並久矣. 爲道德者, 以文章爲不足爲, 而爲文章者, 亦自以 不屑於道德之假者. 於是二者愈裂而不可一. 然此自不識其眞者爾. 於道德文章何病 焉. 夫有眞道德者, 必有眞文章. 有眞文章者, 必識眞道德."

55) 같은 곳. "眞文章者何也? 言而有典有則是已. 眞道德者何也? 有在於言語文字之外者 是已. 然世固有有道德而不足於文者, 則不可遂以文病之, 以其誠有得於其眞也. 亦有 偶工於文而能爲道德之言者, 則尤不可遽以道德予之, 以其猶未離乎其假也."

언어와 문자 밖에 있다. 왜냐하면 '참 도덕'은 언어와 문장의 구애를
받지 않기 때문이다. 그러므로 도덕가는 좋은 글을 짓지 못하는 경우도
있다. 그러므로 글을 못 짓는다고 탓해서는 안 된다.

도덕가이면서 글을 잘 쓰는 사람도 있다. 도덕주의자들은 이것을 도
덕이 글 쓰는 능력을 부여했다고 생각한다. 그래서 조긍섭은 "도덕이
글 잘 쓰는 능력을 주었다고 해서는 더욱 안 된다."고 경계했다. 이것은
도덕만능주의에 대한 비판이다. 여기까지 보면 조긍섭은 도덕주의자는
아니다. 그렇다고 문장주의자도 아니다.

> 저 긍섭은 이룬 것도 없고, 아는 것도 없습니다. 그러나 세상의 역대
> 사대부들을 선별해보면, 도덕가이면서 문장에 부족한 사람도 있지만, 도
> 덕과 문장 모두를 아우르지만 이르지 못한 사람도 있습니다. 문장을 잘
> 지어서 도덕가의 거짓됨을 하찮게 여기는 사람이 있지만, 참된 것에 부합
> 하기도 합니다. 문장과 도덕을 다 갖추어도 거짓됨을 벗어날 수 없는데,
> 스스로 둘을 아우르고 있다고 생각하지만, 저는 도덕과 문장 모두를 진정
> 으로 갖추고 모두 잘 하는 사람을 본 적이 없습니다. 그런데 집사께서는
> 시골구석 평범하고 누추한 일개 사내에게 그렇게 말씀하십니까?[56]

조긍섭에 의하면, 역대 사대부들 중 도덕과 문장 모두에 뛰어난 사람
은 없다. 그러므로 도덕과 문장을 겸비하도록 하는 것은 일종의 강요라
고 생각했다. 역대 사대부들도 이러한데 조긍섭 자신처럼 시골구석에
있는 사람에게 도덕과 문장 모두를 아우르라고 하는 것은 지나친 요구

---

56) 같은 곳. "兢無所成, 愚無所識知. 然妄嘗歷選當世之士大夫, 見有有道德而不足於文
者矣, 有道德文章並進而未至者矣. 有優於文而不屑於道德之假者, 然時有合乎其眞者
矣. 有文與道德俱不免於假, 而然且自以爲至者矣, 從未見道德與文章俱眞而並優者.
而今執事乃以見許於窮鄕凡陋之一夫?"

라는 것이 조긍섭의 생각이다. 이렇게 볼 때, 이건방은 영남의 다른 선
비들과 마찬가지로 조긍섭을 문장만 추구하는 사람으로 파악한 것 같
다. 바로 이 점에 대해 조긍섭은 화가 났고, 그래서 이건방에게 다음과
같은 내용의 편지를 보냈다. 즉 '글을 짓는 것이 쉬운 일이 아니다. 그러
나 도덕가는 도덕을 추구하면 문장은 저절로 따라온다고 생각했다. 그
래서 도덕가는 문장을 중요시하지 않았다. 그러다 보니 도덕과 문장은
각각의 길을 가게 되었고, 이로 인해 도덕과 문장의 사이는 더욱 멀어지
게 되었다. 설사 도덕을 추구하면 문장이 저절로 따라온다고 하더라도,
그것은 필연적인 것이 아니다. 조긍섭이 지적한 것은 도덕주의자 말대
로 도덕을 추구하면 문장을 잘 지을 수 있다고 하지만, 반드시 그런
것이 아니라는 것이다. 그러므로 도덕주의자도 문장을 소홀히 해서는
안 된다는 것이다.[57]

조긍섭에 의하면 성현들은 좋은 문장을 쓰려고 의도하지 않았다. 그
럼에도 불구하고 성현들은 도덕과 문장을 모두 겸비했다. 이것은 성현
들의 재능이 뛰어났음을 말하는 것이 아니라, 성현이 살았던 옛날에는
도덕과 문장이 나누어지지 않았음을 강조한 것이다. 그래서 성현들은
문장을 잘 쓰려고 의도하지 않아도 도덕이 겸비된 글이 되었다는 말이
다. 그러나 조긍섭이 살던 시대에는 문장과 도덕이 나누어져 있기 때문
에 설사 성현에 버금가는 재능을 가지고 있더라도 도덕과 문장을 겸할
수 없다는 것이다.[58] 이처럼 조긍섭은 도덕과 문장을 겸비할 수 없다고

---

57) 같은 곳. "嗟夫文章固未易言也. 卽以其能爲道德之言, 而遂以道德予之則愈遠矣. 況
其言之又未必然乎. 愚恐執事於此, 不免失言, 而爲知人之累矣, 如之何?"

58) 같은 곳. "且夫古之聖賢, 未嘗有意於文. 故其文與道德俱至, 而人不見其爲文也. 自
二者歧而雖有大才, 未嘗不偏至而偏勝. 至紫陽夫子則蓋斑斑乎均至矣, 而世之主乎文
者, 猶疑其未至也. 明淸以來, 有自蘄以二者之至, 如唐王方姚之倫, 窮一生之力以爲

보았다. 그래서 편지 말미에 다음과 같이 말했다.

> 그래서 저는 학문을 하는 사람들이, 옛 성현이 의도하지 않고도 이르렀던
> 것을 추구하면, 가망이 없을 것이며, 주자가 이르렀던 것을 추구하면, 사람
> 들이 이르지 못할 것이라고 의심하더라도, 도덕에 거의 가깝다고 할 수
> 있습니다. 그렇게 하지 않고 반드시 양쪽 모두를 갖추려고 한다면, 결국에
> 는 명·청의 몇 사람들처럼 될 것입니다. 그러나 이 몇 사람들의 경지 또한
> 어떻게 갑자기 미칠 수 있겠습니까? 그러니 문장에 관한 일은 제쳐두고,
> 오로지 도덕에 급급하여 스스로 이르렀다는 말을 들어야 될 것입니다.[59]

성현들처럼 도덕만 추구하면 문장은 저절로 따라온다는 것은 불가능
한 일이지만, 도덕에 근접할 수는 있다는 것이 조긍섭의 생각이다. 그
래서 조긍섭은 양쪽을 두루 아우르기보다는 도덕에 근접하기 위해 도
덕에 더욱 골몰해야겠다고 생각했다.[60]

조긍섭은 도덕에 전념한다고 결정했다. 그러면 도덕괴 문장 사이에
서 고민을 거듭하던 조긍섭이 어떻게 도덕에 전념하는 방향으로 바뀌
었을까? 그 실마리는 마지막 구절에 있다. '집사'는 이건방을 가리킨다.
'집사께서 다시 보낸 서신'이라는 말을 통해 볼 때, 이건방은 조긍섭에
두 통의 편지를 보낸 것 같다. 『난곡존고』에도 조긍섭에게 보낸 두 통의

之, 而其歸則終不免於偏勝, 而人見其爲文也. 夫人見其爲文, 則是於道德必有所未至
焉. 蓋其才不及古聖賢, 而有意於二者之並至, 則其勢不得不至此也."

59) 같은 곳. "故區區妄以爲今之學者, 求如古聖賢無意之至, 不可望已, 求如紫陽氏之
至, 而使人猶疑其未至者, 於道或庶幾焉. 不然而必有意於二者之俱至, 則其究也爲明
淸數子已矣. 然此數子又安得以遽及. 則文章一事雖捲而置之, 惟汲汲於道德而聽其自
至焉可也."

60) 같은 곳. "兢方深有志於斯, 而常懼其未能. 讀執事復成生書, 其於輕重之辨, 盖已
晰矣."

편지가 있다. 아마 이 두 통을 말하는 것 같다. 도덕과 문장으로 고민하던 조긍섭에게 도덕에 전념하도록 한 이건방의 편지 내용을 살펴보자.

(2) 「답조심재긍섭서(答曺深齋兢燮書)」

이건방이 조긍섭에게 보낸 답장은 모두 두 편이다. 두 편의 답장 내용을 나누어 살펴보자.

① 첫 번째 답장

이건방이 조긍섭에게 보낸 편지에는 연대가 기록되어 있지 않다. 그래서 언제 보냈는지 알 수 없다. 그러나 '답장[答]'이라고 쓰여 있으므로 답장인 것은 분명하다. 그리고 조긍섭의 편지와 비교해 볼 때, 조긍섭이 앞에서 설명한 편지를 먼저 보내고, 이에 대한 답장이다. 이제 편지의 내용을 살펴보자.

> 심재 귀하: 저는 친구에게서 귀하의 이름을 들은 지 오래되었습니다. 신병으로 분주하다 결국 편지를 올리지 못했습니다. 이제 좌우 물리치고, 혼자 재능을 펼쳐보려고 근신 근면하면서도 잠시도 잊지 않았습니다. 죄송스럽게도 귀하께서 먼저 편지를 보내 도덕과 문장의 진짜·가짜에 신신 당부하시면서 정중하게 깨우쳐 주었습니다. 비천한 글을 어떻게 얻었는지 모르겠지만, 귀하께 고마움과 부끄러움에 어떻게 감사를 드려야 할지 모르겠습니다. 귀하께서 그것(도덕과 문장)을 언급했기에, 제가 어떻게 묵묵히 가만히 있을 수 있겠습니까?[61]

---

61) 이건방, 『난곡존고』 卷2, 「書」 「答曺深齋兢燮書」. "深齋足下. 僕聞足下之名於士友之日久矣. 雖病冗卒卒, 迄未能奉一書, 以徹於左右者, 而獨其嚮逌之情之勤, 無須臾忘也. (今足下惠然先辱手書, 諭以道德文章之眞假諄複鄭重. 顧玆譾陋何以獲此. 於足下旣感

이건방의 편지에서 알 수 있듯이, 조긍섭이 이건방에게 먼저 편지를 보냈을 뿐 아니라 이건방의 글을 읽은 적이 있었던 것 같다. 단 어떤 내용의 글인지 추측할 수 없다. 편지의 내용은 도덕과 문장에 관한 것이다. 조긍섭 나이 48세 때이므로 이미 명문장가로 알려졌던 때이다. 그 명문장가가 도덕과 문장에 대해 묻는데 가만히 있을 수가 없었을 것이다.

> 저는 옛날에 공부하는 사람들은 오직 도와 덕에 힘쓴다는 말은 들었지만, 문장에 힘쓴다는 말은 듣지 못했습니다. 진정으로 사람들이 덕에 힘쓰고 선을 밝히며, 근본이 서고 사람이 지켜야 할 도가 행해지면, 소리는 운율이 되고, 행위는 절도에 맞으며, 예의삼백, 위의삼천 모두가 갖추어지게 되는데, 또 어떻게 자질구레하게 문장에 힘을 쏟습니까? 만약 도덕이 융성해진 후, 근심이 후세에까지 미쳐서, 글을 지어 이 근심을 후세에 전하려고 하면, 뱉어낸 말은 서적이 되고, 말을 한 것은 글이 되어, 마치 해와 별처럼 밝게 빛나고, 강물처럼 흘러내려 가는데, 또 어찌 문장이 드러나지 않을까 걱정하십니까?[62]

이건방의 답장만 놓고 보면, 조긍섭이 도덕과 문장 사이에서 어느 것이 더 중요한 지를 고민하고 있는 듯하다. 우선 이건방은 '도덕'을 근본[大本]으로 보았다. 그렇기 때문에 옛 성현들은 도덕에 힘을 쏟았지, 문장에 힘을 쏟지 않았다는 것이 이건방의 주장이다. 조긍섭 또한 성현은 문장에 뜻을 둔 적이 없다고 했다.

且愧, 不知所以爲謝也. 雖然足下之言及此, 僕亦安得默默已乎?"(국립중앙도서관본)

62) 같은 책, 「答曹深齋兢燮書」. "僕聞古之學者, 惟道與德之爲務, 未聞其務於文也. 蓋人苟能懋德而明善, 大本立而達道行則聲爲律, 身爲度, 禮儀三百, 威儀三千皆該而備焉. 又安用屑屑焉, 文之務也. 若道隆德盛之後, 憂及於後世, 欲著書以垂之乎, 則吐辭爲典, 發言成章, 煥若日星之明, 而涉若江河之下也, 又何患於文之不著也."

"근본이 서고 인간이 지켜야 할 도가 행해진다."는 말은 도덕이 융성하게 되었다는 의미다. 도덕이 융성하게 되면 소리가 운율이 되고, 모든 행위가 절도에 맞는다. 마찬가지로 도덕이 '확고하게 정립된 후', 후세가 걱정이 되어 글을 통해 이 근심을 후세에 남기려고 할 수 있다. 이때 도덕이 이미 정립되어 있기 때문에 아무렇게나 뱉어낸 말이라도, 그 말은 강물처럼 유려하고 해와 달처럼 빛난다. 간단히 말하면 '도덕'이 확고하면 말이나 글이 유려하지 않을 수 없다는 것이다. 그러면서 문장[文]을 '자질구레[屑屑]'라고 했다. 이것은 이건방이 도덕을 매우 중시하고 있음을 보여준다. 이것이 위 인용문의 핵심이다.

그러면 답신 중 "어떻게 자질구레하게 문장에 힘을 쏟습니까[又安用屑屑焉, 文之務也]"의 '문장'을 무엇으로 규정해야 하는지 살펴보자. 이에 대한 실마리는 조긍섭의 편지에서 찾아볼 수 있다. 조긍섭이 누군가에게 보낸 편지에 다음과 같은 내용이 있다.

> 저는 남쪽의 비루한 선비로서, 어려서부터 어리석고 나약하여 매사에 남들보다 못했습니다. 돌이켜보면 오직 부형의 가르침 덕분에 장구와 훈고에 일신을 맡겼습니다.[63]

위 편지 내용을 통해 볼 때, 조긍섭이 장구(章句)와 훈고를 자신의 학문으로 삼고 있음을 알 수 있다. 장구와 훈고는 정약용의 분류에 따르면 사장(詞章)학과 훈고학에 속한다.[64] 따라서 이건방의 답신에서 언급

---

63) 『암서집』卷15, 「書」「答或人 丁未(1907)」. "兢燮南州之陋士也. 自幼懲懦事事不及人. 顧獨以父兄教委身於章句訓詁間."

64) 정약용은 性理之學·訓詁之學·科舉之學·術數之學·文章之學(즉 詞章學)을 五學이라고 이라고 했다. 그러면서 "文章之學은 우리 도(즉 유학)에 큰 해가 된다."고 하였다.

된 '문장[文]'은 적어도 '사장학'을 지칭한다고 할 수 있다. 도덕과 사장에 대한 조긍섭의 태도는 조긍섭이 이건방에게 보낸 편지 내용을 통해 유추해 볼 수 있다.

> 도덕과 문장을 아우르기 어렵게 된 지 오래되었습니다. 도덕을 추구하는 사람들은 문장을 추구하기에 부족하다고 여기고, 문장을 추구하는 사람들 또한 스스로 도덕의 허울을 하찮게 생각합니다. 그래서 문장과 도덕은 더욱 괴리되어 합쳐질 수 없게 되었습니다. 그러나 이것은 스스로 그 참된 것을 모르는 것일 뿐입니다. 도덕에 있어서 문장이 무슨 병통이 되겠습니까? 참된 도덕을 갖춘 사람은 반드시 참된 문장도 갖추는 것이고, 참된 문장을 갖춘 사람은 반드시 참된 도덕을 아는 것입니다.[65]

1920년에 이건방에게 보낸 편지라고 기록되어 있으므로 이건방의 나이 60세, 조긍섭의 나이 48세일 때이다.

참된 도덕을 갖춘 사람이 참된 문장을 쓰고, 역으로 참된 문장을 쓰는 사람이 참된 도덕을 갖추고 있다는 것이 조긍섭이 생각하는 원칙이다. 그러나 조긍섭이 살고 있던 시대에는 양자를 아우르기 어려웠다. 즉 도덕과 문장 모두를 아울러야 하는데, 그러지 못하는 현실을 안타까워하면서, 이건방에게 도덕과 문장 중 어떤 것을 중시해야 하는지를 물었다.

앞에 서술한 이건방의 답장에서도 볼 수 있듯이, 이건방은 문장보다

강중기, 『조선전기 경세론과 불교비판』(서울대학교 철학사상연구소, 2004), 103쪽.
65) 『암서집』 卷9, 「書」「與李蘭谷 庚申(1920)」. "夫道德文章之難幷久矣. 爲道德者, 以文章爲不足, 而爲文章者, 亦自以不屑於道德之假者. 於是二者愈裂而不可一. 然此自不識其眞者爾. 於道德文章何病焉. 夫有眞道德者, 必有眞文章. 有眞文章者, 必識眞道德." 재인용, 강동욱, 위의 논문, 117쪽.

도덕을 중시했다. 이건방에 의하면, 도덕이라는 근본[大本]이 확립되면, 인간의 선한 본성이 밝아지고, 이로 인해 인간이 지켜야 할 도[達道]가 행해진다. 도에 이르면 아무렇게나 내는 소리가 운율 있는 가락이 되고, 일상적인 언행이 절도에 맞는다. 이처럼 도덕이 융성하게 되면 어떤 말·어떤 소리·어떤 행동도 유려한 문장·운율 있는 가락·절도에 맞는 행위가 된다.

이건방은 도덕적인 사람이 문장 또한 겸비하고 있다고 보았다. 이 점은 조긍섭도 동의한다. 그러나 반대로 문장이 뛰어나다고 반드시 도덕적인 사람은 아니라고 보았다.[66] 이 점이 바로 조긍섭과 다른 점이다. 이건방은 다음과 같이 말했다.

> 참된 도덕을 가지고 있는 사람은 반드시 참된 문장을 가지고 있다는 귀하의 말은 정말로 옳습니다. 그런데 또 '도덕과 문장을 아우르기 어렵다'고 말하고, '작금의 사람들을 보면 도덕은 뛰어나지만 문장은 부족하다'고 하는데, 무슨 말입니까? 제가 말하는 것은 도덕이 훌륭하지 못하기 때문에, 문장을 아우는 곳까지 이르지 못한다는 것입니다. 진실로 그렇지 못한 것은 반드시 거짓된 도덕이며, 거짓으로 된 덕은 앞으로 나아가도 거짓되지 않은 것이 없는데, 어찌 문장에 있어서만 그렇겠습니까?[67]

"참된 도덕을 가지고 있는 사람은 반드시 참된 문장을 가지고 있다."라는 말은 조긍섭이 1920년에 이건방에게 보낸 편지의 내용이다.[68] 이

---

66) 「答曺深齋兢燮書」. "務道德者文章兼之, 而文章之士或未必皆有道德也."
67) 같은 곳. "足下所謂有眞道德則必有眞文章者誠得矣. 而又言道德文章之難幷, 而見當世之士有優於道德, 而不足於文章, 抑何謂也. 僕則謂, 惟其道德之不優故, 幷其文章而不能至也. 苟不然則是必道德之假者, 假而爲德將無往而非假也. 又奚有於文章哉!"
68) 이건방의 편지는 언제 쓴 것인지 년도가 기록되어 있지 않다. 조긍섭의 편지를 근거

말에 대해 이건방은 "정말로 옳다."고 화답했다. 그러나 '도덕과 문장을 병행하기 어렵다'는 말과 '도덕은 뛰어나지만 문장이 부족하다'는 조긍섭의 말에는 동의하지 않았다. 그 이유는 다음과 같다.

조긍섭은 도덕가는 참된 문장을 가지고 있다고 했다. 이 말은 도덕과 문장을 병행할 수 있다는 말이다. 그런데 다시 '도덕과 문장을 아우르기 어렵다'라고 하여 '도덕과 문장을 병행할 수 없다'고 한다. 이처럼 앞뒤가 맞지 않기 때문에 난곡은 의아하게 생각하여 "무슨 말입니까?"라고 되물었다.

이건방의 두 번째 반박은 '도덕은 뛰어나지만, 문장은 부족하다'는 조긍섭의 주장이다. 이건방이 생각하기에, 훌륭한 도덕가는 문장 또한 훌륭하다. 그러므로 '도덕은 뛰어나지만, 문장은 부족하다'는 말 자체가 성립하지 않는다는 말이다. 만약 문장이 부족하다면 도덕 또한 부족하다는 것이 이건방의 생각이다. 이건방에 의하면 도덕은 모든 행위의 근원이다. 그러므로 '거짓된 덕[道德之假·假而爲德]'[69]이라고 한다면 그로부터 나오는 모든 것은 '거짓(假)'이다. 이것이 바로 '문장만 그렇겠습니까?'의 의미다.

여기서 이건방은 '문장은 중요하지 않고, 도덕만 훌륭하면 된다'에서 한 걸음 더 나아가 '도덕이 훌륭하면 문장 또한 훌륭하다'로 나아갔다.

로 할 때, 조긍섭에게 보낸 이건방의 답장은 적어도 1920년에 쓴 편지임을 알 수 있다.
69) 이건방의 '道德之假' '假而爲德'를 필자는 '道德의 거짓' '거짓으로 된 德'이라고 번역했다. 유가적 관점에서 볼 때, 과연 '도덕'에 거짓이 있는가? 만약 도덕에 '거짓'이 있다면, '참'도 있다는 말이다. 그러나 '도덕'은 실체(Substance)다. 즉 오직 善이고 참(眞)일 뿐이다. 엄밀히 말하면 '眞德'의 '眞'도 사족일 뿐이다. 道德에 '假'를 붙이는 것은 '행위의 가식' 혹은 '도덕을 빙자한 행위'를 의미한다. 그러므로 '道德之假' '假而爲德'도 '가식적인 행위' '도덕을 빙자한 행위'로 이해해야 한다. 따라서 필자가 '道德의 거짓' '거짓으로 된 德'이라고 번역한 것은 편의상의 번역에 불과하다.

여기까지만 놓고 보면, 이건방은 조긍섭이 경계했던 '도덕제일주의자
들의 문장 경시(소홀)' 학자에 속한다.

이건방은 '도덕을 근거로 문장을 평가'했다고 생각하는 조긍섭에게
이건방 자신은 그렇게 평가할 자격이 없다는 점을 밝히면서 조긍섭에
게 정중히 사과하고 첫 번째 편지를 마무리했다.[70]

이건방에게 있어서 '문장'은 참된 도덕을 가진 사람에게 필연적으로
따라오는 것일 뿐이다. 다시 말하면 '유려한 문장'을 지으려면 반드시
도덕성을 먼저 갖추어야 한다는 것이다. 따라서 조긍섭처럼 도덕과 문
장의 경중을 고민할 필요가 없었다.

② 두 번째 답장

두 번째 답장 역시 첫 번째 답장과 마찬가지로 언제 보냈는지 연대가
기록되어 있지 않다. 그러나 내용은 역시 도덕과 문장이 주를 이룬다.

손수 가르쳐 주신 말을 또 받았습니다. 지극하게 생각해주실수록 더욱
나아지기를 바랍니다. 저는 서로 도우며 도에 정진하고 있습니다. 저는
비록 그 사람이 아니지만, 감히 충심으로 올바른 가르침을 구하고자 합니
다. 포백과 금수에 비유하겠습니다. 금수는 아름답지만 가공하기 어렵고,
포백은 거칠지만 쉽게 이루어진다고 할 수 있습니까? 제가 문장의 도리에
대해 말한 것이 있는데, 참됨과 거짓을 논할 수는 있지만, 쉽고 어려움,

70) 같은 곳. "來諭又謂僕以道德, 文章見許者, 尤非本意也. 僕旣拙陋寡聞, 不足以與論
於道德, 文章安有己且不足而能許諸人者哉. 足下之文章, 僕嘗從人得一二篇讀之見其
黝然而深, 蒼然而健實, 有得於古作者之旨. 故或對南中人士妄有云云而不虞遽達諸足
下也. 此己極知僭猥而又安敢遽議於道德也. 且能文章者, 未必皆有道德, 則僕雖誦足
下之文章, 豈敢直以道德相許哉? 亦非敢謂足下之不優於道德也. 特僕之知有所不及,
故不敢妄爲言也. 惟足下亮之不宣."

아름다움과 추함에 대해서는 변별할 필요가 없습니다. 왜일까요? 포백은 정말 거칠고 조악합니다. 그러나 그것의 참됨은 사람들이 매일 필요로 하는 것으로, 전하지 않으려고 한다고 전해지지 않겠습니까? 금수는 정말로 아름답습니다. 그러나 그것의 거짓됨은 꾸민 분장으로 연극이 끝나면 찢어 버리는 것에 불과할 뿐이니, 전하려고 한다고 전해지겠습니까?[71]

이 답장을 보면 조긍섭이 또 편지를 보낸 것 같은데, 조긍섭 문집에는 이건방에게 보낸 두 번째 보낸 편지가 없다.

이건방은 두 번째 편지에서 '도덕과 문장'을 '포백과 금수(錦繡)'의 비유를 통해 설명했다. '포백'이란 아무런 가공을 하지 않은 베와 비단 그 자체로서 거칠고 조악한 섬유다. '금수'란 비단에 수를 놓은 가공된 섬유다. 금수는 예쁘지만 가공하기 어렵고, 포백은 가공하지 않아서 거칠지만 쉽게 얻을 수 없다. 포백은 정말 보잘 것 없고 거칠다. 그러나 포백이 없으면 옷을 해 입을 수 없다. 그러므로 포백은 일상생활 속의 필수품이다. 필수품은 전하려고 하지 않아도 전해 내려간다. 도덕은 선천적인 것이기 때문에 가공하지 않은 포백이다. 그러나 선천적인 도덕을 보존하고 실천해나가는 것은 쉬운 일이 아니다. 이것이 '쉽게 얻을 수 없다'는 의미다. 도덕은 너무 일상적이어서 보잘 것 없는 것으로 취급된다. 그러나 없어서는 안 되는 필수품이다.

금수는 비단에 수를 놓은 옷감이다. 그래서 예쁘고 아름답다. 그러나

---

71) 「答曺深齋書第二書」. "洊承手敎辭. 益摯意益下若望. 僕相助以進於道. 僕雖非其人, 敢不悉其衷以求正也. 布帛錦繡之喩, 豈不以錦繡美而難工, 布帛麤而易就欺. 僕嘗謂文章之道, 但當論其眞假而其難易美惡不須辨也. 何者? 布帛誠麤矣, 而苟其眞也, 自爲民生日用之所必需. 雖欲其不傳得乎? 錦繡誠美矣, 而苟其假也, 是不過扮戲塗餙, 戲畢則裂而棄之耳. 雖欲其久傳得乎?"

모든 사람이 입을 수 있는 옷감이 아니다. 게다가 가공된 옷감이기 때문에 연극이 끝나면 벗어버리는 무대 의상에 불과하다. 그러므로 일상생활 속에서 전하려고 해도 전해지지 않는다. 문장은 예쁘고 아름답지만 아무나 쓸 수 없다. 게다가 글을 다 쓰면 일상생활로 돌아가야 한다. 그래서 무대 의상에 비유했다.

도덕은 거칠지만 포백처럼 모든 사람이 입는 필수품이다. 반면 문장은 금수처럼 특정한 사람만 쓸 수 있다. 문장의 '쉽고 어려움'·'유려함[美]과 유려하지 못함[惡]'은 구분하기도 어렵다. 그래서 '변별할 필요가 없다'. 그러나 문장의 '참됨과 거짓'은 변별해야 한다. 왜냐하면 도덕의 문제이기 때문이다. 이건방에 의하면 참된 문장은 참된 도덕에서 나오고, 거짓 문장은 거짓적인 도덕에서 나온다. 그러므로 문장의 참됨과 거짓에 대해서는 논해야 한다는 것이다.

여기서도 '도덕가는 곧 문장가이다'라는 이건방의 관점을 엿볼 수 있다.

> 그러므로 덕이 있는 사람은 담백하지만 맛이 있고, 간단하지만 요점이 있으니, 이른바 어둡지만 나날이 드러납니다. 내실은 없고 겉만 화려한 것은 찬란한 것을 모아 놓아서, 외형적으로 잠깐 두드러지지만, 없어지더라도 서서 기다릴 뿐입니다.[72]

도덕은 담백하지만 맛이 있고, 간단하지만 요점이 있기 때문에 어두워도 빛을 발한다. 그러나 문장은 찬란한 것만 모아 놓아서 겉만 화려하

---

72) 같은 곳. "故有德者之言, 淡而旨, 簡而要. 所謂闇然而日章者也. 彼無實而尙華美者, 其炫煌纂組, 雖或暫暴於外, 而其廢也. 可立而待也."

다. 화려한 외형은 잠시 동안 눈을 현혹할 수 있지만, 그것이 없어도 생활에 지장이 없다. 그래서 가만히 서서 잡으려고 하지 않는다. 그러 므로 도덕이 문장보다 중요하다는 것이다.

> 저는 본래 문장을 잘 짓지 못한다고 지난번 편지에 이미 말씀드렸습니다. 그런데 귀하께서는 어떻게 이것을 살펴보지 않았습니까? …… 비록 노둔한 선비도 실로 이것보다 큰 뜻을 가지고 있으니, 또한 어찌 정신을 아무 쓸모없는 것에 소모하여, 좀 먹은 서적에 빠져 명예를 다투겠습니까? 이것이 문장에 노력을 기울이지 않은 까닭입니다. 세월은 기다리지 않아서, 갑자기 노쇠한 나이에 이르게 되니, 대도에 대해 멍하니 깨달은 바도 없이, 장차 초목과 함께 썩어 없어지는 것을 면하지 못한다면, 문장을 베끼는 선비가 오히려 하나의 기예로써 이름을 얻은 것만 못할 것입니다.[73]

여기서 이건방은 조긍섭에게 본인은 글을 잘 짓지 못한다고 고백했다. 그리고 글을 잘 쓰려고 노력하지 않는 이유를 말했다. 이건방은 어리석어서 글을 잘 못 쓴다. 그러나 그것 때문에 부끄러워하지 않는다. 왜냐하면 문장을 잘 쓰는 것보다 더 중요한 것을 가지고 있기 때문이다. 그것은 다름이 아닌 '도덕'이다. 이건방은 스스로 문장보다 더 큰 것 즉 도덕을 가지고 있다고 선언한다. 도덕가로서의 자부심을 엿볼 수 있는 대목이다.

이와 같이 이건방은 조긍섭에게 보낸 첫 번째 두 번째 편지 모두에서 줄곧 '도덕'을 중시했다. 이상의 편지 내용을 근거로 '도덕과 문장'에

---

73) 같은 곳. "僕本不善爲文, 前書槪言之, 而豈足下未之察耶. …… 雖駑下士, 固有大於此者, 又安事槃精神於無用, 以爭名於蠹簡之中哉. 此所以不肯致力於文也. 日月不俟, 遽及於衰耗, 而其於大道, 茫乎未有所聞, 將不免爲草木同腐, 則反不若尋摘之士. 猶得一藝以成名, 而顧其勢如下山之日."

대한 이건방과 조긍섭의 차이점을 정리하면 다음과 같다.

이건방: 훌륭한 도덕의 소유자는 문장도 잘 짓는다. 설사 문장을 잘 짓지 못 한다 하더라도 문장에 힘을 쏟을 필요는 없다.

조긍섭: 훌륭한 도덕의 소유자라도 문장을 못 지을 수 있다. 그러나 도덕과 문장을 겸비할 수 있다. '도덕과 문장을 겸비할 수 있다'라는 점에서 이건방과 일치한다. 단 도덕만 추구하면 문장은 저절로 따라온다는 점은 반대한다. 이 점이 이건방과 다른 견해다.

옷은 원단이 좋아야 한다. 원단이 '가짜[假]'면 아무리 '아름답게 가공하고 꾸며도[錦繡]' 소용없다. 원단이 '가짜'인데 어떻게 좋은 제품이 나올 수 있겠는가? 도덕은 인간에게 비유하면 '원단'이다. 도덕이 '가짜'인데 이로부터 나오는 모든 것이 '가짜' 아닐 리가 없다. 설사 '진짜' 같은 것이 나오더라도 그것은 '가짜'일 뿐이다. 그런데 유독 '문장'만 예외가 될 수 있겠는가? '참된 도덕[眞道德]'을 가진 사람은 비록 문장이 담백해도 빛이 난다. 그래서 이건방은 다음과 같이 말했다.

그러므로 덕이 있는 사람의 말은, 담백하지만 요지가 있고, 간단하지만 핵심이 있습니다. 이른바 어렴풋하고 애매하지만 나날이 빛납니다. 저들은 내실 없이 화려하고 아름다운 것만 받들고, 찬란한 것들만 모아 놓아서, 비록 혹 잠시는 겉으로 두드러지지만 폐기됩니다.[74]

---

74) 「答曹深齋第二書」, "故有德者之言, 淡而旨, 簡而要. 所謂闇然而日章也. 彼無實而尙華美者, 其炫煌纂組, 雖或暫暴於外而其廢也."

　도덕을 중시하는 이건방의 생각은 현산 이현규(玄山 李玄圭)에게 보낸
편지에도 그대로 드러난다.

(3) 「답이현규서(答李玄圭書)」[75]

　옛날의 도가 상실된 지 오래되었습니다. 바야흐로 국가가 번창할 때,
모든 선비들은 첩괄의 관습을 꼭 붙들고 스스로 벗어나려고 하지 않았습
니다. 하물며 작금의 취향이 이미 다르니, 구학을 모두 버리고 우습게 여
겨 마음에 두지 않습니다. 비록 첩괄을 구해 꼭 붙들려고 해도 보이지 않
으니, 어떻게 고문을 얻을 수 있겠습니까? …… 이제 저는 그것을 계승한
것이 더욱 즐겁고 뛸 듯이 기쁩니다. 귀하는 제 말이 지나친 말이 아니라
는 것을 헤아려 주시기 바랍니다. 고인이 말하기를, 문장은 작은 기예에
불과합니다. 지금 귀하는 문장에 뜻을 두고 있는데, 제가 바라는 옛날의
도는 어떻게 합니까? 옛사람은 보이지 않지만, 그 도는 전해져서, 반드시
문장 속에 들어 있습니다.[76]

---

75) 이현규는 1882년 11월 2일 충남 부여의 대왕리에서 태어났다. 어려운 환경 속에서도
　홀로 각고의 노력으로 고문(古文)을 터득했다. 33세 쯤 魯城으로 나와 9년 정도 머물렀
　는데 이때부터 정인보 등과 교유했다. 그의 삶은 고문의 이론과 창작을 겸비한 고문가
　(古文家)로, 棄義趨利하는 현실에 慷慨하여 자신을 굳게 지킨 지사이면서, 지나치게
　형식적인 구속을 싫어하며 소탈하게 생활한 선비였다. 박우훈, 「玄山 李玄圭의 생애와
　交遊」, 『인문학연구』 30권(충남대학교 인문과학연구소, 2003) 참고. 앞에서 언급했듯
　이 이현규에게 보낸 서찰은 2통이 있다. 필자는 2통의 서찰을 구분하기 위해, 편의상
　「答李玄圭書」(上), 「答李玄圭書」(下)라고 표기한다.
76) 『난곡존고』卷2, 「文錄」「書」「答李玄圭書」(下). "蓋古之道喪久矣. 方國家盛時, 士
　皆溺於拇撐帖括之智, 而不能自拔. 況今日趨尙旣異, 悉吐棄舊學而不屑之. 雖使求嚮
　所謂帖括拇撐而不可見, 安所得古之文乎. …… 今則僕將愈益喜繼 之以勇躍歡忭也.
　諒足下不以僕爲誇於言也. 古人云, 文章一技也. 今足下志于文, 而僕直以古之道望之
　何也. 古之人不可見, 其道之傳也, 必寓諸文."

　이현규(1882~1949)는 고문장(古文章)으로 유명한데, 위당 정인보는 "나는 그의 경지에 이를 수 없다."고 했고, 조긍섭은 "오늘날의 독보라 해도 무방하다."라고 했다.[77] 이건방이 이현규를 만났을 때는 이현규의 나이 46세(1927) 전후이며, 이때 이건방은 이현규의 글을 읽었고, 또 그의 작품을 인정했다.[78]

　중국 당대(唐代)에 과거 시험의 응시자가 많아지자, 출제위원이 경서(經書)에서 어려운 구절을 뽑아 출제했다. 이에 응시자들은 경서의 어려운 구절을 뽑아 모아 기억하기 좋게 곡조를 붙여 만든 것이 '첩괄(帖括)'이다. 이건방이 보기에 옛날 국가가 흥성할 때, 선비들은 도는 팽개치고 과거시험에만 열중했다. 시대가 변하니 옛날에 중시했던 첩괄마저 찾아볼 수 없게 되었다. 이로 인해 고문장마저 찾아볼 수 없게 되었다. 결국 도(道)도 찾을 수 없게 되고, 문장도 찾을 수 없게 되었다.

　이건방은 이현규가 찾을 수 없던 고문장을 계승한 것에 찬사를 보냈다. 그러나 문장에만 전념하는 이현규를 매우 안타깝게 여겼다. 이러한 이현규에게 이건방은 문장에만 빠지지 말고, 문장 속에 있는 도를 계승해주기를 바랐다. 왜냐하면 문장은 여러 기예 중 하나이지만, 도는 이러한 기예의 근원이 되기 때문이다. 이건방의 이러한 바람이 이현규에게 이루어졌는지 알 수 없다. 다만 이건방은 이현규에게 보낸 답장에서 도덕이 문장보다 우선이라는 것을 분명히 했다.

　양신묵(梁信默)에게 보낸 편지에서는 도덕을 중시하는 이건방의 생각이 더욱 분명하게 드러난다.

77) 박우훈, 위의 논문, 89쪽 및 113-114쪽 참고.
78) 박우훈, 위의 논문, 93쪽 참고.

(4) 「답양신묵서(答梁信默書)」

> 남풍증씨(南豊曾氏)[79]의 말 중 투철한 도덕성을 가지고 있지 않으면서
> 문장만 쓸 줄 아는 사람은 묘지명을 쓸 수 없다는 말이 있습니다. 저로
> 말하면 이 두 가지 중 하나도 없습니다.[80]

기록에 의하면, 이건방이 답장을 보낸 양신묵은 제주도 양씨로 전라도
보성의 부호였다. 아마도 이건방의 명성을 듣고서, 이건방에게 묘지명을
써 달라고 부탁한 듯하다. 이건방은 자신은 도덕이나 문장 모두 부족하기
때문에 양신묵이 부탁하는 묘지명을 써 줄 수 없다고 정중히 거절하면서,
증공(曾鞏)의 말을 빌려 도덕이 문장보다 중요함을 강조했다.

> 비록 마음의 밝음은 영원히 불변하지만, 저들은 전에 들은 소문에 빠지
> 고, 당파적 견해에 막혀 있습니다. 가리고 막힌 것이 이미 깊어서 벗어날
> 수 없습니다. 정말로 사욕에 치우친 마음을 버리고, 되돌아와 마음에서
> 구한다면 제 말이 끝나기도 전에 반드시 측은히 여겨서 슬퍼하고, 깨달아
> 서 반성하여 그것이 틀린 것임을 알아차립니다.[81]

"비록 마음의 밝음은 영원히 해와 같다[雖然人心之明, 萬古一日]."라는
말은 왕양명의 말과 매우 유사하다. 양명은 다음과 같이 말했다.

---

79) 宋의 학자 曾鞏을 가리킴.
80) 『난곡존고』卷2, 「文錄」「書」「答梁信默書」. "南豊曾氏有言, 非畜道德能文章者無以
   爲也. 若僕者於是二無者一焉."
81) 같은 곳. "雖然人心之明, 萬古一日. 彼汨於舊聞, 滯於黨見. 蔽錮已深而不能脫也.
   苟有能捨其偏私, 反以求之於心則必將有慽然而悲, 懍然而省, 不俟吾言之畢, 而覺其
   非者矣."

다행히 천리는 사람의 마음에서 다할 수 없고, 양지의 밝음은 영원히 불변하니, 나의 발본색원론을 들으면 반드시 측은히 여겨서 슬퍼하고, 근심하여 마음 아파하며, 분연히 일어나서, 마치 장강과 황하를 터놓은 것처럼 성대하게 흘러서 막을 수 없는 것이 있을 것이다.[82]

이와 같이 이건방의 답장은 양명의 말과 매우 흡사하다. 이건방은 양명의 '양지'를 '심'으로 고쳤을 뿐이다. 이건방이 하곡학을 계승했고, 하곡학이 양명학에 뿌리를 두고 있으므로 이건방이 말한 심은 주자학적 심이 아니라, 양명학적 심 즉 '양지'이고, 하곡의 말로 바꾸면 '실심'이다.

이상과 같이 난곡은 근본[大本] 즉 도덕이 확립되면 문장은 자연히 따르는 것이기 때문에, 학자라면 반드시 도덕을 확고히 해야 한다고 보았다.

4. 『원론(原論)』의 사회철학[83]

『난곡존고』목차에서도 알 수 있듯이, 제6권『원론』은 한 권의 책으로 분류할 수 있다. 이건방의 사상을 연구하는 학자들은『원론』을 자주 인용한다. 그러나『원론』의 전체 내용이 무엇인지 대해서는 거의 언급

---

82) 왕양명,『전습록』卷中 143조목. "所幸天理之在人心, 終有所不可泯, 而良知之明, 萬古一日, 則其聞吾拔本塞源之論, 必有惻然而悲, 戚然而痛, 憤然而起, 沛然若決江河, 而有所不可禦者矣." 해석은 정인재 한정길의 번역본을 참고 했다. 王陽明, 정인재 한정길 역주,『傳習錄』(청계, 2004), 432쪽.

83) 신상현·천병돈,「난곡 이건방의『원론』에 나타난 현실인식」,『인천학연구』29(인천대학교 인천학연구원, 2018)를 저술 목적에 맞게 수정 보완했다.

하지 않았다.

국가와 국민의 존멸이라는 한말의 국가적 위기 상황에서, 이건방은
『원론』을 통해 시대적 위기를 극복하는 철학적 해법을 제시했다.

1) 대한제국 부강론

『원론』은 '대한제국의 부강을 논한 글'이라고 단정한다. 그래서 '대
한제국 부강론'이라는 부제를 덧붙이면 좋을 듯하다.

『원론』은 「원론상」·「원론중」·「원론하」, 그리고 「속원론」 등 네 편
으로 구성되어 있다. 상은 10쪽(1쪽에 200자) 3줄 17글자 총 1,997글자,
중은 13쪽 4줄 2글자 총 2,682글자, 하는 14쪽 8줄 6글자 총 2,966글자,
「속원론」은 13쪽 1줄 16글자 총 2,636글자로, 총합 10,281글자다.

『원론』을 쓴 정확한 시기는 기록되어 있지 않기 때문에 알 수 없다.
그러나 『원론』에 '아한(我韓)'이라는 말을 근거로 대략적 저술 시기를
짐작할 수 있을 듯하다. 주지하듯이 아관파천(俄館播遷) 이후 고종은
1897년 8월 1일 연호를 '광무(光武)'로 정하고, 10월 황제즉위식을 거행
한 뒤 국호를 '대한제국'으로 선포했다. '아한(我韓)'의 '한(韓)'은 바로
'대한제국'을 지칭하는 것이므로, 『원론』의 저술 시기는 최소한 1897년
(이건창 나이 36세) 이후이다.

(1) 사회진화론으로 본 대한제국 부강론

이건창은 중국의 이엔푸[嚴復]에 의해 소개된 사회진화론을 통해 국
가의 부강을 도모했다. 그래서 『원론』은 사회진화론으로 시작한다.

사람은 태어나면서 무리를 짓고, 무리를 이루면 다툼이 생긴다. 이것이 필연의 이치요, 형세가 반드시 그렇게 되는 것이다. 무리를 화목하게 하고 그 권한을 총괄하는 것을 '나라'라고 한다. 이것도 하나의 무리이고, 저것도 하나의 무리인데, 무리가 많으면, 무리와 무리가 서로 다투게 된다. 이것 또한 필연의 이치이고 형세가 반드시 그렇게 되는 것이다. 서로 다투면 반드시 강한 자가 이기고, 약한 자는 반드시 패하며, 기교가 있는 자는 반드시 얻고, 어리석은 자는 반드시 잃는다. 이것이 진화의 규칙이고, 만물 경쟁의 원칙으로, 피할 수 이치다.[84]

위 내용은 사회진화론의 핵심 내용이다. 이엔푸는 영국 유학을 통해 알게 된 영국의 생물학자 헉슬리(Tomas Henry Huxley)의 『진화와 윤리』를 『천연론(天演論)』이라는 제목으로 번역 출판했다. 이 책은 출간되자마자 중국 지식계에 커다란 반향을 일으켰다. 이엔푸는 『천연론』을 단순히 직역하지 않고, 진화론에 대해 설명하면서 중국이 처한 상황을 접목시켜 사람들에게 국가적 위기의식을 갖도록 독려했다.[85]

이러한 사회진화론은 1880년대부터 유길준, 박영효 등 개화파 지식인을 통해 대한제국에 들어오기 시작했고, 1890년대에는 서재필 윤치

---

84) 『난곡존고』 권6, 「原論上」(이하 편명만 쓴다). "夫人生而有羣, 有羣則有爭. 此理之必然而勢之必至者也. 輯其羣而統其權謂之國. 此一羣也, 彼一羣也. 羣者衆矣. 則羣與羣相爭. 此又理之必然而勢之必至者也. 旣至於相爭, 則彊者必勝, 而弱者必敗. 巧者必得而拙者必失. 此蓋天演之公例, 物競之原則, 不得不然之理也."
85) 『천연론(天演論)』은 정치평론서이다. 이엔푸는 만물을 '물경천택(物競天擇)'의 법칙에 따라 변화한다고 말했다. '物競'이란 생물 간의 생존경쟁을 뜻한다. 우성이 열성을 이기고 강한 것이 약한 것을 누른다는 것이다. '천택(天擇)'이란 자연의 선택, 바로 자연도태이다. 이처럼 생물은 '생존경쟁'과 '자연도태'의 과정 속에서 진화한다. 이러한 사상이 전반에 깔려 있는 『천연론』은 다윈의 진화론과 서양 철학 사상도 함께 접목시켜 '지식의 기아'에 허덕이던 중국의 지식계에 엄청난 반향을 일으켰다. 〈독서의 힘〉 편집출판위원회, 김인지 옮김, 『독서의 힘』(더블북코리아, 2018), 147-148쪽 참고.

호 등 미국 유학 지식인들을 통해, 20세기 초에는 박은식, 장지연, 신채호 등을 비롯하여 국내의 유학자들이『천연론』을 통해 사회진화론을 수용했다.

이건방은 사회진화론을 통해 국가의 생존이 '강자필승, 약자필패, 기교자는 반드시 얻고, 어리석은 자는 반드시 잃는다'라는 약육강식·우승열패 논리에 달려 있다고 진단했다.

그러면 왜 약자·어리석은 자는 반드시 패하고 자기 것을 잃어버리는가? 이건방에 의하면, 약자는 험난함을 알면 도전하지 않고, 망하는 것을 두려워한다.[86] 따라서 강자가 되려면 약하고 어리석은 것을 제거하고, 나아가 강자·유능한 자가 강하고 유능하게 된 원인을 탐구하고 그것을 배워야 한다. 이건방은 강자를 배우는 것을 '배움[學]'이라고 보았다. 강대국을 배워서 힘이 모아지고, 그래서 강대국과 어깨를 나란히 할 정도가 되면, 강대국은 그런 나라를 멸망시키지 못한다. 자신의 나라가 약소국임을 알면서 강대국의 강한 원인을 배우지 않으면 결국 강대국에 잡아먹히게 된다.[87] 이와 같은 약육강식의 사회진화론은 세계 모든 국가에 적용된다는 것이 이건방의 생각이다.[88]

그러면 우리 대한제국은 강대국인가 약소국인가? 이건방은 대한제

---

86) 「原論上」. "苟弱與拙者知難而懼亡."

87) 「原論上」. "務去其所以弱, 而求人之所以彊者, 而效之則斯彊矣. 務去其所以拙, 而求人之所以巧者, 而效之則斯巧矣. 效之爲言學也. 學而至於力, 齊而勢均, 則人雖欲吞噬我, 夷滅我, 其可得乎? 知吾之弱而不效人之彊, 知吾之拙而不效人之巧, 狃舊而儦安. 執迷而不悟, 終至於吞噬夷滅, 而後己者乃其自滅而自亡, 非人之滅我而夷我也. 而又何尤焉."

88) 「原論上」. "今夫國於地球之上, 僅以百數, 而其彊弱巧拙之相殊至不齊也. 於是相爭以力相競, 以勢吞噬夷滅之患, 不絶於今夫國於地球之上, 僅以百數, 而其彊弱巧拙之相殊至不齊也. 於是相爭以力, 相競以勢, 吞噬夷滅之患, 不絶於世."

국을 세상에서 가장 약한 나라라고 생각했다.

> 나는 일찍이 천하에 가장 약하고, 가장 어리석은 나라 중에 우리 대한
> 제국처럼 심한 나라는 없다고 말한 적이 있다. 영국, 미국 프랑스, 독일처
> 럼 세계 최강국이라고 불리는 국가들은 굳이 논할 필요 없이 이미 그렇지
> 만, 벨기에 네덜란드는 국토는 천 리도 안 되고, 인구는 100만에 불과한
> 최약소국이다. 그러나 이들 나라의 상공업 발달과 군정의 배움과 실행이
> 외부 침략을 막을 수 있는 나라가 되었지만 진실로 우리 대한제국은 거기
> 에 미치지 못한다.[89]

여기서 이건방은 중요한 내용을 제시한다. 벨기에 네덜란드는 대한
제국에 비해 국토도 훨씬 작고 인구 또한 비교할 수 없이 적지만, 이들
두 나라는 외국의 침략을 막을 수 있는 국력을 갖추고 있다. 이건방은
벨기에 네덜란드가 국토와 인구로 볼 때 약소국이지만 그들의 상공업
과 군사력은 거의 강대국과 맞먹는 수준에 있다고 보았다.

벨기에 네덜란드와 비교할 수 없을 정도로 큰 대한제국은 단 한 장의
종이만으로 일본에 넘어갔다. 이처럼 대한제국은 세계에서 유래를 찾
아볼 수 없을 정도로 약소국일 뿐 아니라 어리석은 국가라는 것이 이건
방의 생각이다.[90]

그러면 대한제국은 어쩌다 이처럼 병약한 나라가 되었는가?

---

89) 「原論上」, "竊嘗論之天下之至弱而至拙亦未有若我韓之甚者. 若英若美若法若德, 號
   爲全球之最彊者固不論已, 卽如比利時荷蘭等國地, 不滿千里, 口不過百萬, 天下之弱
   國也. 而其工商之發達, 軍政之修擧, 猶有可以禦侮而固圉者, 固我韓之所不及也."
90) 「原論上」, "以我韓不能以一矢加遺, 而擧三千里之地, 數千萬之人民, 輸之於一紙之
   上則. 蓋上下千古, 東西萬國之所未有也.."

(2) 대한제국이 병약한 원인

이건방에 의하면, 대한제국의 당시 상황은 생선이 썩어 문드러져 수습하지 못할 정도로 갈기갈기 찢어져 있었다. 『원론』은 대한제국이 병약한 원인을 관료에게서 찾았다. 그에 의하면, 관료들은 희희낙락 놀기만 하고, 국가의 모든 일은 안일하게 처리했다. 이로 인해 나라는 숨이 끊어질 지경에 이르렀지만, 외국의 침략이라는 외환이 없어서 이전처럼 아무 일 없는 것처럼 국사를 처리했다.[91]

부패한 관료들은 나라를 관리하는 데 있어서도 일본의 협박에 굴복해 일본의 앞잡이가 되어 일본에게 나라를 넘겼다. 이러한 관료들의 모습을 난곡은 다음과 같이 묘사했다.

> 그러나 나라를 위해 계획을 세우는 당사자는 모두 평범하고 나약하고 겁을 내며, 소문만 듣고 두려워하고 위축되어, 기회를 잃어 실패하는 일이 잇따른다. 나라가 망하지 않으려 하는데 그럴 수 있겠는가? …… 조정이 서양과 통상을 시작할 때, 나라가 (태도를) 바꾸어 서양과 통상을 장려하는데, 스스로 시대의 흐름을 안다는 통상 업무자들은 모두 불성실하고 경박하지만 행한 것도 없다. 벼슬길에 나아가는 좋은 일에는, 명목을 빌려, 총애를 받고 이익이 되는 것만 좇았고, 나중에는 외세를 빙자하여, 공갈 위협하고, 임금을 현혹하여 권력과 지위를 싸잡아 쥐려는 욕망을 실행했다. …… 마침내 외국인의 앞잡이 노릇을 즐기고, 몰래 부창부수하면서 공개적으로 팔아버리니, 마침내 재앙이 굳어져 마침내 풀 수 없게 되었다.[92]

---

91) 「原論上」. "蓋自數百年來, 文恬武嬉, 玩愒成習以至百度俱弛. 萬務不理, 萎靡叢脞, 奄奄垂盡, 雖使無敵外患. 安閒如前日."

92) 「原論上」. "籌國當事之徒, 悉庸懦怯怯, 望風縮朒, 以致失機, 而債事者, 踵相接也, 國雖欲不亡得乎? …… 始朝延之通洋也. 國是一變以獎擢, 驟加於是, 而自謂識時通務者類, 皆浮薄無行. 干進喜事, 始則假其名, 以濟其媒寵饕利之計, 末乃憑藉外勢, 以恐

관료들은 외세를 두려워 한 나머지 그들과의 통상을 생각하지 않았다. 그러다 보니 서양과의 통상이라는 절호의 기회를 잃어버리고, 결국에는 나라를 빼앗기는 지경에까지 이르렀다. 국가는 약육강식의 세계정세를 인식하고 서양과의 통상을 결정했지만, 시대의 흐름을 안다고 하는 관료들은 실행에 옮기지 않았고, 설사 실행에 옮기더라도 자신의 이익과 윗사람이 총애하는 것만 행했다. 그러다 결국에는 외세의 앞잡이가 되어 외세와 결탁하여 나라를 팔아버리는데 앞장을 섰다. 이건방은 이와 같은 관료들의 매국적 행위를 보통사람보다 못하다고 비판했다.

그러면 부강한 나라로 가는 방법은 무엇인가? 이건방은 민족의식 고취와 서양을 배울 것을 제시했다.

(3) 민족의식 고취 – 한글전용과 단기(檀紀) 사용

구습의 혁파만으로 나라는 지켜지지 않는다. 일본에 빼앗긴 조국을 되찾기 위해서는 먼저 한민족의 민족의식을 회복해야 한다. 이에 이건방은 '우리말'과 '단기(檀紀)' 사용을 주장했다.

먼저 한글전용에 대해 난곡은 다음과 같이 말했다.

이제 반드시 한글을 전용하고 한문을 폐지해야 한다. 한글 사이에 있는 한자는 괜찮다. 글은 이치이고, 글자는 그 재료일 뿐이다. 이치를 버리고 재료만 남겨두는 것은, 심을 버리고 사람만 남겨두는 것과 같다. 심을 버린 사람을 사람이라고 할 수 있는지 본 적이 없다. 그 이유는 다음과 같다. 일본을 매우 추앙해서, 그 설이 통하지 않는다는 것을 모른다. 일본어와

喝威嚇眩惑, 宸聽而得售其兜攬權位之欲. …… 遂至於甘作外人之倀導, 而陰相唱和, 公行販賣, 禍遂固結而不可解."

우리말은 다른 계통이다. 사물의 명칭은 대부분 한자를 사용해서 단어를
만든다. 뜻을 전할 때에는 이로하(伊呂波)로 그 사이를 덮는 것이 습관이
다. 저들은 그런 것을 보고 본받으려고 한다. 우리말의 사물을 지칭하는
단어는 두루 쓰이므로 한자가 필요 없지만, 꼭 써야 한다면 한글 사이에
두어야 한다. 일본어처럼 이로하로 그 사이를 채우면 마음에 별 느낌이
없는 것 같다. 천하의 노예근성이 지극히 낮아도 이처럼 깊은 것을 본 적
이 없다. 조국의 정신을 없애는 것 또한 이처럼 교묘한 것을 본 적이 없다.
어째서 일본화하지 않느냐?[93]

대한제국 시대에 한자는 여전히 지식인들의 주요 소통 수단이다. 그
럼에도 불구하고 우리말 사용을 주장하는 것은 그야말로 획기적인 사고
의 전환이라고 할 수 있다. 이건방은 우리말을 '마음[心]'에 비유했다.
마음은 이치[理]로서 글[文]이다. 사람(육신)은 재료로서 글자다. 마음이
없는 사람을 사람이라고 할 수 없다. 글자가 없는 민족은 사라진다. 이것
은 역사가 증명하고 있다. 한글은 민족의 혼을 담고 있다. 따라서 한글을
전용하자는 이건방의 주장은 일본어 거부뿐 아니라, 한자 사용도 한글
중심으로 바꿔야 한다는 것이다. 이것은 한글에 담겨 있는 민족의 혼을
반드시 지켜야 한다는 것을 주장한 것이다.

이건방은 또 민족의식 고취를 위해 '단기(檀紀)' 사용을 주장했다.
이건방에 의하면 단기 사용은 조선에서도 사용했다고 한다. 그러나

---

93) 「原論上」. "今必專用國文而廢漢文. 惟存漢字以閒國文可也. 夫文者理也. 字則其質
耳. 去理而留質, 猶言去其心而存其人之謂也. 苟去其心則吾未見其果爲人也. 究其所
以爲此者, 出於尊慕日本之至, 而不自知其說之不通也. 日本之語與我國不類. 凡名物
之稱多用漢字而造辭, 遣意則閒以伊呂蓋, 其習俗然也. 彼見其然而欲效之顧我國言語,
名物造辭, 皆能通融, 不須漢字, 而必存其字以閒國文. 若日本之閒尹呂, 而後可以極其
似而無憾於心也. 天下奴性之至下, 未有若是之甚者去祖國之精神亦未有若是之巧者.
幾何而不化爲日也."

다른 유학자들은 신라에서 고려 그리고 조선에 이르기까지 모두 왕호
(王號)로 연대를 표기했기 때문에 굳이 단기를 사용할 필요가 없다고
이건방의 단기 사용을 반박했다.[94] 이건방은 이를 노예근성이라고 비
판하면서 "서양은 예수를 기원으로 하고 유럽 전체가 사용하는데, 단군
을 동양의 기년(紀年)으로 하는 것이 어째서 안 되는가?"라고 말했다.[95]
즉 예수는 종교적 지도자로서 존중을 받기에 유럽 각국이 예수를 기원
(紀元)을 쓴다는 것이다.[96] 이와 마찬가지로 단군 역시 단군조선을 세운
종교적 지도자이기 때문에 단군기원을 사용해도 문제 될 것이 없다는
것이다.

그러나 단기를 동양 여러 나라에 적용하는 것이 무리라는 것을 이건
방도 알고 있다. 그래서 "종교를 중시하는 동양 제국은 공자 탄신일을
기원으로 하는 것이 맞고, 단군을 기원으로 하는 것은 옳지 않은 것은
분명하다."라고 말했다.[97] 다만 종교적 지도자로서의 단군이기 때문에
동양의 기원으로 삼아도 된다는 의미다.

공자를 기원으로 할 수 있다는 이건방의 주장이 그야말로 노예근성
이라고 주장하는 사람도 있을 수 있다. 이에 대해 이건방은 다음과 같이
반박했다.

---

94) 「原論下」. "彼又自爲一書名之曰, 東洋史以檀君紀元, 至于本朝悉用此例. 而紀年之
   下直書, 湯武之放伐, 秦漢之更代, 駁之者曰, 羅麗至本朝, 皆有王號可以標年, 而何獨
   以檀君爲紀乎. 且史以東洋名, 則淸日諸國各有年號, 宜分標不宜俱繫檀君之下, 彼則
   怫然曰是又奴性也."
95) 「原論下」. "西洋以耶蘇紀元而全歐用之. 檀君之爲東洋紀年有何不可."
96) 「原論下」. "且西洋之不以亞歷山屋大維紀元而紀以耶蘇者重宗教也."
97) 「原論下」. "苟以宗教爲重東洋諸國, 當以孔子誕生爲紀元, 而不當以檀君也. 明矣."

　저들은 또 반드시 다음과 같이 말할 것이다. "공자는 중국 사람인데, 우리가 그것을 받드는 것이 정말 노예근성이다."라고 말할 것이다. 나는 이에 대해 다음과 같이 말한다. 예수는 유태인이지만, 유럽 각국 모두 예수를 받들지 않은 나라가 없다. 현재 미주 각국 또한 예수를 받들지 않은 나라가 없다. 공자는 중국 사람이지만, 동양 제국 모두 공자를 존중하는데, 이것은 서양의 사례와 딱 들어맞는다. 내 말의 요지는 오로지 리의 추구에 있는 것으로, 서양의 사례를 물어본 적이 없으며, 또 우리 자신과 서양의 사례가 어긋나지 않은 것은 천하의 리는 하나라는 것이다.[98]

　공자는 중국 사람이다. 대한제국인 우리가 중국 사람의 탄신일을 기원으로 한다는 것은 모화사상의 발로로서 그야말로 전형적인 노예근성이라는 것이 반대파의 주장이다. 유가를 신봉하는 동양 여러 나라는 공자를 존경한다. 그러나 '공자 존경'은 공자라는 '사람'에 대한 존경이 아니라, 공자의 '리'(구체적으로 말하면 '인(仁)')에 대한 추구 때문이다. 이 '리'는 동서양 모두에 합당한 리다. '리'는 이건방이 자주 사용하는 용어로 바꾸면 '도의(道義)'다.

　대한제국을 포함한 중국 일본 모두 왕호를 쓰는 것 보다는 공자 탄신일을 기원으로 하는 것이 바람직하다. 이로부터 더 나아가 대한제국의 건국신화인 단군 또한 종교적 지도자이기 때문에 대한제국의 민족의식 고취 차원에서 '단군기원'을 사용하자는 것이 이건방의 주장이다.

---

98) 「原論下」. "彼必曰孔子支那人也. 而吾欲奉之是果奴性也. 吾將應之曰, 耶蘇猶太人也. 而國於歐者莫不奉之. 今則美洲諸國亦莫不逢之. 則孔子中國人而東洋諸國共尊之, 正合於西洋之例也. 蓋吾之言, 惟求理之當否亦嘗問西洋之例, 亦自與西洋之例不舛者, 以天下之理一也."

2) 서양문물 수용

민족의식 고취한다고 서양을 배척해서는 안 된다는 것이 이건방의
생각이다.

> 나라가 망하더라도 저들을 배워서는 안 되고, 사람이 죽더라도 저들을
> 배워서는 안 된다고 한다. 오호 나라와 백성이 있은 후에 오랑캐와 중화
> 를 말할 수 있다. 나라도 백성도 없으면, 벼슬과 옥과 폐백이 있더라도
> 어디에 입히겠는가?[99]

국가와 국민이 있어야 관직이 있고, 오랑캐와 비오랑캐의 구별이 있
다. 국가가 부강해야 생존한다. 국가를 부강하게 하려면 반드시 서양의
문물제도를 배워야 한다. 그렇지 않으면 강대국에 나라를 빼앗긴다.

> 국권은 이미 **빼앗겼고**, 나라는 그 나라가 아님이 고착되었다. 그러나
> 삼천리 강산은 갈라지고 쪼개지지 않았다. 수천만 생명이 다 죽은 것은
> 아니다. 배우지도 변하지도 않으려는 것이 문제다. 진실로 상공인과 소통
> 하고 편의를 제공하여, 지식을 나날이 확대되고, 군사 및 법률을 익히고,
> 기술을 나날이 정교하게 만들어, 과감하게 시행하고, 그것을 오랫동안 축
> 적하여, 근면하게 시기에 맞게 발전시켜야 한다. 진실로 천벌을 받지 않
> 아 인심이 떠나지 않았으면, 어찌 자립의 날이 없겠는가?[100]

---

99) 「原論中」. "國雖亡不可以學彼也. 人雖滅不可以學彼也. 嗚呼有國有人而後可以言夷
夏. 無國無人, 雖有冠冕玉帛於何以衣之."

100) 「原論中」. "夫大權已去, 國非其國則固矣. 然三千里之土地, 非毁圻而潰裂也. 數千
萬之生靈, 非盡劉而無貴也. 患人之不學而不變耳. 誠能通工惠商, 智識日開, 演武習律,
技術日精, 決之以 勇而行之, 目久蹟之, 目勤而發之. 苟皇天悔禍而人心未去, 則安知不
有自立之一日."

공업, 상업, 군사, 법률, 기술 등은 모두 서양 문물을 가리킨다. 나라는 이미 빼앗겼다. 나라를 빼앗긴 이유는 국가가 병약하기 때문이다. 국가를 강하게 하는 방법은 발단된 서양의 문물을 배우는 것이다. 서양의 문물이라 배척하고 배우지 않으려는 것이 문제다. 이건방은 배우지 않고 변하지 않으려는 자세가 문제라고 생각했다. 그래서 과감하게 서양의 문물을 수용하고 이를 통해 국가를 부강하게 키워야 한다고 생각했다.

민족의식의 확립과 서양문물의 학습 등은 모두 도덕을 바탕으로 해야 한다는 것이 이건방의 생각이다. 그래서 도의의 확립을 강조했다.

3) 도의(道義) 확립

이건방은 도의(道義)를 평범한 언행에서 찾았다.

> 무릇 도와 의는 평범한 언행으로부터 밀고 나가야 하지만, 혹 고담준론을 기대하지도 않는데 고담준론이 되기도 하고, 기이한 행위를 바라지도 않는데 기이하게 될 수 있기도 하는데 괜찮다. 도는 높아서는 안 되는데 거만하게 해서 높게 되었고, 의는 기이해서는 안 되는데 억지로 기이하게 되었다. 이렇게 되면 반드시 사람의 떳떳함[民彝]·만물의 법칙[物則]에 어그러지고, 일상적인 언행에 어긋난다. 나는 도를 훔치고 의를 해하는 것을 두려워하고, 그것을 도와 의라고 여기는 것은 보지 못했다. 그리고 의는 부동의 사물이 아니라, 경중·완급에 따라 올바름이 있다. 이것이 의인 까닭이 저기에서 반드시 의인 것은 아니다. 옛날의 의가 되는 까닭이 지금도 반드시 의인 것은 아니다. 지금 말하는 의는 옥사를 단안하는 것처럼 올바르게 집행해야 한다. 그러므로 시간이 흐르고 일이 변해도 더러워지지 않아야 하고, 과거의 설을 고수하여 반드시 고담준론에 힘쓰고, 기이한 것을 기대하여 일상 언행에 반하는 것을 고려할 줄 모른다. 이것

이 내가 말하는 가짜 도와 의이다.[101]

이건방은 도의를 일상의 언행 속에 있다고 보았다. 그러나 당시 유학
자들은 도의를 논할 때 고담준론처럼, 또는 기이한 것처럼 행한다. 그
래서 사람들과 괴리되고, 이로 인해 사람들은 도의를 멀리한다. 이러한
도의가 바로 가짜 도의다.

위 인용문은 '도와 의[道與義]', '가짜 도와 의[假道與義]'처럼 도와 의를
마치 다른 의미인 것처럼 분리해서 언급하고 있다. 그러면 도와 의는
다른 의미인가?

성인의 도는 사람들이 높다고 여기는 기이한 것을 추구하지 않고, 반드
시 인정에 부합하는 것을 추구한다. 그러므로 도는 명백하고 평이해서,
말하면 기뻐하지 않은 사람이 없고, 행하면 따르지 않은 사람이 없다. ……
맹자는 리는 의이고, 사람들이 똑같이 가지고 있는 심이다. 사람들이 똑같
이 가지고 있는 마음은 평상시의 언행을 말한다. 그 본체로 말하면, 성명의
바름이면서, 인의예신의 덕의 갖춤이다. 그 작용으로 말하면, 윤리 도덕이
면서, 군신·부자의 도의 실행이다. 이것을 버리고 도를 말하면, 그것은
내가 말하는 도가 아니다. 이것을 버리고 의를 말하면, 그것은 내가 말하는
의가 아니다.[102]

---

101) 「原論中」. "夫道與義, 自其庸言庸行而推之, 或不期峻焉. 不期異以異焉, 則可矣. 道
不可峻而矯而爲峻. 義不可異而彊而爲異, 則其必悖於民彝物則, 而畔於庸言庸行矣. 吾
懼其賊道害義, 而未見其爲道與義也. 且義非一定不移之物, 而輕重緩急, 各隨所宜. 此
所以爲義者, 在彼未必義也. 前日之所以爲義者, 在今日亦未必爲義也. 今之所謂義
者, 若讞獄者之斷案執以爲是, 則雖時移事變, 不可泥一, 而猶且固守前說, 必務於峻,
必期於異, 以畔於庸言庸行而不知恤也. 此吾所謂假道與義."
102) 「原論中」. "夫聖人之道, 不求異於人以爲高, 以必求以合乎人之情也. 故其爲道也,
明白坦易, 言而民莫不悅, 行而民莫不服. …… 孟子曰, 理者, 義也. 人心之所同然也.
人心之同然, 卽庸言庸行之謂也. 以言乎其體, 則爲性命之正, 而仁義禮信之德備焉. 以

'성인의 도'는 한 마디로 말하면 '도'이다. 도는 고담준론이나 기이함을 추구하지 않는다. 이러한 도를 앞 인용문에서는 도와 의로 나누어 설명했다.[103] 도는 사람들이 '똑같이 가지고 있는[同然]' 심이며, 반드시 인정에 부합한다. 인정에 부합하지 않는 도는 도가 아니다. 도는 본체로서 성명(性命)의 바름이고 덕이며, 작용으로서 윤리 도덕[倫常]이고 의이다.[104] 이건방은 맹자의 말을 근거로 의를 리이고 사람들이 똑같이 가지고 있는 심으로 보았다. 즉 도는 본체[體]이고 성명(性命)이고 덕이며, 의는 쓰임[用]이고 윤리 도덕이고 리이고 사람들이 똑같이 가지고 있는 심이다. 도 또한 사람들이 똑같이 가지고 있는 심이므로, 도와 의는 같다. 따라서 도의는 체용(體用)의 관계일 뿐 내용적으로 의미는 같다. 그러므로 '도의'라고 하든 분리해서 '도와 의[道與義]'라고 하든 그 의미는 같다.

도의는 현실과 괴리된 도의가 아니다. 성왕의 다스림 또한 도의와 마찬가지로 인정에 부합한다.

그러므로 성왕이 천하를 다스리는 것은, 사물의 법칙에 따르고, 백성들의 성으로 말미암는다. 인을 밀고 나가면 백성들은 인에서 흥하고, 의를 행하면 백성들은 의로 향한다. 백성들이 인에서 흥하면, 윗사람들 위해 목숨을 바치는 마음이 생기고, 백성들이 의로 향하면, 적개심과 모욕의

言乎其用, 則爲倫理之常, 以君臣父子之道行焉. 捨是而言道, 非吾所謂道也. 捨是而言義, 非吾所謂義也.

103) 「原論中」. "道不可峻而矯而爲峻. 義不可異而彊而爲異, 則其必悖於民彝物則."
104) 인용문에 의하면, 성인의 道는 體로 말하면 性命·德이고, 用으로 말하면 倫常·君臣父子의 道의 실행(行)이다. 이건방은 이 말을 바탕으로 道라 하고, 義라고 했다. 즉 性命·德이 道이고, 倫常·道의 실행이 義이다. 간단히 말하면 이건방은 道를 體로 義를 用으로 보았다고 할 수 있다.

기개가 생긴다.[105)]

인용문에서는 인과 의로 도의를 설명하고 있다. 성왕의 다스림은 특별하지 않다. 오로지 백성들의 본성을 바탕으로 인의를 행하면 백성들은 자연히 인의를 따르고, 외세의 침략에 대해 적개심과 모욕을 느껴 목숨 바쳐 외세에 대항한다. 이것이 바로 이건방이 주장하는 성왕의 다스림이다.

이처럼 도의는 현실과 괴리된 고담준론이나 기이한 행위가 아닌 민심과 같이 하는 일상적인 언행에 부합하는 매우 평범한 것이다. 일상적인 언행에 괴리된 도의는 진정한 도의가 아닌 '가짜 도의[假道義]'다. 이건방은 도의를 성선(性善)이고 인의지심(仁義之心)이라고도 했다.

그래서 성은 선하지 않은 것이 없고, 정은 선량하지 않은 것이 없으니, 측은·수오는 (만물에) 교감하여 응한다. 또 그 본말·선후가 모두 그 타당함을 얻고, 그 차례를 잃지 않으니, 이것을 만물의 법칙, 사람의 떳떳함이라고 한다.[106)]

성은 선하다. 성은 정으로 드러나는데 측은한 감정, 부끄러운 감정이 그것이다. 그러므로 선한 성이 그대로 드러난 측은·수오의 감정은 선량하지 않은 것이 없다. 이것이 바로 인의지심(仁義之心)이다.

---

105) 「原論中」. "故聖王之治天下也. 順物之則而因民之性. 推吾之仁而民興於仁. 行吾之義而民趨於義. 民興於仁而有親上死長之心, 民趨於矣而有敵愾禦悔之氣."
106) 「原論中」. "是以性無不善, 而情無不良. 惻隱羞惡隨感而應, 又其本末先后, 却得其當, 以不失其序是之謂物之則, 而民之彛也."

인의지심은 사람들이 본래 가지고 있어서, 감흥하고, 북돋우고 좇으니, 험난한 곳을 밟고 나아가, 국가의 위급에 목숨을 바치고, 자신을 고려하지 않으니, 이 또한 변하지 않는 리이고, 올바른 본분이다. 이것은 고친 후에 할 수 있는 것이 아니고, 억지로 해서 행하는 것이 아니다."[107]

인의지심으로 나라를 위해 목숨을 바치는 것은 변하지 않는 리일 뿐 아니라, 인간의 마땅한 본분이다. 이것은 억지로 행해지는 것이 아니라, 인의를 따라 행하는 것이다. 이것은 맹자가 "인의를 따라 행하는 것이지, 인의를 행하는 것이 아니다."[108]라는 말과 같은 의미다.

변하지 않는 리이고 인간의 마땅한 본분인 도는 평이하고 행하기 쉽다. 그래서 다음과 같이 말했다.

천하에 가장 두려워할 만하고 가장 변별하기 어려운 것은, 인심을 질곡하여 없어지게 하며, 세상의 도를 도적질하고 해치는 것으로, 가짜 도의를 주장하는 사람과 같은 자는 없다. 도의 기미는 명백하고 평이하며, 알기 쉽고 행하기 쉽다. 저것이 반드시 가짜에서 나오는 것은 어째서인가? 명백하고 알기 쉽기 때문에, 고담준론의 심오한 말은 없다. 평이하고 행하기 쉽기 때문에, 은밀하고 괴이하며 모난 행위는 없다.[109]

이처럼 도의는 인간의 본성(性)이고, '인의지심'이며, 변하지 않는 리이고 선한 정이다. 그래서 성인의 도 그리고 성현의 다스림은 모두 인간

---

107) 「原論中」. "仁義之心, 彼所固有, 而感以興之, 鼓以趨之, 則赴險蹹難以殉國家之急而不恤其身亦理之常以分之宜耳. 非矯之而後能彊之而後行也."
108) 『맹자』, 「離婁下」 19. "由仁義行, 非行仁義也."
109) 「原論中」. "天下之至可畏至難辨, 以梏喪人心, 而賊害世道者, 蓋未有若假道義之說者也. 夫道之大端明白坦易, 易知而易行, 彼之必出於假者, 何也? 惟其明白易知, 故無艱深峻高之說. 坦易易行, 故無隱詭崖異之行."

의 심성에서 괴리되어 있지 않고, 일상적인 언행처럼 평범하고 쉽다. 그러나 가짜 도의[假道義]는 고담준론 같은 심오한 말이나, 은밀하고 괴이한 행위로 세상을 어지럽게 한다. 이러한 도의는 진정한 도의가 아니다.

이건방은 '도의'에 대해 본체론적 설명이나 우주론적 설명은 하지 않았다. 어쩌면 본체론적 우주론적 설명이 이건방 자신이 싫어하는 고담준론이고 일상적인 언행에서 괴리된 것이라고 여겼기 때문이다. 이건방은 일상적인 언행 속에 도의가 있고, 지도자는 일상적인 언행으로 도의를 드러내기만 하면 된다.

4) 곡학아세하는 선비 비판

이건방은 도의를 왜곡하고 곡학아세하는 청의지사(淸議之士)를 다음과 같이 비판했다.

> 청의지사는 세계 형편을 잘 알지 못하고, 오로지 지난날처럼 문을 닫고 자신을 지키는 것을 최고로 삼는다. 해외 여러 나라의 풍속이 다르고, 종교 또한 다르며, 문물제도 역시 동양과 다르지만, 시세에 맞게 호기심 있는 자들은, 또 과장하고 덧붙이고 바꾸어 가면서 그대로 모방하고, 왕왕 예법을 뛰어넘어, 윤리 법도를 모멸하면서 근심하지 않는 자들을, 사람들은 의아함을 더해 놀라고 분하게 여긴다. 아버지가 자식에게 일러 주고, 형이 동생에게 타이르는 것은, 오염될까 두려워하기 때문이다. 그래서 외국의 언어 문자 일체를 도외시하고 그 이유를 연구한 적이 없다. 비록 배와 수레가 줄지어 있고, 벼슬아치들이 길을 덮고 있지만, 해외 사정에 대해서는 모두 무지하다. 저 열강들의 진화는 날로 번성하여, 정치 법률의 발전, 해군 육군의 확장, 전신 철도 등의 교통, 삼림과 농공상업의 발달이 모두 하루 천 리를 가는 추세인데, 우리는 편안하게 먹고 잠자는 것만 즐

기고, 게으르고 희희낙락하는 풍조는 오히려 전과 똑같다. 허위로 꾸며, 실리를 상실하여, 마침내 백성들의 의식이 깨이지 않고, 일상적인 일이 창의적이지 않아서, 스스로 멸망의 화를 재촉했다. 이것이 내가 청의지사에 유감이 없을 수 없는 까닭이다.[110]

청의지사는 세계정세의 변화에 대해 깜깜하다. 세계정세에 무지한 청의지사 중 세계에 조금 호기심 있는 자는 외국 것을 과장되게 모방하는데, 이런 것들이 윤상(倫常)을 벗어난 것인 줄도 모른다. 외국 것을 두려워하여 자식들에게 조심시키고, 심지어 접근하지 못하도록 타이른다. 그러다 보니 외국에 대해서는 전혀 연구하지 않는다.

그러나 외국은 정치, 경제, 군사, 산업 기반시설 확충, 산업의 발달 등 모든 면에서 발전하고 있다는 것이 이건방의 생각이다. 외국은 이와 같은데 우리 대한제국은 과거에 얽매여 허위의식에서 벗어나지 못하고, 여기에 국민들의 의식은 깨이지 않으니, 결국 나라가 망하는 나락으로 떨어지지 않을 수 없게 되었다. 이 모든 것은 청의지사의 좁은 식견에서 기인한다. 이것이 청의지사를 비판하는 까닭이다.

좁은 식견을 가진 청의지사지만, 그들도 도의(道義)를 자임하고 있다. 그러나 그들은 국민들에게 지울 수 없는 잘못을 저질렀다는 것이 이건

---

110) 「原論上」. "夫一種淸議之士, 未能深悉宇內形便. 惟以往日閉關自守爲第一義諦, 且海外諸國風氣迥殊, 宗敎亦異, 文物制度自與東洋不類, 而趨時好奇之徒, 又誇張附益, 而轉相依倣, 往往有踰越禮防, 悖蔑倫常, 而不知恤者, 人以是益驚疑駭憤. 父詔其子, 兄戒其弟, 懼其或近於是浸漬染汗. 故語言文字之閒一切置之膜外, 而未嘗深究其故. 雖舟車相銜冠, 蓋被路而海外情形, 悉屬茫昧. 彼列疆之進化日盛, 政治法律之修明, 海陸軍隊之擴張, 電信鐵道之交通, 森林農工商業之發達, 皆有一日千里之勢, 而吾且晏食酣寢. 怠惰恬嬉之風, 猶夫前也粉飾虛僞, 梏喪實理, 遂使民智不開, 庶務不創, 而自促其覆亡之禍. 此吾所以不能無憾於淸議之士也."

방의 주장이다.

> 도의는 물에 빠진 사람을 구하고 불길 속에 있는 사람을 구하는 것보다
> 먼저 할 것이 없다. 국가가 병약한지 오래되었는데, 맨손으로 조획의 굳
> 센 활과 예리한 칼을 막아내려 한다면, 그 보잘것없는 도의로, 과연 그
> 흉악한 칼날을 꺾고 포학한 불길을 제어할 수 있겠는가? 저들은 이미 우
> 리의 목구멍을 누르고 몸을 묶어, 식칼과 도마를 들이대며, 두드리고 벗
> 기고 찢고 삶는데, 한가하게 도의만 말하고 느긋하게 있을 수 있는가? 소
> 위 도와 의라는 것은 반드시 참된 도와 의라고 할 수 없고, 혹 거짓[假]에
> 서 나와 명성만 높이기 위한 것이라면, 도를 훔치고 의를 해치는 자에게
> 딱 맞다. 오호, 도의가 사람의 마음에서 사라진 적은 없지만, 오로지 거짓
> [假]이 참됨[眞]을 어지럽게 하면 변별하기 쉽지 않다. 참됨[眞]을 찾으려
> 면, 반드시 먼저 거짓[假]을 알아야 한다. 어떻게 거짓[假]이 성현의 도에
> 부합하지 않는 것을 알 수 있는가? 어떻게 성현의 도에 부합하지 않아서
> 인정에 부합하지 않음을 알 수 있겠는가?[111]

청의지사가 국민들에게 지은 죄는 현실과 괴리된 도의를 주장하는
것이다. 도의는 물에 빠진 사람, 불 속에 있는 사람을 구할 수 있어야
한다. 다시 말하면 시의적절해야 한다. 국가는 외세의 손에 넘어갔는데
청의지사는 한가하게 도의만 말하고 있다. 이와 같은 도의는 명성만
남아 있는 도의로서 진정한 도의가 아니다. 이건방은 현실과 괴리된

---

111) 「原論上」. "夫道義之實, 莫先於拯溺救焚. 今國家之羸病久矣, 使之徒手而當烏獲之
勁弩利刃, 則其區區之道與義, 果有足以折其凶鋒而制其虐燄耶. 不惟是也. 彼已扼我之
吭而縶我之身, 加之刀俎之上, 則椎剝割烹之是憂而瑕爲道義之說以紓之哉? 所謂道與
義者, 未必眞道義, 而或出於假而爲名高, 則適足以賊道而害義也. 嗚呼道義之在人心未
嘗亡, 而惟假者亂其眞, 則未易辨也. 欲求其眞, 必先知其假. 何以知其假以其不合乎聖
賢之道也? 何以知其不合乎聖賢之道, 以其不合乎人之情也."

명성만 남아 있는 도의가 아니라, 위험에서 구해낼 수 있는 시의적절한
도의가 진정한 도의라고 생각했다. 그래서 다음과 같이 말했다.

'나라는 망해도 저들을 배워서는 안 된다. 백성들이 비록 사라지더라도
저들을 배워서는 안 된다. 이것이 본래 도이고 의'라고 자주 말한다. 도와
의는 진실로 높고 아름다운데, 혼자만 그 결과가 인정에 부합하는 줄 모
른다.[112]

즉 나라를 빼앗긴 상황에서도 청의지사는 여전히 서양을 배척해야
한다고 주장한다. 그러면서 청의지사들은 이러한 도의를 '본래 도의'라
고 말한다.

이건방은 청의지사 이외에 시대를 따라가지 못하는 산림지사를 비판
했다.

오늘날 학술은 나날이 무너지고, 풍속은 나날이 부패해지는데, 그 또한
형세가 어쩔 수 없기 때문이다. 오호 설사 사람들이 그렇게 해서 망국에
이르고, 그래서 부흥할 희망이 없고, 인멸되어 소생할 희망이 없지만, 저
들 산림지사는 오로지 매사에 젊은이들을 꾸짖고, 나라와 국민의 멸망이
모두 젊은이들이 저지른 것이라고 한다. 우리의 일을 예단할 수 없지만
우리의 고결함은 본래 저절로 고결하다. 나라와 국민의 멸망은 무엇을 말
하는가? 고결함이 두루 미칠 수 있는가? 설사 백이 숙제처럼 고결해도
그것이 나라와 국민의 멸망이라는 재앙을 보충할 수 있는가? 우리 또한
고결한 것이 좋고, 명성을 좋아하는 사람들이다. 자그마한 떳떳한 본성의
불인지심으로, 나라와 국민의 멸망을 인내하면서 스스로 도의라고 하는

---

112)「原論上」. "國雖亡不可以學彼也. 人雖滅不可以學彼也. 是固道也義也. 道與義誠高
矣美矣. 而獨未知其果合乎人之情也."

데, 나는 그것을 거짓이라고 말하지 않을 수 없다. 거짓이 오래되면 그것이 거짓인 줄 모르니, 또 누가 그 진실을 찾겠는가?[113]

이건방이 바라본 산림지사의 특징은, 첫째 나라의 형세가 어쩔 수 없는 지경에 이르렀는데도 모든 것을 젊은이에게 돌리고, 둘째 '나라와 국민이 멸망[國亡人滅]'의 재난에 빠져도 자신들의 고결함만 지키려고 하며, 셋째 '가짜 도의[假道義]'를 '진짜 도의[眞道義]'로 여길 뿐 아니라 심지어 가짜[假]가 가짜[假]인 줄도 모른다. '가짜 도의'와 '진짜 도의'를 구분하지 못하기 때문에, 실질적인 리[實理]를 얻지 못하는데, 마치 키 작은 사람이 극장에서 연극을 볼 수 없어서, 관중들이 슬퍼하거나 웃는 까닭을 모르는 것과 같다.[114]

그러나 이러한 산림지사라도 견문을 넓히고 신학문 탐구에 전력하여, 낡은 생각을 버린다면 나라와 국민이 멸망하는 지경에 이르지 않을 것이라는 희망도 피력했다.[115]

청의지사, 산림지사 비판에 이어 역도[亂逆之徒]들에 대해서도 비판했다.

---

113) 「原論下」. "今日學術之日壞, 而風俗之日敗, 亦其勢之不得不然也. 嗚呼使若輩而爲之以至國亡, 而無望於復興, 人滅而無望於復蘇, 則彼山林之士, 惟日事詬斥若輩而以國亡人滅皆若輩之爲也. 無預吾事而吾之潔固自如也. 國亡人滅之謂何? 而可以潔博之乎哉. 縱使潔之至淸之極得與伯夷務光齊其名, 其亦何補於國亡人滅之禍也. 吾亦非不知潔之爲好, 而名之爲可欲徒. 以區區秉彝之性有所不忍, 苟忍於此而自謂道與義者, 吾不得不謂之假也. 假之久而不知其爲假, 又孰從而求其眞哉."
114) 「原論下」. "無得於實理而惟事模倣. 譬如矮人之觀場."
115) 「原論下」. "使山林之士知國亡人滅之爲可悲, 深恥大痛之爲可憤, 其必將投袂而起灑淚而別, 或遊覽海外而博其見聞, 或講究新學以盡其精奧, 則彼皆通經博古之士也. 其見理必明, 慮事必深, 其必能參酌東西, 務適時宜, 可守者守, 吾之舊可從者從. 彼之新則其所以鼓動國民忠憤之志, 獎勵後學開創之功以成就. 他日興滅繼絕之一助, 未必不在於此而不此之爲."

국가 멸망의 원인은 항상 역도들에게 있는데, 오히려 그 잘못을 도의를
지키는 선비에게 돌린다. …… 역도들을 사람들은 안다. 아무리 기회를
잡아 간교하게 나라에 화를 안기더라도, 도둑놈 같은 마음은 한순간에 드
러나는데, 누가 그들을 믿겠느냐?[116]

'역도[亂逆之徒]'는 한마디로 말하면 매국노들인데, 송병준의 주도로
설립된 친일파 단체 '일진회' 회원들 같은 자들을 지칭하는 것 같다.
일진회의 강령은 '조선 군대를 해산시키고 내각을 교체하고 국가의 재정
을 축소시켜 결국 주권을 포기하는 것'으로 일제의 조선지배권을 강화시
키려는 목적을 나타냈다. 일진회는 을사조약이 체결되기 직전인 11월
5일 '우리나라의 외교권을 일본 정부에 위임하고 일본의 힘에 의지해
국권을 보호하자'는 일진회 선언서를 배포했다.[117] 이처럼 일진회는 일
본의 사주를 받고 대한제국의 주권을 일본에 넘겨주는데 적극적으로
참여했다.

결국 이건방이 반역자들 이외에 청의지사, 산림지사를 비판한 이유
는 이들이 시세에 무감각하고 옛것만 지키려는 고루한 사고를 가지고
있기 때문이다. 이들이 이처럼 고루한 사고를 갖게 된 근본적인 원인에
대해 이건방은 다음과 같이 진단했다.

세상의 유학자들은 근본·사람이 지켜야 할 도에서 얻은 것이 없고, 사
심과 편견으로 가득 차 있다. 허위로 꾸며진 겉모습을 바탕으로, 지나친

---

116) 「原論上」. "國家覆亡之故, 恒在於亂逆之徒, 而反以咎之於守道秉義之士. …… 夫亂
逆之徒, 夫人之知. 雖其秉機售奸以禍人國, 而其賊心凶脹暴於一時, 人孰信之哉?"
117) 鄭喬 저, 조광 편, 변주승 역주, 『大韓季年史』 권7, 「을사년(1905) 광무(光武) 9년」,
1905년(광무9) 11월 참고. 소명출판사, 2012. 한국의 지식콘텐츠(http://www.krpia.
co.kr.libproxy).

승부욕으로 내달려, 사람들을 놀라게 하고, 명성과 영예를 취했다. 그래서 사람이 지켜야 할 떳떳한 도리[民彝]·사물의 법칙[物則]으로서 사람이 똑같이 가지고 있는 것[同然]과 일상적인 언행의 변하지 않는 덕을 우습게 여기고 마음에 두지 않았다. 그리고 현실과 동떨어진 고담준론이나, 기이한 행위를 도로 여기고 의로 여기는데, 이것은 도와 의가 부족하다고 여기는 것만 못하다.[118]

'근본[大本]'은 '중도(中道)'를 말하고, '사람이 지켜야 할 도[達道]'는 '화(和)'를 말한다.[119] '중도'란 변하지 않는 도이고 경(經)이다. '화'란 중도가 외부로 드러나 어긋나지 않은 것을 말한다. 한 마디로 말하면 '시의적절한 도[時中之道]'이다. 유가의 도는 '시의적절한 도'이기 때문에, 이를 도외시하고 사욕과 편견으로 현실과 괴리된 고담준론이나 기이한 행위는 도의가 아니다. 청의지사, 산림지사는 바로 이것이 없다.

역도들, 청의지사, 산림지사처럼 소인배 같은 유학자도 있지만 국가와 국민의 멸망이라는 국가적 위기에 희망이 되는 유학자들도 있는데, 바로 '도의를 지키는 선비[守道秉義之士]'다.

5) 도의를 지키는 선비[守道秉義之士]

나라를 빼앗겼지만 대한제국에도 희망은 있었다. 이건방은 그 희망을 '도의를 지키는 선비'에서 찾았다. 그는 '도의를 지키는 선비'를 다음과 같이 묘사했다.

---

118) 「原論中」, "世之儒者於大本達道, 旣無所得, 徒欲以私心偏見. 藉其貌襲色取之僞, 而騁其誇大好勝之念, 以聳人心目, 而釣取聲譽. 故遂不屑於民彝物則之同然, 庸言庸行之常德, 而務爲峻高之說, 崖異之行, 以爲是道也義也. 不如是不足以爲道與義也."

119) 『중용』, "中也者, 天下之大本也. 和也者, 天下之達道也."

도의를 지키는 선비는 사람들이 우러러보고 사방에서 믿는다. 통상을
행하는 초기에는 융통성 없이 고수했던 예전의 사사로운 생각을 들어냈
지만, 공심과 공리로 끊어버렸다. 진실로 도가 국가와 국민에게 이롭고
편리하면 두려워하지 않는다. 우리의 나태함과 게으름을 개혁하고, 발달
한 서양을 배우는 것을 안타깝게 여기지 않으며, 우리의 부패와 게으름을
변화시켜, 서양의 쇄신을 배워서 국민의 번창함으로 삼으면, 믿고 따라
좇아오는 사람이 많아지고, 분발을 장려하여, 나날이 강국의 길로 나아갔
으면, 국가의 위기가 이 지경까지 이르지 않았을지도 모른다.[120]

공심(公心)·공리(公理)로 사사로운 욕심을 끊고, 국가와 국민에게 이
로운 것이라면 두려움 없이 실천하고, 나태함과 부패를 척결하고, 서양
의 쇄신 방법과 부국강병을 배워 자강의 길을 가고자 했던 사람들이
바로 '도의를 지키는 선비'들이다. 이런 사람들이 합심하여 노력했으면
나라가 이 지경에 이르지 않았을 것이다. 이런 아쉬운 마음을 이건방은
다음과 같이 표현했다.

폐습을 과감히 개혁하고, 마음을 하나로 합쳐 단결하면 성처럼 견고해
지듯, 통속적인 충군애국의 풍습을 바탕으로, 국가의 힘을 굳세게 하면,
비록 역도들이 협박해서 (국가를) 팔라고 해도, 어떻게 그것에 굴복하여
그 계획을 팔 수 있겠는가? 지금 국가의 재앙은 국민의 의식이 깨이지
않고, 일상적인 일에서 일어나지 않기 때문이다. 국민의 의식이 깨이지
않고, 일상적인 일이 일어나지 않은데, 우리는 옛것만 고집하고 익숙하여

120) 「原論上」. "惟守道秉義之士, 人民之所觀瞻, 而四方之所信服也. 使於通商之初, 祛
其膠守舊見之私, 而斷之以公心公理. 苟其道有足以利國而便民則不憚. 革吾之怠惰恬
嬉, 而效彼之興作, 不惜變吾之腐敗旹疵, 而效彼之刷新以爲民倡, 則人民之信徒者, 衆
而獎勵奮發日趨於自彊之途, 而國家之禍或不至於是矣."

고칠 생각을 하지 않으니, 정말로 질책할 말이 없다. 이것은 단순히 사람 됨의 현명함과 어리석음으로 옳고 그름을 논박하는 문제가 아니다.[121]

폐습을 철폐하고 일치단결된 마음으로 비록 세속적이지만 '군주에 충성하고 나라를 사랑하는' 마음으로 국력을 키우면 반역자들이 나라를 외세에 넘기려고 해도 넘길 수 없다. 깨이지 않은 국민 의식, 창의적이지 못한 일 처리가 국력 신장의 걸림돌이지만, 이 또한 구습을 고수하려는 것에서 온 것이지 때문에 큰 문제가 안 된다. 다시 말하면 구습을 혁파해야 한다는 일치단결된 마음만 있으면 외세의 무력으로부터 나라를 지킬 수 있다는 것이 이건방의 판단이다.

도의는 변하지 않는 도[常道]이다. 그러나 시세의 변화를 모르면 안 된다. 다시 말하면 도의를 실천하는 사람은 시의적절하게 도의를 실천해야 한다. 이건방은 단발[剃髮]의 여부를 시의성(時宜性)을 통해 설명했다.

6) 단발[剃髮]의 시의성

이건방은 도의를 왜곡하는 청의지사를 비판할 때, 실질적인 도의는 물에 빠진 사람, 불 속에 있는 사람을 구할 수 있는 것이어야 한다고 했다. 이것은 도의의 시의성에 대한 언급이다.

일제 강점기에 일본은 대한제국의 민족혼을 자르기 위해 단발령을 내렸다. 이에 사람들은 단발령 거부가 민족혼을 지키는 것으로 생각했

---

121)「原論上」. "況改絃易轍, 衆心成城, 以作其忠君愛國之俗, 而國勢以競, 則雖有亂逆 之徒欲有所挾售, 而何從而售其計哉! 吾今以國家之禍, 由於民智之不開, 庶務之不創. 而民智之不開, 庶務之不創, 吾黨之狃於膠守, 而不思夐張者, 誠無以辭其責也. 非以其 人之賢愚而辨駁爲也."

다. 단발에 대해 이건방은 다음과 같이 말했다.

> 오호 국토는 피비린내와 더러운 냄새로 뒤덮이고, 욕심으로 가득 차 있
> 는데, 자신만 깨끗해질 수 있는가? 내가 아는 소위 깨끗함은, 스스로 체
> 발을 하지 않고, 스스로 출가하지 않겠다는 것을 말한다. 상투가 중요하
> 지만 국가와 국민의 멸망보다는 덜 중요하지 않은가? 지구상에 수많은
> 나라가 있는데 모두 상투가 없다. 오직 이 비좁은 우리 강토에만 상투가
> 남아있다.[122]

일제 강점에 의해 조국은 피비린내 나는 시궁창으로 변했다. 그런데
단발을 하지 않는다고 강산이 깨끗해지겠는가? 단발을 하거나 하지 않
거나 그것은 청결과 큰 관계가 없다. 게다가 청결이 아무리 중요해도
국권 회복보다 더 중요하지 않다. 이것이 이건방의 생각이다.
그러나 이건방 또한 상투를 중요하게 생각했다.

> 상투는 내가 소중히 하는 것이고, 단발은 내가 싫어하는 것이다. 소중
> 한 것을 버리고 싫어하는 것을 따르는 것조차 하는데 어째서인가? 상투보
> 다 더 소중한 것이 있고, 자르는 것보다 더 싫어하는 것이 있다.[123]

이처럼 단발보다 더 소중하고, 단발보다 더 싫어하는 것이 있으니,
그것은 바로 국권의 상실이다. 다시 말하면 국권의 회복이 단발보다

---

122) 「原論中」. "嗚呼大地爲籠腥穢, 充斥縱欲, 自潔得乎? 吾知其所謂潔者, 不過指其身
之不剃髮, 不披緇而言也. 髮雖重矣, 而比國亡人滅, 不其有閒乎. 環毬而國者, 以百萬
而皆無髮矣. 惟此蕞爾東土, 僅留此髮."
123) 「原論下」. "髮吾所重也. 剃吾所惡也. 去其所重而就其所惡, 然且爲之者何也. 以所
重有甚於髮, 而所惡有甚於剃者也."

더 중요하다는 것이다. 그래서 다음과 같이 말했다.

> 나라가 망해서 비참함을 알고, 사람들이 죽어서 비통함을 안다. 이것은
> 아녀자 어린아이도 아는데, 어째서 도를 지키고 의를 말하는 사람이 오히
> 려 거기에도 미치지 못하는가? 사람이 똑같이 가지고 있는 떳떳한 본성을
> 일상의 법칙이라고 하는데, 그것을 소홀히 하고 고담준론이나 괴이한 행
> 위를 의라 여기고 추구하는가? 이것이 본체의 밝음을 가리고, 경중의 질
> 서를 잃어버리는 것이다. …… 당신이 진실로 치욕스러운 고통을 알고도
> 멈출 수 없다면, 진실로 상투를 자를 수 있다. 자신의 책임이 아니지만
> 자신을 깨끗이 하려는 생각이라면, 상투를 자르지 않는 것도 괜찮다. 오
> 직 자신을 위해 단발에 참여하는 것을 빨리 모면하려는 계책으로 여겨서
> 는 안 된다. 나는 성현의 도는 오직 눈앞에 있는 도리일 뿐이며, 지금 의
> 라는 것을 안다면 그것이 의라는 것을 들었는데, 또 어떻게 내일의 의를
> 헤아리고 생각해서 사용하는가?[124]

국권의 상실로 나라가 비통한 상황에 놓여 있다는 것은 모든 백성들
이 아는 사실이다. 성현의 도 또한 마찬가지다. 즉 도는 고담준론이나
기이한 행위가 아니라 사람이 똑같이 가지고 있는 떳떳한 본성으로 일
상적인 법도일 뿐이다. 그래서 성현의 도는 '눈앞에 있다'고 한다. 이것
이 또한 의다. 도의에 맞는 다시 말하면 시의적절한 단발이야말로 이건
방이 생각하는 단발의 기준이다.

그러면 시의적절한 단발의 기준은 무엇인가?

---

124) 「原論下」, "國亡而知其悲, 人滅而知其痛. 婦孺之所能, 而豈守道講義者, 反有不及
耶. 惟其以彝性之同然謂之庸常, 而忽之必求爲峻與異之行以爲義. 此其所以蔽本體之
明, 而失輕重之序也.……子誠知深恥大痛不可以. 己則剃之固可也. 謂以非吾之責而潔
身之是謀, 則不剃之亦可也. 惟毋以己私參之爲較度趨避之計也. 吾聞聖賢之道, 只是眼
前道理, 苟知今日之爲義, 則斯爲之矣. 又安用商度明日"

　자기 몸을 잊는 것은 오히려 상관없다. 국가와 백성의 재앙을 잊고, 오직 자신의 깨끗함만 꾀하면, 본심의 선량함을 죽여서, 경중의 원칙을 잃어버리는 것과 비슷하지 않은가?[125]

　시의적절한 단발의 기준은 국가와 국민의 재앙 여부다. 다시 말하면 단발을 해서 국가와 국민의 재앙이 사라진다면 단발을 해야 한다는 것이 이건방의 생각이다.

　유학은 원칙[常]과 융통[變]의 조화[和]를 추구하는 학문이다. 유학이 변하지 않는 '원칙'만 고수했다면 유학은 벌써 사라졌다. 이건방은 단발을 통해 유학의 '원칙'과 '융통'의 조화를 설명했고, '원칙'과 '융통'의 조화를 통해 국가적 재앙을 극복하고자 했다.

　1906년 을사늑약으로 조선은 국권과 외교권을 일본에 강탈당했다. 이때 조선의 유학자들은 무장 의병투쟁이나 문화 계몽운동으로 일제 침략에 맞섰다. 이건방은 절개를 지키기 위해 사촌형 이건승과 망명하려고 했으나, 사촌 형의 만류로 강화도에 남아 후학을 양성하며 문화 계몽운동을 전개했다. 일제의 침략에 나라를 빼앗겼지만, 보다 근본적인 원인은 병약한 대한제국의 국력에 있다는 것이 이건방의 생각이다. 그래서 그는 사회진화론을 바탕으로 국가를 부강하게 만들고자 했다.[126]

　이건방의『원론』은 사회진화론을 바탕으로 당시 지식인들의 사회 인식 문제를 지적하고, 이를 통해 대한제국의 부강을 모색한 저술이다.

---

125)「原論中」. "忘其軀猶可也. 忘國家生靈之禍, 而惟潔身之是謀, 則不幾近於戕本心之良, 而失輕重之則耶."
126) 역사학계에 의하면, 사회진화론은 중국과 일본 등지에서 유입되었으며, 독립협회가 토대로 삼았던 이론이다. 이들은 주로 梁啓超의 진화론 사상 체계를 거의 그대로 받아들여 우리 현실에 적용시키려고 했다. 역사학연구소,『함께 보는 한국근현대사』(서해문집, 2015), 107쪽 참고.

이건방에 의하면, 대한제국은 약소국이기 때문에 약육강식, 우승열패라는 사회진화론에 의하면 곧 소멸되는 급박한 상황에 직면해 있다. 그래서 『원론』은 사회진화론 소개로 시작한다. 이건방은 대한제국의 병약한 이유가 부패한 관료라고 생각했다. 병약한 대한제국을 일으키기 위해 한글전용과 단군 기원 사용을 통해 민족의식을 높이고, 서양문물에 대해서는 개방적이었을 뿐 아니라, 적극적으로 배워야 한다는 것이 이건방의 생각이다.

5. 『조선유학과 왕양명』 약술

『조선유학과 왕양명(朝鮮儒學과 王陽明)』은 이건방이 길성산인(吉星山人)이라는 필명으로 8회에 걸쳐 동아일보에 연재한 글이다. 이건방은 「原論中」에서 신문에 글을 썼다고 했는데,[127] 내용적으로도 『조선유학과 왕양명』은 『원론』에 언급된 내용과 비슷하다.

주자학 일변도의 조선 유학이 이건방 당시의 학계에까지 그 영향을 미치고 있을 때, 양명학 관련 전문적인 글이 그것도 일간 신문에 연재되었다는 것만으로도 의미 있는 일이다. 그래서인지 혹자는 『조선유학과 왕양명』을 양명학에 관련 '전문적인 저술'이라고 평가하기도 한다.[128] 필자 또한 저술로 생각하기 때문에 학계에서 저술을 의미하는 문장 부

---

127) 『난곡존고』, 「原論中」, "吾嘗求之有年矣. 願所居僻遠罕與人接無從, 而叩其詳也, 雖然數年以來, 以會以社而名者, 以十百數, 而趣旨之發起, 月報之刊行, 新聞之記載, 交游之流轉."

128) 한정길, 「난곡 이건방의 양명학 이해와 현실 대응 논리」, 『양명학』 51호(한국양명학회, 2018) 참고.

호를 사용하여 『조선유학과 왕양명』이라고 했다. 그러나 『조선유학과 왕양명』의 내용을 살펴보면, '양명학 관련 전문 저술이라고 할 수 있을까?' 하는 생각을 하게 된다.

신문에 연재된 『조선유학과 왕양명』은 1933년 4월 15일 3면 중간에 〈서언(緒言)〉으로 시작하고, 이어서 〈중국학설의 개요(中國學說의 槪要)〉로 본론을 시작한다. 두 번째 연재는 같은 해 4월 17일로 내용은 '중국학설의 개요'의 연장으로 첫 회와 마찬가지로 3면에 실려있다. 세 번째 연재는 4월 18일 4면에 있으며 '중국학설의 개요'의 연장이다. 네 번째 연재는 4월 26일 4면에 있는데, 〈조선근고의 학풍(朝鮮近古의 學風)〉이라는 소제목으로 되어있으며, 마지막 여덟 번째 연재까지 조선 성리학에 대한 설명이다. 필자가 『조선유학과 왕양명』을 '양명학 관련 전문 저술'로 평가하지 않는 이유는 바로 이것이다. 즉 이 연재 글이 제목에 부합하려면, 양명학에 대한 설명이 후반부에는 서술되어야 한다. 그러나 이 연재 글 내용에는 양명학 관련 설명이 없다. 그래서 필자는 미완의 저술이라고 평가한다.

이제 『조선유학과 왕양명』의 내용에 대해 간단히 살펴보자.

1) 〈서언〉

이건방은 우리나라가 신라와 고려를 거쳐 조선에 이르기까지 중국의 학문을 받아들였는데, 유독 조선에 이르러 정주학만 유행했다고 진단했다. 정주학을 정점으로 삼아 주자를 비판하는 것은 용납되지 않았다. 심지어 주자를 비판하는 자는 주살까지 한다는 것이 이건방의 주장이다. 이처럼 주자를 받들다보니 학문을 하는 사람들은 반드시 먼저 육왕

학(육상산과 왕양명)을 비판했고, 이들이 스승의 지위에 오르면 조정은
그에게 영광스러운 지위를 부여했다.

영광을 추구하는 것은 인지상정이다. 다만 남을 배척하면서 자신만
영예롭게 하는 것은 비판받아야 한다. 조선유학의 주자학 독주는 학문
을 말살하고 학자들을 무식하게 만든다. 이것은 주자의 잘못도, 육상산
과 왕양명의 잘못도 아니다. 잘못은 선비들의 거짓됨에서 비롯된다는
것이 이건방의 주장이다. 선비들의 거짓을 바로잡으려면 우리나라 학
술을 알아야 하는데, 우리나라 학술을 알려면 중국의 학술을 알아야
한다는 것이 이건방이 생각이다. 그래서 연재 글은 〈서론〉에 이어서
〈중국학설의 개요〉를 설명한다.

2) 〈중국학설의 개요〉

지금의 학술 용어로 말하면 '중국철학개설'이라고 할 수 있다. 그러
나 '개설'이라고 하기에는 내용이 너무 빈약하다. 공자를 언급한 부분에
서는 공자철학의 핵심인 '인(仁)'에 대한 설명은 없고, 오경(五經)을 찬술
했다는 언급만 했다. 그러나 시·서·예·악의 근본이 '심'에 있다는 주장
은 주목해야 할 부분이다.

공자에 이어서 『중용』과 『대학』을 설명하는데, 『대학』의 '명덕(明德)
친민(親民)', 『중용』의 '솔성(率性) 수도(修道)'를 같은 뜻으로 보았다. 이
어서 맹자를 설명하는데, 『맹자』의 '마음을 보존하고 본성을 기른다[存
其心養其性]'·'잃어버린 마음을 되찾다[求放心]'·성선[性無不善]·'먼저 큰
것을 세우다[先立乎其大]'·'호연지기(浩然之氣)' 등 맹자의 핵심 내용을 언
급하면서, 이 모든 것이 '성실한 뜻과 바른 마음[誠意正心]'에서 나온다고

했다.

맹자가 죽은 후 유학의 명맥은 끊어졌다. 이후 송명대에 이르러 유학이 부흥하는데, 대표적인 유학자로 주렴계(周濂溪)와 정명도(程明道)는 언급했지만, 장횡거(張橫渠)를 언급하지 않은 점은 아쉽다. 주렴계에 대해서는 '성은 거짓이 없고, 기미는 선악이 있다[誠無爲, 幾善惡]'를, 정명도에 대해서는 '안과 밖의 구분이 없음[無內外]'·'정성(定性)'을 대표 사상으로 제시했다. 그러면서 주렴계 정명도의 이러한 사상은 안자 증자 자사 맹자의 정통을 계승한 것이라고 했다.

남송 이후 주자와 육상산을 서술하는데, 주자 육상산 모두 공자 맹자를 배우고 주렴계 정명도를 종합했다고 보았다. 그러나 주자학은 도문학(道問學)에, 육상산은 존덕성(尊德性)이 중점을 두었다고 했다. 단 중점을 두었다고 말한 것일 뿐, 회암이 존덕성을 말하지 않고, 상산은 도문학을 말하지 않은 것이 아니다. 두 학설이 다르기 때문에 제자들이 한쪽으로 치우쳐, 각자 스승의 학설을 견지하고 서로 이기려고 힘썼다. 사실 존덕성과 도문학은 『중용』에서 나왔으며, 본체[體]와 쓰임[用]이 서로 한 쪽을 버려서는 안 된다. 그러나 각자 한쪽 주장을 가지고, 자기 것은 옳고 다른 사람은 틀리다고 하는데 이것은 본래 의미와 다르다고 보았다. 그렇지만 존덕성 도문학의 경중을 굳이 따지면, 먼저 존덕성을 하고 도문학을 해야 한다는 것이 이건방의 주장이다.

그러나 제자들 간의 상호 논쟁이 격렬해진 후 주자학이 크게 유행하고 제자들이 더욱 확산되어 육상산을 선학이라 배척했다. 그러나 상산학은 『논어』『맹자』를 인용해서 가르쳤기 때문에 불교의 선학(禪學)이 아니다. 자세하게 리를 논하면, 불교 도가 모두 심으로부터 시작된 것으로 원래 불교 도가 자체의 근본이 있다. 그런데 어떻게 상산학을 선학이라 의심하고 꺼릴 수 있는가? 이것 때문에 선학과 같다고 하면서 배척하면 『통서』의 '정성'설이 선학과 더욱 같다. 상산은 주자와 동시대 유학자다. 주자는 상산학을 도문학이라고 하면서 비난했다. 이때부터 상산을 경멸했다는 것이 이건방의 설명이다.

명나라 초기 학자 오강재 진백사는 모두 주자를 따르지도 또 상산을 따르지도 않고, 경전을 읽으면서 스스로 깨달았다. 그러나 오강재는 성정을 기르는데 힘써서, 기질이 자연을 따랐다. 진백사는 어디서나 천리를 몸소 깨달으니 그 타고난 본성이 상산과 가깝다.

왕양명에 이르러 명대 이학이 집대성되었고, 학자들이 양명을 받들었는데, 유념대(劉念臺) 황석제(黃石齊) 및 청초의 황이주(黃梨州) 탕잠암(湯潛庵) 이이곡(李二曲) 등 세 명의 대유학자는 모두 그의 학파다. 그 중간에 나정암 고경양(顧涇陽)이 주자를 주종으로 삼았지만, 그 제자들이 부진하여 그 유파가 멀리 가지 못했다.

양명학의 핵심은 치양지에 있고, 치양지 공부는 반드시 성찰하고 사욕을 물리쳐 물욕을 제거하고 사욕에 쌓인 지식이 행해지지 않도록 해야 한다. 그렇게 하면 본체가 드러나고, 의리가 뚜렷해져, 비록 온갖 변화에 응해도, 각자 리의 마땅함을 얻는데 이것이 이른바 양지(良知)다.

성인의 학문은 심학이다. 그러므로 공부로 말하면 번거롭지 않다. 예를 들면 '잃어버린 마음을 되찾다'라는 '구방심' 세 글자는 비록 이 세 글자이지만, 성인의 근본이다. 증자는 "공자의 도는 충서일 뿐이다."라고 했는데, '~일 뿐이다'란 더 붙일 말이 필요 없어서 차라리 이것이면 된다는 의미다. 그러므로 증자 맹자를 불교라고 해서는 안 된다. 육왕학이 증자 맹자를 근원으로 하는데, 육왕학을 불교라고 한다면 증자 맹자를 불교라고 하는 것과 같다. 이건방은 바로 이 점을 비판했다.

이건방은 주자와 양명의 '격물치지'를 비교 설명하면서, 주자의 격물치지론을 비판적으로 논했다. 그러나 주자와 양명의 '격물치지'론에 대한 설명 또한 지나치게 간단하여 전공자가 아니면 이해하기 어렵다.

당감(唐鑑)은 심학의 본래 의미가 무엇인지 살펴보지 않고, 심학을 바르지 않은 것으로 간주했다. 그래서 육상산·왕양명을 배척했고, 그들이 세운 심학마저 심학을 비판해야 했기 때문에 맹자까지 비판하는 지경에 이르게 되었다. 이것이 정주에게 큰 공적을 세웠다고 생각하는데, 정주가 논한 것 또한 모두 심성(心性)임을 생각하지 못하고 심성을 버리게 되고, 도를 말할 수 없게 되었다. 그런데도 꿋꿋하게 정주를 받드는 것이 도통을 계승하는 것이고 사명이라고 여기며, 사람들 또한 정주를 근거로 했다고 생각하여 감히 당감의 오류를 지적하지 못했다. 당감의 이러한 관점이 그대로 조선 유학에도 전개된다. 이것이 이건방이 〈중국학설의 개요〉를 통해 말하고자 하는 핵심 내용이다.

다만 지적하지 않을 수 없는 것은, 중국철학을 서술함에 있어서 그 내용이 지나치게 간단한 관계로 전문 학자 아니면 쉽게 이해할 수 없다는 점이다. 그리고 서술 내용 자체도 문헌 근거 제시 없는 설명이기 때문에 서술 내용을 검증할 방법이 없다.

3) 〈조선근고의 학풍〉

여기서는 조선의 학풍에 대해 설명하고 있다. 이건방이 바라본 조선 성리학은 다음과 같다.

신라 백제 이래로 의복·문자·정교·학술 모두 중국에 의지하고 모방했다. 고려말 안향·정몽주 모두 중국을 관찰하고 서적을 구입했는데,

때는 원·명 시대로 정주학이 성행했던 시기다. 그래서 전래된 경전은 모두 주자집주(朱子集註)였고, 이로 인해 선비들은 모두 정주학을 유학의 정통으로 여겼다. 이것이 우리나라에 주자학이 처음 유행한 시기이다.

한헌당 김굉필(寒暄堂 金宏弼), 일두 정여창(一蠹 鄭汝昌)이 학문을 이끌었지만, 역시 모두 이미 만들어진 궤도를 따르니 정주학이 더욱 유행했다. 퇴계 이황이 영남에서 우뚝 일어나 정주를 진실하게 믿어 행동거지를 반드시 주자를 표준으로 삼았고, 조정에서는 퇴계를 극진히 예우하니 사방에서 믿고 따르는 사람들이 모여들었다.

기묘사화로 퇴계는 정계에서 물러나 은거하며 문인들에게 학문을 전수하고, 인재 육성을 낙으로 삼았다. 학문적으로 주자 존숭을 최고 사명으로 삼고 주자학과 다른 육상산 왕양명을 배척하고 이단시했다. 이후 우계 성혼(成渾), 율곡 이이(李珥)가 이어받아 육왕학을 끊고 물리쳤다. 율곡의 사단칠정론은 비록 퇴계와 차이가 있지만 주자학의 계승이다. 율곡은 지혜롭고 사리에 밝았으며, 우계는 꾸밈이 없고 진실했다. 그러나 정주를 받들고 육왕을 배척한 것은 똑같다.

이후 이건방이 서술한 조선성리학의 내용은 거의 없다. 사실 조선성리학에 대한 설명의 중심도 조선 유학자들의 학설보다는 육왕학이 이단이라는 점에 중점을 둔 서술이라고 할 수 있다. 그야말로 소제목에 알맞은 '학풍' 중심의 서술이다.

이건방이 연재한 글의 제목은 『조선유학과 왕양명』이다. 이건방은 먼저 『중국학설의 개요』에서 공자·맹자 및 『중용』·『대학』을 설명했고, 송명유학에 있어서는 주렴계 정명도 육상산 주자 왕양명 등을 서술했다. 이어서 『조선 근고의 학풍』에서는 성리학자 개개인의 학술 사상보다는 '반육왕학(反陸王學)' 학풍을 중심으로 조선의 성리학을 설명했다. 그렇다면 이어지는 글에서는 '왕양명'의 철학사상에 대한 설명이 있어야 연재 글의 제목『조선유학과 왕양명』과 일치한다. 이런 측면에서 볼 때, 완성되지 않은 저술인 것 같다.

내용적인 면에 있어서, 중국철학은 조선성리학 설명에 비해 핵심 사상을 조금이나마 자세하게 설명했다. 그러나 조선성리학에 대한 설명은 그야말로 '반육왕학' 관점 이외에는 그 어떤 설명도 하지 않았다. 이렇게 서술할 수밖에 없는 이유는 문헌이 부족했기 때문이 아닌가 생각된다. "조선의 출판 시스템 하에서는 금속활자를 보유한 교서관에 주문을 넣어서 원하는 서적을 인쇄할 수 있었다. 대량으로 목판 인쇄를 하려면 각 지방의 관아에서 관찰사가 선정한 텍스트로 목판을 새로 제작하거나, 기존의 목판에 삿을 대어 인쇄했다. 그러나 두 가지 모두 관료 사회와 무관한 개인이 자의적으로 출판 시스템을 이용할 길은 막혀 있었다. 관청의 통제에 포획되지 않을 수 있는 유일한 방법은 필사였다. 다만 일일이 손으로 쓰는 번거로움과 필사자의 품삯 및 비싼 종이값을 감수해야 가능했으므로 대량인쇄 및 보급은 어려웠다."[129] 이처럼 조선의 출판 시스템은 개인이 서적을 구입하기에는 쉽지 않은 상황이었다. 게다가 사적인 서적은 개인이 필사해야 했기 때문에 다량으로 만들기는 불가능한 구조다. 바로 이와 같은 이유 때문에 조선성리학 서술이 개략적일 수밖에 없었다고 생각된다.

---

129) 최선혜, 「조선의 서적, 우물구멍 너머로 하늘 보기-강명관, 『조선시대 책과 지식의 역사』, 천년의 상상, 2014」, 『이화어문논집』 42집(이화어문학회, 2017), 212쪽.

3부

난곡 선생
유문(遺文) · 제문(祭文) · 묘표(墓表)

1. 『원론』

● 일러두기

① 『난곡존고』(국립중앙도서관본) 속에 있는 『원론』을 저본으로 삼았다.

② 원본과의 대조를 편리하게 하기 위해 원본 밑에 번역문을 두었다.

③ 직역에 중점을 두지만, 의미 파악이 쉽지 않은 경우 의역을 했다.

원론(原論)

난곡 이건방(蘭谷 李建芳)

「원론상(原論上)」

사람은 태어나면서 무리를 짓고, 무리를 이루면 다툼이 생긴다. 이것이 필연의 이치요, 형세가 반드시 그렇게 되는 것이다. 무리를 화목하게 하고 무리의 권한을 총괄하는 것을 '나라'라고 한다. 이것도 하나의 무리이고, 저것도 하나의 무리인데, 무리가 많으면, 무리와 무리가 서로 다투게 된다. 이것 또한 필연의 이치이고 형세가 반드시 그렇게 되는 것이다. 서로 다투면 반드시 강한 자가 이기고, 약한 자는 반드시 패하며, 기교가 있는 자는 반드시 얻고, 어리석은 자는 반드시 잃는다. 이것이 진화의 법칙이고, 만물 경쟁의 원칙으로, 피할 수 이치다. 그러면 약하고 어리석은 자는, 오직 남에게 먹히고 씹히고 사라져 결국 스스로 생존할 수 없는가? 어찌 그렇게 되겠는가?

夫人生而有羣, 有羣則有爭. 此理之必然而勢之必至者也. 輯其羣而統其權謂之國. 此一羣也, 彼一羣也, 羣者衆矣, 則羣與羣相爭. 此又理之必然而勢之必至者也. 旣至於相爭, 則彊者必勝而弱者必敗. 巧者必得而拙者必失. 此蓋天演之公例, 物競之原則, 不得不然之理也. 然則弱與拙者, 惟爲人之所呑噬 夷滅而終不可以自存歟? 曰何謂其然也?

진실로 약하고 어리석은 사람이 어려움을 알고 망할까 두려워하며, 옛것을 버리고 새로운 것을 도모하여, (자신의) 약한 원인을 제거하고,

(타인이) 강해진 이유를 찾아서, 그것을 본받는 것에 힘쓰면 강하게 된다. (자신의) 어리석은 원인을 제거하고, 타인의 기교를 갖추게 된 이유를 찾아서, 그것을 본받는 것에 힘쓰면 기교를 가지게 된다.

苟弱與拙者知難而懼亡, 舍舊而圖新, 務去其所以弱, 而求人之所以彊者, 而效之則斯彊矣. 務去其所以拙, 而求人之所以巧者, 而效之則斯巧矣. 效之爲言學也.

본받는다는 것은 배운다는 말이다. 배워서 힘이 같아지고 세력이 대등하면, 비록 다른 사람이 나를 씹어 삼키고, 나를 소멸시키려 해도, 그것이 되겠는가?

나의 약점을 알면서 타인의 강점을 본받지 않고, 나의 어리석음을 알면서 타인의 기교를 본받지 않으며, 구습에 젖어 편안함을 찾고, 미혹에 집착해 깨닫지 못하여, 마침내 씹히고 소멸된 후에 멈추는 것은, 자멸 스스로 망하는 것이지, 남이 나를 멸하고 나를 훼손한 것이 아니니, 또 누구를 탓하겠는가?

學而至於力齊而勢均, 則人雖欲吞噬我, 夷滅我, 其可得乎?

知吾之弱而不效人之彊, 知吾之拙而不效人之巧, 狃舊而偸安, 執迷而不悟, 終至於吞噬夷滅而後已者, 乃其自滅而自亡, 非人之滅我而夷我也, 而又何尤焉.

어떤 사람은 조획(鳥獲)[1]같은 용감함으로 강한 쇠뇌를 밟고, 예리한 칼을 들었는데, 화살은 금석을 뚫을 수 있고, 칼은 뿔이나 상아를 끊을

---

1) 조획(鳥獲): 춘추전국시대의 용사.

수 있다고 한다. 저 병들고 거의 다 죽게 된 사람이 비틀거리고 헐떡이며 (거기에) 맨 손이면, 서로 싸움을 기다리지 않아도, 승부는 이미 오래전에 결정된 것이니, 왜 그러한가? 강약의 외형은 다르지만, 비겁함은 용감함을 대적하지 못한다.

有人於此勇如烏獲而加之以蹠勁弩, 挾利劒, 矢可以洞金石, 刃可以斷犀象. 彼羸病垂死者, 蹣跚喘汗, 徒手而當前, 則不待其交相搏也, 而勝負之數決已久矣, 何則? 彊弱之形不侔, 而勇怯之勢不敵也.

지구상에 백여 개 나라뿐인데, 그 강약·교졸(교묘함·졸열함)의 모습은 정해져 있지 않다. 그래서 힘으로 서로 경쟁하여, 강한 세력에 멸망되지 않을까 하는 걱정이 끊이지 않는다. 서구인들은 강자와 약자의 만남에서, 권력이 곧 도리(법칙)라고 한다.

今夫國於地球之上, 僅以百數, 而其彊弱巧拙之相殊至不齊也. 於是相爭以力相競, 以勢呑噬夷滅之患, 不絶於世. 歐人所謂彊與弱遇, 權力卽道理者.

이것은 일반적 원칙에서 나온 것으로 어쩔 수 없다. 그러나 모질고 사나운 강자를 꾸짖고, 약자에게는 용서하라고 말해야 정론이다.

是亦出於公例原則, 不得不然之故, 而不獨詬彊者爲暴戾, 而謂弱者爲可恕, 然後始得謂之正論也.

나는 일찍이 천하에 가장 약하고, 가장 어리석은 나라 중에 우리 대한제국처럼 심각한 나라는 없다고 말한 적이 있다. 영국, 미국 프랑스, 독일처럼 세계 최강국이라고 불리는 국가들은 굳이 논할 필요 없이 이

미 그렇지만, 벨기에 네덜란드 등은 국토가 천 리도 안 되고, 인구는 100만에 불과한 최약소국이지만,

竊嘗論之天下之至弱而至拙亦未有若我韓之甚者. 若英若美若法若德, 號爲全球之最彊者, 固不論已, 卽如比利時荷蘭等國地, 不滿千里, 口不過百萬, 天下之弱國也,

그러나 상공업의 발달과, 군정을 배우고 실행하는 능력이 외부 침략을 막을 수 있는 나라가 되었지만, 진실로 우리 대한제국은 거기에 미치지 못한다. 폴란드, 이집트, 월남 같은 나라는, 국가와 국민의 멸망으로 가장 비참한 나라가 되었다.

而其工商之發達, 軍政之修擧, 猶有可曰禦侮, 而固圉者, 固我韓之所不及也. 卽如波蘭埃及安南之屬, 國亡人滅爲天下最悲慘之國.

이들 나라가 망하기 전을 살펴보면, 농업, 광업, 의용단의 사기가 거품처럼 올라와 강대국에 저항했지만 멸망했다. 무딘 칼날과 부러진 화살 때문에, 어쩔 수 없이 사라져서 끝났다.

自其未亡之前觀之, 則其農鑛之業, 義勇之團, 猶能皷沫作氣, 以抵抗彊敵卒之. 刀鈍矢折, 窮蹙[2]澌盡[3]而後已.

우리 대한제국으로 가늠해 보니, 삼천리 강산을 화살 하나에 날려 보낼 수 없는데, 수천만 국민이 조약서 한 장에 보내졌으니, 유사 이래 그리고 동서고금에 이런 일은 없었다.

---

2) 궁축(窮蹙): 생활이 어려워 집안에 들어앉아 있음. 곤궁하여 어찌할 도리가 없음.
3) 시진(澌盡): 몸의 기운이 다하여 없어짐.

衡之以我韓, 不能以一矢加遺而擧三千里之地, 數千萬之人民, 輸之於
一紙之上則. 蓋上下千古, 東西萬國之所未有也.

이로부터 말하면, 힘없는 병자가 조획(같은 강자)에 저항하는 것과 같
으니, 마치 폴란드 이집트 같은 나라들을 가리키는 말이다. 우리 대한
제국의 허약함이 수척한 병자와 비교해서, 미치지 못한 것이 있는데,
왜 그런가?

由是言之, 向所謂羸病者之抗鳥獲猶指夫波蘭埃及之類而言耳. 我韓之
弱, 較羸病者, 尙有所不及, 何則?

힘없는 자는 비록 병약하지만 저항은 저항일 뿐이다. 저항조차 못하
면, 또 어떻게 승리를 쟁취할 수 있는가! 오호 우리 대한제국이 썩어
문드러지는 지경에 이르렀는데 수습하지 못하는 것은 누구의 잘못인가?

羸者雖病而抗則抗耳. 抗且不敢又安所取勝負之數哉! 嗚呼, 我韓之所
以決裂至此若魚爛肉敗,[4] 而不可收拾者誰之過也?

수백 년 동안 문념무희하고, 노는 것에 습관이 되어 온갖 법도가 해
이해지고, 만사에 아랑곳하지 않고, 생기 없이 번잡하게, 숨이 끊어질
지경에 이르렀는데, 설사 적국이 없고 외부 환난이 없더라도, 어떻게
예전처럼 한가하게 있을 수 있는가?

蓋自數百年來, 文恬武嬉,[5] 玩愒成習以至百度俱弛, 萬務不理, 萎靡叢

---

4) 어란육패(魚爛肉敗): 생선이 뭉크러지는 것(爛)은 안으로부터 시작하고, 고기가 썩
　는 것(腐)은 바깥으로부터 썩어들어가므로 마치 군대가 패하는 것과 같다.
5) 문념무희(文恬武嬉): 문관들은 안일하게 지내고 무관들은 희롱한다는 뜻으로, 안일

脞, 奄奄垂盡, 雖使無敵外患, 安閒如前日.

더욱이 하늘이 분노하고 백성들이 배반한다고 잔뜩 걱정만 하고, 나라를 보존하지 못할까 걱정하는데, 하물며 교활한 이웃 나라가 있는데도 말이다. 지나친 탐욕을 드러내어 저돌적으로 달려드는 자는 실제로 함께하자고 다그친다.

猶且天怒民畔譊譊然, 將憂四境之不保, 而況隣國之狡焉. 思逞狼貪而豕突者, 實逼與處.

그러나 나라를 위해 계획을 세우는 자들은 모두 평범하고 연약하여 겁만 내고, 소문만 듣고 두려워하고 위축되어, 기회를 잃고 실패하는 일이 잇따르는데, 나라가 망하지 않으려고 해도 망하지 않겠는가?

而籌國當事之徒, 悉庸懦怯恇, 望風縮胸, 以致失機而債事者, 踵相接也. 國雖欲不亡得乎?

겁나고 위축되는 것은 인지상정이다. 조정이 서양과 통상을 시작할 때, 나라도 (태도를) 바꾸어 서양과 통상을 장려하는데, 스스로 시대의 흐름을 안다는 통상 담당자들은 모두 불성실하고 경박하며 실행한 것도 없다.

雖然怯恇縮胸, 猶是庸人之常情耳. 始朝廷之通洋也, 國是一變以獎擢, 驟加於是. 而自謂識時, 通務者類, 皆浮薄無行.

에 빠져 제 직분을 다하지 않음을 이르는 말. 벼슬아치들이 국사는 돌보지 않고 안일과 향락만 추구하다.

관직에 오르는 좋은 일에는, 명목을 빙자하여, 총애를 받고 이익이
되는 것만 좇았으며, 나중에는 외세를 빙자하여, 공갈로 위협하고, 임
금을 현혹하여 권력과 직위를 모두 쥐려는 욕망을 실행했다.

干進喜事始, 則假其名, 以濟其媒寵饕利之計, 末乃憑藉外勢, 以恐喝
威嚇, 眩惑 宸聽而得售其兜攬權位之欲.

욕망이 더 커지고 (욕망을) 계획할수록 더 익숙해져, 결국 외국인의
앞잡이 노릇을 즐기고, 몰래 부창부수하면서 공개적으로 팔아버리니,
마침내 재앙이 굳어져서 결국 풀 수 없게 되었다.

欲彌大而計彌熟, 遂至於甘作外人之倀, 導而陰相唱和公行販賣, 禍遂
固結而不可解.

오호, 비록 이들 모두 배은망덕한 사나운 개 돼지 같은 놈들이니,
도랑에서 어떻게 죽든 홀로 슬퍼할 가치도 없다.

嗚呼歊矣. 雖然此輩皆梟獍, 戾種狗彘之, 不若於渠何誅而獨悲.

청의지사는 세계 형편을 잘 알지 못하고, 오로지 지난날처럼 문을
닫고 자신을 지키는 것을 최고로 삼는다.

夫一種淸議之士, 未能深悉宇內形便, 惟以往日閉關自守爲第一義諦.

해외 여러 나라의 풍속이 다르고, 종교 또한 다르며, 문물제도 역시
동양과 다른데, 호기심 있는 자들은 시기에 맞게, 과장하고 덧붙이고
바꾸어 가면서 그대로 모방하고, 왕왕 예법을 뛰어넘어, 윤리 법도를
모멸하면서도 고민하지 않는 자들을, 사람들은 의아해하고 덧붙여 놀

라고 분하게 여긴다.

且海外諸國風氣逈殊, 宗敎亦異, 文物制度自與東洋不類, 而趨時好奇
之徒, 又誇張附益, 而轉相依倣, 往往有踰越禮防, 悖蔑倫常, 而不知恤
者, 人以是益驚疑駭憤.

아버지가 자식에게 일러 주고, 형이 동생에게 타이르는 것은, 오염될
까 두렵기 때문이다. 이런 이유로 외국의 언어 문자 일체를 도외시하고
그 이치를 연구한 적이 없다.

父詔其子, 兄戒其弟, 懼其或近於是浸漬染汙. 故語言文字之間一切置
之膜外, 而未嘗深究其故.

비록 배와 수레가 줄지어 있고, 벼슬아치들이 길을 덮고 있지만, 해
외 사정에 대해서는 모두 무지하다. 열강의 진화는 날로 번성하여, 정
치 법률의 발전, 해군 육군의 확장, 전신 철도 등의 교통, 삼림과 농공
상업의 발달은 모두 하루에 천 리를 가는 추세인데, 우리는 편안하게
먹고 잠자는 것만 즐기고, 게으르고 희희낙락하는 풍조는 오히려 전과
똑같다.

雖舟車相銜, 冠蓋被路而海外情形, 悉屬茫昧. 彼列彊之進化日盛, 政
治法律之修明, 海陸軍隊之擴張, 電信鐵道之交通, 森林農工商業之發達,
皆有一日千里之勢, 而吾且晏食酣寢. 怠惰恬嬉之風, 猶夫前也.

허위로 꾸미고, 실리를 상실하니, 마침내 백성들의 의식이 깨이지
않고, 일상적인 일이 창의적이지 않아서, 스스로 멸망의 화를 재촉했다.
이것이 내가 청의지사에게 유감을 갖지 않을 수 없는 까닭이다.

粉飾虛僞, 梏喪實理, 遂使民智不開, 庶務不創, 而自促其覆亡之禍. 此吾所以不能無憾於淸議之士也.

앞의 것을 근거로 말하는 한 자는 역도들이고, 뒤의 것을 근거로 말하는 자는 도의를 지키는 선비다. 국가 멸망의 원인은, 항상 역도들에게 있는데, 오히려 도의를 지키는 선비에게 그 잘못을 돌리고, 얻는 것 없이 윤리적이지 않다고 비유하는 것은 너무 각박하지 않은가?

夫由前之說者, 亂逆之徒也, 由後之說者, 守道秉義之士也. 國家覆亡之故, 恒在於亂逆之徒, 而反以咎之於守道秉義之士, 得無擬之不倫, 而言之太刻乎?

설사 백성들의 의식이 깨이지 않고, 일상적인 일이 창의적이지 못한 원인이 있어도, 이것 때문에 앞장서서 나라를 팔아먹고 임금을 파는 것에 앞장서는 자에 비하면, 오히려 너무 한가하다.

假使有民智不開, 庶務不創之故, 或由於是以比之販國賣君樂爲倀導者, 抑有閒矣.

내가 둘 모두를 폄훼하고 배척하는 것은 어째서인가? 역도들에 대해서는 사람들은 안다. 아무리 기회를 잡고 간교하게 나라에 화를 안기더라도, 도둑놈 같은 마음은 한순간에 드러나는데 누가 그들을 믿겠는가?

而吾所以均貶而同斥者何也? 夫亂逆之徒, 夫人之知. 雖其秉機售奸以禍人國, 而其賊心凶腸暴於一時, 人孰信之哉?

도의를 지키는 선비는 사람들이 우러러보고 사방에서 믿는다. 통상 초기에는 융통성 없이 고수했던 사사로운 견해를 들어냈지만, 공심 공리로 끊어버렸다.

惟守道秉義之士, 人民之所觀瞻, 而四方之所信服也. 使於通商之初, 袪其膠守舊見之私, 而斷之以公心公理.

진실로 도가 국가와 국민에게 이롭고 편리하면 두려워하지 않는다. 우리의 나태함과 게으름을 개혁하여, 발전된 서양문물 배우는 것을 안타깝게 여기지 않고, 우리의 부패와 게으름을 변화시켜, 서양의 쇄신을 배워서 국민의 번창함으로 삼으면, 믿고 따라 좇아오는 사람이 많아지고, 분발을 장려하여, 나날이 강대국의 길로 나아갔으면, 국가의 위기가 이 지경까지 이르지 않았을지도 모른다.

苟其道有足以利國而便民則不憚. 革吾之怠惰恬嬉, 而效彼之興作不惜, 變吾之腐敗呰窳, 而效彼之刷新以爲民倡, 則人民之信徒者衆而獎勵奮發, 日趨於自彊之途, 而國家之禍或不至於是矣.

개현역철[6]하면 국민의 마음이 성곽처럼 견고해지므로,[7] 임금에 충성하고 나라를 사랑하는 풍속을 바탕으로, 국가의 힘을 굳세게 하면, 비록 역도들이 협박해서 팔라고 해도, 어떻게 (협박에) 굴복해서 그 계획을 팔 수 있겠는가!

況改絃易轍, 衆心成城, 以作其忠君愛國之俗, 而國勢以竸, 則雖有亂

---

6) 개현역철(改絃易轍): 거문고 줄도 고치고 수레바퀴도 바꾸다. 모든 것을 새롭게 개혁한다는 의미.

7) 중심성성(衆心成城): 뭇사람의 마음이 일치하면 성벽같이 견고해진다.

逆之徒欲有所挾售, 而何從而售其計哉!

지금 국가의 재앙은 국민의 의식이 깨이지 않고, 일상적인 일에서 시작하지 않기 때이다. 국민의 의식이 깨이지 않고, 일상적인 일에서 시작하지 않으면서, 옛것만 고집하고 익숙하여 고칠 생각을 하지 않으니, 정말로 그 책임을 면할 방법이 없다.

吾今以國家之禍, 由於民智之不開, 庶務之不創. 而民智之不開, 庶務之不創, 吾黨之狃於膠守, 而不思燮張者, 誠無以辭其責也.

이것은 단순히 현명함과 어리석음으로 옳고 그름을 논박하는 문제가 아니다. 대개 청의지사가 옛것만 고집하고 변하지 않은 채, 패륜과 법도를 뛰어넘는 무리들을 꾸짖고, 눈 귀를 놀라게 하며 의구심을 불러일으키는 것은, 실리를 받들지만 탐구하지 않았기 때문이다.

非以其人之賢愚而辨駁爲也. 蓋淸議之士,[8] 所以膠守以不變, 實懲於悖倫越防之徒, 駭耳目而滋疑懼, 遂拜其實理而不之究也.

마음을 살펴보아도 어떻게 나라의 불행이 이 지경에 이르게 되었는지 예견할 수 없었다.

原其心亦豈能預慮國家之禍, 遽及於此也.

지난날의 잘못 정말로 후회막급인데, 지금도 이런 주장을 가지고 있는 것 같다. 도의를 자임하는 사람이 미래에 멈출 수 없는 잘못을 남겼

---

8) 청의지사(淸議之士): 청렴과 의를 숭상하는 선비.

다. 이것이 내가 논하지 않을 수 없는 이유다.

雖然前日之誤, 固已噬臍莫迫, 而在今日猶有待是說焉. 自命以道義者, 其貽誤將來無已時, 此吾所以不得不辨也.

진실한 도의는 물에 빠진 사람을 구하고 불길 속에 있는 사람을 구하는 것보다 먼저 할 것이 없다. 국가가 병약한지 오래되었는데, 맨손으로 조획의 굳센 활과 예리한 칼을 막아내려 한다면, 보잘것없는 도의로, 정말 흉악한 칼날을 꺾고 포학한 불길을 제어할 수 있겠는가? 그렇지 않다.

夫道義之實, 莫先於拯溺救焚. 今國家之羸病久矣, 使之徒手而當鳥獲之勁弩利刃, 則其區區之道與義, 果有足以折其凶鋒而制其虐燄耶. 不惟是也.

저들은 이미 우리 목구멍을 누르고 몸을 묶어, 식칼과 도마를 들이대며, 두드리고 벗기고 찢고 삶는데, 한가하게 도의만 말하고 느긋하게 있을 수 있는가?

彼已扼我之吭而縶我之身, 加之刀俎之上, 則椎剝割烹之是憂而瑕爲道義之說以紓之哉?

소위 도와 의라는 것은 반드시 참된 도와 의라고 할 수 없고, 혹 거짓에서 나와 명성만 높이기 위한 것이라면, 도를 훔치고 의를 해치는 자에게 딱 맞다.

所謂道與義者, 未必眞道義, 而或出於假而爲名高, 則適足以賊道而害義也.

오호, 도의가 사람의 마음에서 사라진 적은 없지만, 오직 거짓이 참됨을 어지럽게 하면 변별하기 쉽지 않다. 참됨[眞]을 찾으려면, 반드시 먼저 거짓[假]을 알아야 한다.

嗚呼道義之在人心未嘗亡, 而惟假者亂其眞, 則未易辨也. 欲求其眞, 必先知其假.

어떻게 거짓이 성현의 도에 부합하지 않는 것을 알 수 있는가? 어떻게 성현의 도에 부합하지 않아서 인정에 부합하지 않음을 알 수 있는가?

何以知其假以其不合乎聖賢之道也? 何以知其不合乎聖賢之道, 以其不合乎人之情也.

오호, 국권은 이미 사라졌고, 백성은 곧 사라지려고 하는데, 여전히 스승을 근거로, 둘러싸고 있는 사람들에게 '비록 나라가 망해도 저들을 배워서는 안 된다.

嗚呼國權已去, 人類將滅, 而方且據皐比[9], 擁群徒丕號於衆曰, 國雖亡不可以學彼也.

사람들이 비록 멸해도 저들을 배워서는 안 된다. 이것이 본래 도이고 의'라고 자주 말한다. 도와 의는 정말로 숭고하고 아름답다. 그러나 그것이 과연 인정에 부합하는지는 혼자만 모른다.

人雖滅不可以學彼也. 是固道也義也. 道與義誠高矣美矣, 而獨未知其果合乎人之情也.

---

9) 고비(皐比): 호랑이 가죽으로 송나라 장횡거(張橫渠)가 이 호피 방석에 앉아 제자들을 가르쳤기 때문에 스승의 자리를 상징한다.

「원론중(原論中)」

성인의 도는 남과 다른 것을 추구해서 존귀하다고 여기는 것이 아니라, 반드시 인정에 부합한 것을 추구한다.

夫聖人之道, 不求異於人以爲高, 以必求以合乎人之情也.

그래서 도는 명백하고 평이하며, 말하면 기뻐하지 않은 사람이 없고, 행하면 따르지 않은 사람이 없다.

故其爲道也, 明白坦易, 言而民莫不悅, 行而民莫不服.

『시경』에 이르기를, "하늘이 뭇 백성을 낳고, 사물이 있으면 법칙이 있다. 백성의 떳떳함을 잡고, 이 아름다운 덕을 좋아한다."

詩曰, 天生蒸民, 有物有則, 民之秉彝, 好是懿德.

『주역』에 이르기를, "평소의 말을 미덥게 하고, 평소의 행동을 조심한다." 맹자가 말하기를, "리는 의이고, 사람의 마음의 같은 것이다." 마음의 같은 것은 일상적인 언행을 말한다.

易曰, 庸言之信, 庸行之謹. 孟子曰, 理者, 義也. 人心之所同然也. 人心之同然, 卽庸言庸行之謂也.

본체로 말하면, 올바른 생명이면서, 인의예신의 덕을 갖추었다. 그 쓰임으로 말하면, 윤리의 강상이고, 군신·부자의 도의 실행이다.

以言乎其體, 則爲性命之正, 而仁義禮信之德備焉. 以言乎其用, 則爲倫理之常, 以君臣父子之道行焉.

이것을 버리고 도를 말하면, 그것은 내가 말하는 도가 아니다. 이것을 버리고 의를 말하면, 그것은 내가 말하는 의가 아니다.

捨是而言道, 非吾所謂道也. 捨是而言義, 非吾所謂義也.

그러므로 성은 착하지 않은 것이 없고, 정은 선량하지 않은 것이 없으니, 측은·수오는 (만물에) 감응한다. 또 그 본말·선후 각각이 그 타당함을 얻고, 그 질서를 잃지 않으니, 이것을 만물의 법칙이고, 사람의 떳떳함이라고 한다.

是以性無不善, 而情無不良, 惻隱羞惡, 隨感而應, 又其本末先後, 各得其當而不失其序, 是之謂物之則而民之彝也.

사욕에 묶이고, 사견에 간섭받으니, 본체의 밝음이 가려지고, 같은 법칙을 잃어버렸다. 『서경』에 이르기를, "인심은 위태하고, 도심은 희미하다."

惟梏於有己之私, 而涉於意見之累, 則蔽其本體之明, 以失其同然之則. 書曰, "人心惟危, 道心惟微."

인심이란 가무, 여색, 재물, 이익 등 외부 욕망만을 가리키는 것이 아니다. 사욕에 묶이고, 사견에 간섭받는 것 모두 인심이다.

所謂人心者, 不獨指聲色貨利外誘之慾也. 凡梏於有己之私, 而涉於意見之累者, 皆人心也.

심은 하나다. 같은 것은 귀하기도 하고, 혹 위태로운 것은 염려스럽기도 하니, 어찌 다른 것이 있겠는가?

夫心一也. 而或貴其同然, 或慮其危殆者, 豈有他哉.

오직 같은 것을 잃어버리기 때문에 위태롭다. 본심의 밝음이 가려지고 선량함이 손상되어, 근본이 어두워지고 어긋난다. 변하지 않은 덕이므로 인심이 없어도 위태롭지 않고, 인심이 없어도 혼란하지 않다.
惟失其同然, 故所以危也. 蔽其明以戕其良, 昧本則而悖. 常德則無之而不危, 無之而不亂也.

그러므로 성왕이 천하를 다스리는 것은, 사물의 법칙에 따르고, 백성들의 본성에 말미암는다. 인을 실천해 나가면 백성들은 인에서 흥하고, 의를 실천하면 백성들은 의를 쫓는다.
故聖王之治天下也, 順物之則而因民之性. 推吾之仁而民興於仁, 行吾之義而民趨於義.

백성들이 인에서 흥하면, 윗사람을 위해 죽는 마음이 생기고, 백성들이 의를 쫓으면 적개심과 모욕을 막는 기개가 생기는데 어째서인가?
民興於仁而有親上死長之心, 民趨於義, 而有敵愾禦侮之氣, 何則?

인의의 마음은 사람들이 본래 가지고 있는 것이니, 흥이 나도록 북돋아 따르게 하고, 험난한 곳을 밟고 나아가, 자신을 고려하지 않고 국가적 위기에 목숨을 바치니, 또한 리의 항상성이고, 올바른 본분이니, 고친 후에 할 수 있는 것도, 억지로 해서 행하는 것도 아니다. 성현은 멀리 있고 도는 묻혔으며, 학문은 실종되어 전해진 것이 날조되거나 통하지 않게 되었다.

仁義之心, 彼所固有, 而感以興之, 鼓以趨之, 則赴險蹈難以殉國家之
急, 而不恤其身, 亦理之常以分之宜耳. 非矯之而後能, 疆之而後行也. 聖
遠道湮, 學失其傳誣塞.

인의설은 무리 지어 눈에 띄게 일어나지만, 그야말로 이미 퍼져있는
것을 이기지 못하는데, 저들은 스스로 성인과 다르다고 말한다.
仁義之說群起角立, 固已不勝其繁矣. 然彼其爲說自與聖人不類.

비록 어떤 때는 통하여 사람들 또한 이해하지 못하는 것이 없지만,
그것이 아니라는 것을 안다. 그래서 위에서는 앞장서서 말하지만 아래
서는 질책하고, 앞으로는 해로움을 부풀리고 뒤로는 바로 잡는다.
雖或得行於一時而人亦無不曉, 然知其爲非. 故倡說於上而駁詰於下,
滋害於前而捄正於後.

그 혹세무민의 근심이 지극히 적더라도, 천하에 가장 두렵고 가장
변별하기 어렵게 하여, 인심을 막고 없어지게 함으로써, 세상의 도를
도적질하고 해치는 것으로 가짜 도의설 같은 것이 없다.
其爲誣人惑世之患至淺尟也, 天下之至可畏至難辨, 以梏喪人心, 而賊
害世道者, 蓋未有若假道義之說者也.

도(道)의 큰 줄기는 명백하고 평이하며, 알기 쉽고 실행하기 쉽다.
저것이(역자주: 앞에 언급한 것들) 반드시 거짓[假]에서 나오는 것은 어째
서인가? 명백하고 알기 쉽기 때문에, 고담준론은 없다. 평이하고 행하
기 쉽기 때문에, 은밀하고 괴이하며 모난 행위는 없다.

夫道之大端明白坦易, 易知而易行. 彼之必出於假者, 何也? 惟其明白
易知, 故無艱深峻高之說. 坦易易行, 故無隱詭崖異之行.

세상의 유학자들은 큰 근본·사람이 지켜야 할 도에서 얻은 것이 없고,
사심과 편견으로 가득 차 있다. 허위로 꾸며진 겉모습을 바탕으로, 지나
친 승부욕을 드러내어, 사람들을 놀라게 하고, 명성과 영예만 취했다.
　世之儒者於大本達道, 旣無所得, 徒欲以私心偏見. 藉其貌襲色取之僞,
而騁其誇大好勝之念, 以聳人心目, 而釣取聲譽.

그래서 사람이 지켜야 할 떳떳한 도리·사물의 법칙의 같은 것과 일
상적인 언행의 변하지 않는 덕을 우습게 여기고 마음에 두지 않았다.
　故遂不屑於民彝物則之同然, 庸言庸行之常德.

그리고 현실과 동떨어진 고담준론이나, 기이한 행위를 도로 여기고
의로 여기는데, 이것은 도와 의가 부족하다고 여기는 것만 못하다.
　而務爲峻高之說, 崖異之行, 以爲是道也義也, 不如是不足以爲道與
義也.

도와 의는 평범한 언행부터 밀고 나가야 한다. 혹 고담준론을 바라지
않는데 고담준론이 되기도 하고, 기이한 행위를 바라지 않는데 기이하
게 되는 것은 괜찮다.
　夫道與義, 自其庸言庸行而推之. 或不期峻而峻焉, 不期異而異焉, 則
可矣.

도(道)는 높아서는 안 되는데 거만해서 높게 되었고, 의(義)는 기이해서는 안 되는데 억지로 기이하게 되었으니, 이렇게 되면 반드시 사람이 지켜야 할 떳떳한 도리·사물의 법칙에 어긋나고, 일상적인 언행에도 어긋난다. 나는 도를 훔치고 의를 해하는 것을 두려워하지만, 그것을 도와 의라고 여기는 것을 보지 못했다.

道不可峻而矯而爲峻. 義不可異而彊而爲異, 則其必悖於民彝物則, 而畔於庸言庸行矣. 吾懼其賊道害義, 而未見其爲道與義也.

또 의는 고정되어 있는 것이 아니라, 경중·완급에 따라 마땅함이 있다. 이것이 의인 까닭이 저것에서 반드시 의인 것은 아니고, 옛날의 의가 되는 까닭이 지금도 반드시 의인 것은 아니다.

且義非一定不移之物, 而輕重緩急, 各隨所宜. 此所以爲義者, 在彼未必爲義也, 前日之所以爲義者, 在今日亦未必爲義也.

지금 말하는 의는 옥사를 분명히 결정하는 것처럼 올바르게 집행해야 하므로, 시간이 흐르고 일이 변해도 더러워지지 않도록 해야 한다. 그리고 이전의 설을 고수해서 꼭 고담준론에 힘쓰고, 기이한 것을 기대하여 일상 언행에 동떨어지고 가엾게 여길 줄 모른다. 이것이 내가 말하는 가짜 도와 의이다.

今之所謂義者, 若讞獄者之斷案執以爲是, 則雖時移事變, 不可泥一. 而猶且固守前說, 必務於峻, 必期於異, 以畔於庸言庸行而不知恤也. 此吾所謂假道與義.

그러나 도의는 밝았던 적이 하루도 없었다. 오호 이 시기에 국권은 이미 무너졌고, 백성들은 곧 사라지려고 한다.
而道義之明也, 無逸矣. 嗚呼國權已墮, 人類將滅于斯時也.

진실로 도의를 밝히고, 그것의 약점을 인지하여 습관에 안주해서는 안 되고, 옛것이라고 고수해서도 안 된다. 국가적 치욕은 반드시 설욕해야 하고, 민생은 반드시 보호해야 한다.
苟能明於道義之說, 亦必知弱之, 不可以狃安, 舊之不可以膠守. 國恥之不可以不雪, 民生之不可以不保.

반드시 과거의 부패를 꺼리지 않고 개혁해서 배워야 강한 사람이 된다. 반드시 과거 구습의 변혁을 아깝게 여기지 않고 배워야 똑똑해진다.
必不憚革前日之腐敗, 而學爲人之彊. 必不惜變前日之僕陋, 而學爲人之巧.

정신 심의는 오직 백성의 지혜를 깨우고 백성들의 일을 흥하게 하는 데 두어야 하고, 일의 성패와 순조로움과 좌절은 숙고할 필요가 없으며, 자신에 대한 비난과 칭찬, 꾸짖음과 비웃음은 걱정할 필요 없다.
精神心意只在於開民智而興庶務, 其事之成敗利鈍不必計, 其身之毀譽譏訕不必恤.

치욕스러운 고통은 반걸음도 잊어서는 안 되고, 먹고 쉬더라도 안주해서는 안 된다. 장례를 치르지 못한 장량의 한을 품고, 패전의 치욕과 와신상담의 괴로움을 품고 노력해야 한다.

惟深恥大痛, 踖步而不可忘, 食息而不能安. 懷子房不葬之恨, 勵會稽臥薪之苦,

쏜 화살 같은 마음으로 죽어도 괜찮다며 전진해야 한다. 이것이 천리·사람이 지켜야 할 떳떳한 도리가 멈추는 것을 용납하지 않는 것이다.

矢心前進至死不隕. 此固天理民彝之不容已者也.

이제 여유롭고 온화하게 국가의 미래를 바라본다. 백성의 재앙은 날이 갈수록 심각하고 급박해서 막연하지만, 고통과 관계없는 듯하고, 해외의 학술 언어에 가까우면 욕하고, 중화로 오랑캐를 변화시켜야 한다며 저들을 배척하면서, 나라가 망하더라도 저들을 배워서는 안 되고, 사람이 죽더라도 저들을 배워서는 안 된다고 말한다.

今乃雍容暇, 豫視國家. 生靈之禍, 日深日亟而漠然, 若無關於痛瘁, 或有近於海外之學術言語, 則訿之以用夏變夷, 斥之以棄舊染新, 曰國雖亡不可以學彼也, 人雖滅不可以學彼也.

오호 나라와 백성이 있은 후에 오랑캐와 중화를 말할 수 있다. 나라도 백성도 없으면, 벼슬과 옥과 폐백이 있더라도 어디에 입히겠는가?

嗚呼有國有人而後可以言夷夏. 無國無人, 雖有冠冕玉帛於何以衣之.

타악기 현악기가 있은 들 어디에 흠향하겠는가? 천리와 사람이 지켜야 할 떳떳한 도리보다 귀한 것은 일상적인 말과 행동의 도인데, 나라가 망할 것을 알기에 슬프다. 백성이 사라져버림을 알기에 애통하다.

雖有鐘鼓管絃於何以饗之. 所貴於天理民彝, 庸言庸行之道者, 吕其國

亡而知其爲可悲. 人滅而知其爲可痛也.

　약자는 강자를 대적하기 부족하다. 대적하기 부족하면 반드시 망한다. 약한 것을 알고 강한 것을 배우면, 약자가 강자가 되어 스스로 살아갈 수 있다.

　今夫弱之不足以敵彊. 與不足以敵, 則必至於亡. 夫人而知之弱而學於彊, 則或能變弱爲彊, 而得以自存.

　이 또한 사람들이 알고 있다. 이런 것을 잘 알면서 배우지도 변하지도 않고, 멸망을 기다리는데, 이것은 본래 고담준론과 괴이한 설의 가려서 그렇게 된 것인데, 천리·사람이 지켜야 할 떳떳한 도리인 변하지 않는 도에서 멀어지지 않기를 바랄 수 있는가?

　此又夫人之所知也. 明知其然而必使之不學不變, 以滅亡爲期, 則此固夫峻與異之說之爲蔽, 而願不亦遠於天理民彝之常歟?

　혹자는 오늘날의 사정은 희망이 완전히 좌절되어, 하려고 해도 미치지 못하니, 내 한 몸 깨끗이 하여 자신의 안정을 도모해야 하지 않겠는가라고 말한다.

　或謂今日之事, 勢涉望絶, 雖欲有爲而不可及, 無寧潔身而自靖.

　오호라 이 말은, 천리와 사람이 지켜야 할 떳떳한 도리의 변하지 않는 도가 마땅히 가져야 할 바가 더욱 아니다. 국권은 이미 빼앗겼고, 나라는 그 나라가 아님이 고착되었다.

　嗚呼是說也, 尤非天理民彝之常所宜有也. 夫大權已去, 國非其國則固矣.

그러나 삼천리강산은 갈라지고 쪼개지지 않았다. 수천만 생명이 다 죽은 것은 아니다. 배우지도 변하지도 않으려는 것이 문제다.
然三千里之土地, 非毀圻而潰裂也. 數千萬之生靈, 非盡劉而無貴也. 患人之不學而不變耳.

상공인과 소통하여 편의를 제공하고, 지식을 나날이 확대하며, 군사 및 법률을 익히고, 기술을 나날이 정교하게 만들어, 과감하게 시행하고, 그것을 오랫동안 축적하여, 근면하게 시기에 맞게 발전시켜야 한다.
誠能通工惠商, 智識日開, 演武習律, 技術日精, 決之以勇而行之, 曰久蹟之, 曰勤而發之以時.

진실로 천벌을 받지 않아 인심(人心)이 떠나지 않았으면, 어찌 자립의 날이 없겠는가?
苟皇天悔禍而人心未去, 則安知不有自立之一日.

옛것에 습관 되어 안락함을 탐내고, 변하지 않고 악착같이 지키려고 하면, 지난날의 허약함으로 죽음에 이른다.
惟狃舊而偸安, 膠守而不變, 此前日之弱而至於亡也.

사망에 이르렀는데 깨닫지 못하면, 백성들은 멸망에 이르고, 자신도 죽으니, 멸망하고 다시 일으켜도 희망이 없다. 이것이 내가 큰소리로 다급히 외쳐 깨닫기를 기원하는 까닭이다.

至於亡而猶不知悟, 則必至於人類盡滅, 而後己亡, 猶可以復興滅則無望矣. 此吾所以大聲疾呼以蘄其或悟也.

오호 국토는 피비린내와 더러운 냄새로 뒤덮이고, 욕심으로 가득 차 있는데, 자신만 깨끗해질 수 있는가?

嗚呼大地爲籠腥穢, 充斥縱欲, 自潔得乎?

내가 아는 이른바 깨끗하다는 것은, 스스로 체발을 하지 않고, 스스로 출가하지 않겠다는 것을 말하는 것이다.

吾知其所謂潔者, 不過指其身之不剃髮, 不披緇而言也.

상투가 비록 중요하지만, 국가와 국민의 멸망보다는 덜 중요하지 않은가? 지구상에 수많은 나라가 있는데 모두 상투가 없다. 오직 이 비좁은 우리 강토에만 상투가 남아있다.

髮雖重矣, 而比國亡人滅, 不其有閒乎. 環毬而國者, 以百萬而皆無髮矣. 惟此蕞爾東土, 僅留此髮.

작금에 군신 모두 보존할 수 없어 상투를 잘랐는데, 우리만 상투를 남겨서 깨끗하다고 여기는가?

今則君臣上下又不能保而剃之矣, 則吾獨能保而留之, 其爲潔也幾何?

내가 내 몸을 깨끗하게 하는 것이 국가 존망의 원인이라고 하는데, 내 책임이 아니라면, 모든 사람이 자신의 책임이 아니라고 생각한다. 사람들이 모두 내 책임이 아니라고 여기면, 누가 그 책임을 담당할 것인가?

吾欲潔吾之身而謂國家存亡之故, 非吾之責, 則人人皆將以爲非吾責也. 夫人人皆以爲非吾責也, 則雖當任其責者.

나는 나 자신의 부패를 혁신해서 강해지려고 하기 때문에, 반드시 개혁을 따르려고 한다.

吾可以革吾之腐敗而趨於彊, 則其必有從而革者矣.

나는 나의 소박하고 꾸밈없는 것을 바꿔 실용성을 쫓으려 하기에, 반드시 변화를 따르려고 한다. 이것이 쌓여 민중에게 이르고, 민중이 읍이 되고 도(都)가 되므로, 나의 공이 크지 않은가?

吾可以變吾之僕陋而趨於巧, 則其必有從而變者矣. 積而至於衆, 衆而至於爲邑爲都, 則吾之功不其大矣乎.

나는 여기까지 전진해서, 이와 같은 여러 가지를 끊임없이 원하며, 스스로 오류에 빠져 다른 사람이 잘못된 길로 가는 것을 원하지 않는다. 그래서 상투를 위해 죽었지만 육신을 잊는다고 말한다.

吾可以有進於此, 而顧爲此種種之不斷, 而不肯於爲以自誤而誤人, 則是可謂殉髮而忘其軀者也.

자기 몸을 잊는 것은 상관없다. 국가와 백성의 재앙을 잊고, 오직 자신의 깨끗함만 꾀하면, 본심의 선량함을 죽여서, 경중의 원칙을 잃어버리는 것과 비슷하다.

忘其軀猶可也. 忘國家生靈之禍, 而惟潔身之是謀, 則不幾近於戕本心之良, 而失輕重之則耶.

성인(聖人)의 도(道)는 비록 성공 실패로 말하는 것 같지만, 정에 맡기는 것이 아니라는 것이 나의 뜻이다.

吾意聖人之道, 不若是恁於情也. 雖然是猶以成敗言也.

국가가 선비를 기른 지 500년 되었다. 대대로 높은 벼슬을 하고, 두터운 은혜를 입으면서, 임금의 총애만 믿고, 백성들에게 교만했다.

夫國家養士五百年于玆矣. 簪纓世襲, 偏受恩渥而憑恃寵靈曰驕其人民.

국가와 국민이 멸망에 처해 있는데, 설사 머리를 부수어 가며 문을 걸어 잠글 수 없을지라도, 큰 은혜에 보답하고 백성들에게 감사해야 하는데, 어떻게 자신의 깨끗함과 깨끗하지 못함, 상투의 있고 없음만 생각하는 것을 참고 있겠는가?

今於國亡人滅之際, 縱不能闔門碎首, 曰報殊恩而謝齊民, 亦何忍自顧其身之潔不潔, 髮之存不存耶.

내 말을 들은 사람은 반드시 근심스럽고 두렵고 슬퍼서 눈물을 줄줄 흘리더라도, 사람들의 변화를 책망하지 말고 스스로 변해야 한다. 이 말은 다른 사람의 단발을 질책할 시간이 없으니 스스로 체발을 하라는 말이다.

聞吾之說者其必有惕然而悲, 汪然而涕, 不可責人之變而自變. 其說不暇責人之剃而自

나는 가난한 유학자이고, 50여 년 동안 줄곧 황량한 산에서 살았다. 어떤 논의를 함에 있어서 그 뜻을 탐구해보면 일찍이 옛것을 고수하는 사람이었다.

剃其髮也. 余竄儒也. 老於荒滋窮山之中者, 五十年矣. 其奚有於論議, 然究其志亦嘗爲狃舊膠守之說者也.

현재의 주장이 지난 과거와 다른 이유는 무엇인가? 시대가 달라진 것이지, 내 주장이 달라진 적이 없다. 주장이 다르지 나의 의지가 달라진 적이 없다. 나의 약함을 고쳐 그들의 강함을 배우고, 나의 졸렬함을 고쳐 저들의 기교를 배운 후에야, 국가는 망하지 않고, 사람은 멸하지 않는다.

今日之說之有異於前抑何也. 時有不同, 而吾之說未嘗異也. 說或不同 而吾之義未嘗異也. 夫革吾之弱而學彼之彊, 變吾之拙而效彼之巧, 然後 國可以不亡, 人可以不滅.

내가 이전에 말했던 것은 지금 말한 것과 다른 것이 없다. 군신 부자 의 인륜을 지키고, 주공 공자 자사 맹자의 대도를 지켜서 죽어도 변하지 않는다.

吾嘗言之於前, 而今日之說無以異也. 守吾父子君臣之大倫, 守吾周孔 思孟之大道, 至死而不可變.

내가 예전에 말했던 것은 지금의 주장과 다른 것이 없다. 그러므로 끝까지 다른 것이 없다. 오직 단발 승려설은 국권이 제거되기 전의 주장 으로, 지금의 이른바 '깨끗함'이라는 주장과 다른 것이 있다고 할 수 없다.

吾嘗言之於前, 而今日之說無以異也. 然則其將終無所異歟. 惟剃髮披緇之說, 國權未去之前, 與今日之所謂潔者之說, 不能有異.

국권을 잃은 후 나의 주장과 지금의 이른바 '깨끗함'이라는 주장은 다른 것이 있을 수 없다. 그 이유는 무엇인가?

國權旣失之後吾之言, 與今日之所謂潔者之說, 不能不異. 此其故何哉?

국권이 있어야 자립할 수 있으므로, 우리의 예악 풍속에 우리 모두 자유로울 수 있다. 그것의(국권) 중요함이 상투에 미치지 못한다고 생각하는 사람은, 여전히 상투를 보존하고 있으니, 어떻게 중요한 상투를 자를 수 있겠는가?

夫國權不去而我能自立, 則我之禮樂風俗, 我皆可以自由. 其重之不及髮者, 尚有以保之, 況髮之重而可以剃之乎哉?

또 우리가 저들에게 배워야 하는 것은 단발 여부와 관계없다. 그런데 또 어째서 단발하는가? 단발하지 않아도 되는데 단발하면 천리·사람이 지켜야 할 떳떳한 도리의 변하지 않는 도에 반한다고 하는데, 이것은 내가 말하는 의가 아니다.

且吾有所學於彼, 而剃不剃無與也. 則又何爲其剃之也? 可以不剃而剃之則畔於天理民彝之常, 而非吾所謂義也.

국권을 잃은 후, 모든 것이 예속되어 있다. 저들은 이미 우리 고기를 먹고, 우리 가죽에서 잔다. 중요한 상투는 이미 거의 다 깎았는데, 또 상투를 생각하고 깨끗함을 꾀할 틈이 있는가?

國權旣失之後, 羈之縶之. 彼已食我之肉, 而寢我之皮矣. 重於髮者劙削已盡, 又暇爲髮之慮, 而潔之謀耶.

국가와 국민의 멸망으로 회복될 희망이 없다. 그러나 구사일생을 추구하는 것 또한 저들을 배워 스스로 강해지는 것 뿐이다. 상투 안 자르는 것을 배워서는 안 되는데, 어떻게 안 자르려고 하는가?

國亡人滅, 無復望矣. 而獨求其萬死之一生, 則亦不過學彼, 而自彊而已. 苟欲學之不剃則不可, 又安得以不剃也.

부득이 안 잘라서 반드시 안 자르게 되면, 천리·사람이 지켜야 할 떳떳한 도리의 변하지 않는 도에 반하는데, 이것은 내가 말하는 의가 아니다.

不得以不剃而必於不剃, 則是亦畔於天理民彝之常, 而非吾所謂義也.

나의 의는 어떻게 할 수 없는 천리·사람이 지켜야 할 떳떳한 도리에 있지, (상투를) 자르냐 자르지 않느냐에 있지 않다. 그래서 '시대가 다른 것이지, 나의 의가 달라진 적이 없다'고 말한 것이다.

吾之義在於天理民彝之, 不得不然, 而不在於剃不剃也. 故曰, 時有不同而吾之義未嘗異也.

비록 치욕스러운 고통을 아는 것이 떳떳한 본성의 근본이지만, 사사로움이 없이, 의견을 더한 후에야 이런 말을 할 수 있다.

雖然惟知深恥大痛爲彝性之本, 而不以己私參之, 意見加之而後可以言此.

저들은 긍지가 높아서 스스로 높인다. 의견이 다른데 자기만 옳다고 하고, 공리(公理)를 헛되다 하며 사견을 드러내는 사람 중, 나를 망령되었다고 여기지 않는 자는 드물다. 설사 내 말이 망령되었다 해도 괜찮다. 내 말이 망령되지 않았는데도 사람들이 화를 멈추지 않으니 비통하다.

彼矜高而自尊. 立異而自是, 妄公理而徇私見者, 鮮有不以吾爲妄矣. 使吾言而妄也則可矣. 吾言非妄也則斯人之禍未有艾也悲.

맹자가 말하기를, "한 쪽만 잡은 것을 미워하는 까닭은, 도를 해치기 때문이다." 중유[子路]가 말하기를 "자기 한 몸을 깨끗이 하려다가 인륜을 어지럽힌다."

夫孟子曰, 所惡於執一者, 以其賊道也. 仲由曰, 潔其身而亂大倫.

도를 해치고 인륜을 어지럽히면, 이른바 '깨끗함'은 반드시 깨끗하다고 할 수 없고, 천리·사람이 지켜야 할 떳떳한 도리의 근본을 다 써버리는 것에 딱 맞다.

夫至於賊道而亂倫, 則所謂潔者未必潔, 而適足以自蹶其天理民彝之本也.

혹자는 내가 '주공 공자의 도를 지키면서, 단발이 아니면 안 된다'라고 말했다고 하는데, 어찌 이런 말이 있느냐? 진실로 잊을 수 없는 치욕스러운 고통을 안다면, 단발은 주공 공자의 도를 지키는 이유이다.

或曰, 子言, 守周孔之道, 而不以剃髮爲不可, 豈有說乎? 曰苟知深恥大痛之不可忘, 則剃髮所以守周孔之道也.

당신은 주공 공자의 도가 천리 사람이 지켜야 할 떳떳한 도리, 군신 부자 인륜에 있다고 생각하는가? 혹 관면 옥백 종고 변두[10] 같은 지엽적인 것에 있다고 생각하는가?

子以爲周公孔子之道, 將在於天理民彝, 君臣父子之大倫歟! 抑在於冠冕玉帛鐘鼓籩豆之末歟!

공자가 말하기를, "예절이다, 예절이다, 말하는데, 옥과 비단을 말하는가! 음악이다, 음악이다, 말하는데, 종과 북을 말하는가?"

孔子曰, "禮云禮云, 玉帛乎哉! 樂云樂云, 鐘鼓云乎哉!"[11]

예악은 옥과 비단, 종과 북에 있지 않으며, 반드시 있을 곳이 있다. 이것을 알면 의의 경중을 알 수 있고, 의의 참됨과 거짓을 알 수 있다.

使禮樂而不在於玉帛鐘鼓, 則其必有所在矣. 知此則可以知義之輕重矣, 可以知義之眞假矣.

---

10) 옥백(玉帛): 옥과 포백. 중국 고대의 회맹(會盟)이나 조빙(朝聘) 때 제후(諸侯)들이 바치던 예물. 공경하는 마음으로 玉帛을 주면 禮가 되고, 화합하는 마음을 가지고 종과 북을 치면 樂이 된다. 근본을 빠뜨리고 오로지 말단만을 일삼으면 禮樂라고 할 수 없다. 변두(籩豆): 과일을 담는 제기인 변(籩)과, 국 따위를 담는 제기인 두(豆)를 아울러 이르는 말로, 제사·연회에 사용한 제물을 담는 받침이 있는 그릇.
11) 『論語』「陽貨」 11.

「원론하(原論下)」

공자가 말하기를, "관중이 없었다면, 우리는 머리를 풀어헤치고 옷섶을 왼쪽으로 여미는 야만인이 되었을 것이다." 사람에게 머리카락은 중요하다고 말할 수 있다.

孔子曰, 微管仲, 吾其被髮左袵矣. 髮之於人可謂重矣.

규곤(圭袞)[12]을 차고 입는 것을 바탕으로 예가 되었다. 격식을 갖춘 움직임에는 규범이 있다.

冠冕圭袞, 藉是而爲禮. 動作威儀, 藉是而有則.

머리를 깎고 검은 옷을 입는 것은 선왕의 예악에 거의 없다. 이것은 인정의 최악이다. 상투는 내가 소중히 여기는 것이고, 단발은 내가 싫어하는 것이다.

剃其髮而披其緇, 則先王禮樂之存者幾希矣. 此固人情之至惡也. 髮吾所重也, 剃吾所惡也.

소중한 것을 버리면서 싫어하는 것조차 따르는데 어째서인가? 상투보다 더 소중한 것이 있고, 자르는 것보다 더 싫어하는 것이 있다.

---

12) 환규(桓圭): 순임금은 천자의 정무를 대행한 이후 각 방면의 제도를 제정했다. 우선 공, 후, 백, 자, 남 등 5등급의 제후가 천자를 알현할 때 잡는 서옥과 다른 예물을 규정했다. 즉 공은 환규(桓圭), 후는 신규(信圭), 백은 궁규(躬圭), 자는 곡벽(穀璧), 남은 포벽(蒲璧) 등 5가지 옥으로 만든 부절을 들고 천자를 알현하게 했다. 또 상과 벌을 주는 조치를 제정했고 각 작위에 따른 관복도 규정했다.
곤면(袞冕): 곤룡포와 면류관.

去其所重而就其所惡, 然且爲之者何也. 以所重有甚於髮, 而所惡有甚於剃者也.

태백[13]은 단발하고 월나라로 갔지만, 공자는 그것을 지극한 덕이라 칭했다.[14] 이것은 성인의 뜻을 인식한 것이라고 할 수 있다.

泰伯斷髮適越, 而孔子稱其至德. 此可以識聖人之意矣.

깨끗하다는 사람이 말하기를, 군자는 목숨을 걸고 지키는 것을 바꾸지 않는다. 그래서 정자는 굶어 죽는 것을 아주 작게 여기고, 절제를 잃는 것을 아주 크게 여겼다.

今爲潔者之說曰, 君子不以死生易所守. 故程子以餓死事爲極小, 失節事爲極大.

굶어도 불의를 행하지 않는데, 살아있는데 단발이 굶주림보다 중요한가? 그래서 죽어도 단발은 안 된다는 말이 그럴듯한 것 같다.

餓且不爲不義, 生況剃之重於餓乎? 故死不可以剃也, 其言似矣.

---

13) 택백(泰伯): 주나라 태왕(泰王)의 장남. 태왕에게는 세 아들이 있는데, 장남이 태백, 차남이 중옹(仲雍), 막내가 계력(季曆)이다. 계력에게는 아들 창(昌)이 있었다. 창은 어려서부터 매우 총명했다고 한다. 그래서 태왕은 손자 창에게 국가의 앞날을 맡기고 싶어 했는데, 그렇게 하려면 막내아들에게 왕위를 계승시켜야 했다. 아버지의 의중을 알아차린 두 아들은 월(越)나라 형만(荊蠻)으로 도망가 몸에 문신을 새기고 머리카락을 잘라, 임금이 되지 않겠다는 것을 표시했다. 계력의 아들 창은 나중에 문왕(文王)이 되었다.

14) 『논어』 「태백(泰伯)」 1 참고.

그러나 한 쪽에 집착해 도를 해치고, 사람이 지켜야 할 떳떳한 도리, 사물의 법칙의 변하지 않는 도를 해치는 것이 바로 여기에 있다. 근본을 간직하지 않고 지엽적인 것만 가지런히 해서는 안 된다.

而吾所以謂執一而賊道, 害於民彝物則之常者正在於此也. 夫不揣其本而齊其末.

작은 나무도 산처럼 높은 누각보다 높게 될 수 있다. 깨끗이 하면서 (四端의) 류를 채우면, 반드시 한 나라 수천만 국민을 일어난다. (그런데) 모두 배우지도 변하지도 않으면서, 죽기를 기다린 후에 의라고 한다면 인(仁)이 아니다.

方寸之木可使高於岑樓. 使潔者而充其類, 則必擧一國數千萬之生靈. 皆不學不變, 以期於死滅而後可以爲義也, 不仁哉.

깨끗함은 의이고, 천지의 큰 덕을 '생'이라 하고, 성인의 큰 덕을 인이라고 한다. 이와 같은데 어떻게 한 나라의 백성이 죽는데 의라고 할 수 있겠는가?

潔者之爲義也, 天地之大德曰生, 聖人之大道曰仁. 若之何滅一國之人以爲義也.

맹자가 말하기를, "이름 부르기를 꺼리지만, 성은 꺼리지 않는다. 이것은 성은 같이 쓰는 것이고, 이름은 혼자 쓰기 때문이다."

孟子曰, "諱名不諱姓. 姓所同也. 名所獨也."

단발은 같이 쓰는 것이고, 배고픔은 혼자 쓰는 것이다. 혼자 쓰기 때문에 의를 지키려고 죽을 수 있고, 같이 쓰기 때문에 차라리 의를 지키고 죽음에 이를 수 있다.

今夫剃所同也, 餓所獨也. 所獨則可以守義而死, 所同則寧可守義而盡死乎是.

리의 필연적인 것이 아니라면, 모든 사람을 깨끗하게 할 수 없다. 배우지도 변하지도 않으면서 백성들의 희생을 바치게 하고, 죽음을 달갑게 여기게 하는 것이, 마음에 또 무슨 즐거움을 주겠는가?

不惟理之所必, 無就令人皆爲潔. 不學不變以供人之犧牲, 而自甘於死滅, 其亦何快於心也.

나라가 망해서 비참함을 알고, 백성들이 죽어서 비통함을 안다. 아녀자 어린아이도 아는데, 어째서 도를 지키고 의를 말하는 사람이 오히려 거기에도 미치지 못하는가?

國亡而知其悲, 人滅而知其痛. 婦孺之所能, 而豈守道講義者, 反有不及耶.

떳떳한 본성 같은 것을 일상의 법칙이라고 하는데, 그것을 소홀히 하고 고담준론이나 괴이한 행위를 의라 여기고 추구하는가? 이것이 본체의 밝음을 가리고, 경중의 순서를 잃어버리는 것이다.

惟其以彝性之同然謂之庸常, 而忽之必求爲峻與異之行以爲義. 此其所以蔽本體之明, 而失輕重之序也.

학술로 천하를 죽이는 자는 반드시 이런 류가 아니라고 할 수 없다. 단발이 국가 민생에 도움이 된다고 말하기도 하는데, 나는 결코 무익한 일을 좋아하지 않는데 쓸데없이 몸을 욕되게 하면 어떻게 하는가?

所謂以學術殺天下者, 未必非此類也. 或曰, 剃之而有補於國家民生則 吾固不愛無益於事, 而徒辱其身則奈何曰?

당신이 진실로 치욕스러운 고통을 알면서도 멈출 수 없다면, 상투를 잘라도 괜찮다. 자신의 책임은 아니지만 몸을 깨끗이 하려는 생각이라 면, 상투를 자르지 않는 것도 괜찮다. 오로지 사심으로 단발에 참여하 여 빨리 회피하려는 계책으로 삼아서는 안 된다.

子誠知深恥大痛不可以已, 則剃之固可也. 謂以非吾之責而潔身之是謀, 則不剃之亦可也. 惟毋以己私參之爲較度趣避之計也.

나는 성현의 도는 오직 눈앞에 있는 도리일 뿐이며, 오늘 의를 알았 다면 그것이 의인데, 또 어떻게 내일의 의를 헤아려서 사용하는가?

吾聞聖賢之道, 只是眼前道理, 苟知今日之爲義, 則斯爲之矣, 又安用 商度明日爲也.

도를 훔치고 의를 해치는 세상이 나날이 난망해가는 것은, 모두 비교 계산하여 변별하고 가리는 것에서 시작된다.

天下之賊道害義, 而日趨於亂亡者, 皆由此較計趣避始也.

국가의 흥망존폐는 사람에게 있는데, 인간의 도리가 어지러워지지 않도록 해서 인사가 바르게 되면, 저들이 비록 스승이 많아서, 위력으로 목적을 이루더라도 우리는 넘어지면 다시 일어나고, 때리면 더 저항 하는데, 저들이 우리를 어떻게 하겠는가?

夫國家廢興存亡之故在於人, 使人理不泯而人事得宜, 則彼雖有百萬之 師, 逞其威虐, 而我且蹶而復起, 撲而愈熾, 則彼固無奈我何也.

인간의 도리가 이미 망가지고 인사가 이미 끝났는데, 저들이 비록 무기를 거두어 침략하지 않고, 업신여기지 않으면서 타이르더라도, 우 리 스스로 뿌리를 뽑고 근본을 도적질하니, 결국 멸망할 뿐이다.

使人理已斁而人事已畢, 則彼雖戢而不侵, 戒而不侮, 我之自伐其跟而 自賊其本, 亦將終於滅亡而已矣.

또 그렇게 되면 어찌할 것인가? 그러므로 적개심으로 죽는 것은 반드 시 떳떳하게 지니고 있는 변하지 않는 성으로부터 해야 한다. 이것이 올바른 리이다.

又可如之何哉. 故敵愾而死綏, 必由於秉彝之恒性. 是卽理之正也.

능력을 헤아리고 형세를 가늠하는 것 또한 사물의 법칙[理]의 본래 그러함으로부터 나온다. 이것이 곧 일의 마땅함이다. 리에서 얻고 올바 름에 적합한 것이 의이고 도이다.

量力而度勢, 亦出於物則之本然. 是卽事之宜也. 得於理而適於宜者, 乃所以爲義而爲道也.

적에 대한 분함을 잊고, 필부의 아량을 지키는 것을 의(義)라고 할 수 있는가? 개척해서 이루려는 길을 막고, 사라져 없어지는 재앙을 감수하는 것을 도라고 할 수 있는가?

忘同仇之憤, 而守匹夫之諒可以爲義乎. 塞開成之路, 而甘夷滅之禍, 可以爲道乎?

그러므로 리에도 밝지 못하고, 올바름에도 맞지 않는다. 비록 집에서 도덕을 암송하고, 예의를 강연해도, 혼란과 멸망을 구할 수 없는 것은 똑같다.

故不明於理, 而不適於宜. 則雖家誦道德, 人講禮義, 無救於亂亡則 一也.

나는 이것이 슬프다. 산림에 은둔해서 고담준론을 하는 선비지만 진리를 찾고 진실한 덕을 실천하려고 한다.

吾是以悲. 夫山林峻議之士, 而欲其求眞理而踐實德也.

오호, 산림지사가 이미 이처럼 하는데, 도대체 오늘날 소위 사회 생활하는 사람들은 치욕을 더 잘 아는데, 분발해서 사방으로 배우러 가려고도, 지식을 넓히려고도 하지 않는구나!

烏摩山林之士旣若是矣, 則抑今日所謂社會中人尙或能知恥, 而發憤以 遊學於四方, 而開其智識歟.

나는 일찍이 여러 해 동안 학문을 탐구했다. 사람 없는 외 딴 곳에 살고 있어서, 사람을 접할 길이 없지만, 시국 정세를 묻고, 여러 해 모임과 단체 명의로 수백 번 취지를 발기하고, 월보를 간행하며, 신문에 글을 쓰면서, 사람들과 교류했다.

吾嘗求之有年矣. 願所居僻遠罕與人接無從, 而叩其詳也, 雖然數年以
來, 以會以社而名者, 以十百數, 而趣旨之發起, 月報之刊行, 新聞之記
載, 交游之流轉.

혹 그 담론을 밀고 나가 보충하고, 혹 행사에 참여하여 참고했다.
비록 그 깊은 뜻을 모르지만, 그 개요는 취했다고 말할 수 있다.

或推其談論而充之, 或參其行事而考之. 雖未得悉其底蘊, 而亦可謂撮
其梗槪矣.

어째서 내가 아는 것이 세밀하지 못하여 전달한 것에 잘못이 있는
것인가? 어째서 실심 실학은 전혀 듣지 못하고, 오로지 변화무쌍하고,
넓고 심원하여 헤아리기 어려운 것만 보이고, 패륜과 예법을 벗어나
함부로 행동하는 것들이 자주 이와 같다. 오호, 이 또한 신학문의 거짓
이다.

豈吾識之未精而傳者有誤耶? 何廖廖無聞於實心實學, 而惟見其波滿雲
詭, 洸洋莫測, 而悖倫常, 越禮防, 以自肆於拘檢之外者, 往往而是也. 烏
虖是又新學術之假者也.

의롭지만 미치지 않는 것은, 설사 실덕에 부합하지 않아서 근본이
서지 않더라도, 명교를 두려워하고, 엄숙하게 자제해야만, 후학들에게
모범이 된다고 생각하기 때문이다.

夫爲義而未至者, 雖其實德不符而大本不立, 猶且顧名怵敎, 莊厲自持,
有足以矜式後生.

저들 가짜 신학문은 효제의 실행을 멸시하면서, 썩어빠진 옛 풍습을 고치지 않으려고 한다. 오직 저들의 안 좋은 습관만 배우고, 진화한 새로운 이론은 꼭 배우려고 하지 않는다.

而彼假於新學者, 旣蔑其孝悌之質行, 而腐敗之舊俗未必改也. 惟效彼習慣之不類, 而進化之新理未必得也.

동서의 장점은 배척하고 세상의 단점만 모으는데, 이렇게 하고도 어떻게 혼란스럽지 않겠는가? 나는 너무나 슬프다. 이루어져서는 안 되는 이 세계를 더 아는 것이 심히 개탄스럽다.

去東西之長, 而叢天下之短, 若之何不之亂也. 吾於是未嘗不累唏. 深慨益知斯世之不可爲也.

이제 한 두 가지 질문을 하려고 한다. 황당무계한 말은 사람들이 믿지 않으니, 요청을 변별할 필요가 없다. 함부로 하지 않음을 말해보면, 그 일의 관계가 깊고 은밀해서, 사람들이 이해하기 어려우므로 요청을 변별하지 않는다.

今姑就其一二而質之. 其言之狂妄無稽, 人所不信, 則不待於辨請. 言其所謂不妄者, 其事之關係深秘, 人所難明, 則不敢於辨請.

심오하지 않음을 말해보면, 함부로 하지 않음을 예로 들면, 함부로 하면 함부로 하는 것을 알 수 있다. 심오하지 않음을 예로 들면, 심오하지 않기에 심오하지 않다는 것을 알 수 있다.

言其所謂不深者, 以不妄而例, 其妄則妄可知矣. 以不深而例, 其深則深可知矣.

이것이 온전한 사회임을 알 수 있다. 저명한 신학문이라고 하는데, 뜻있는 사람들이 말하기를 우리나라 계몽 서적 중, 맹자의 말을 인용하면서, 맹자가 중국 사람이라고 가르친다.

是可以知社會之全矣. 其著名新學而號爲, 有志者之說, 曰, 吾東訓蒙書中, 引孟子之言, 以爲訓孟子支那人也.

이런 가르침을 받은 아이는, 중국인을 숭배해야 하는 것으로 느껴, 노예근성을 기르고, 조국의 정신을 잃는다.

以是授兒, 兒之感覺在於崇拜支那人, 長奴隷之性, 失祖國之精神.

도는 온 세상에 있다. 동서 구분이 없고, 국내 국외의 틈이 없다. 사람을 존경하는 것은 도를 존경하기 때문이다. 설사 도가 서양에 있어도, 나는 그것을 받든다. 중국은 신성한 곳일 뿐 아니라 우리와 가까이 있으니, 그 말을 믿는다.

夫道之在天下也. 無分於東西, 無間於中外. 尊其人所以尊其道也. 使道而在於西洋, 吾固將崇拜之. 況中國爲神聖之區而密邇於我乎. 信斯言也.

비록 주공 공자 같은 성인과 안연 증자 같은 현자의 중화위육으로서 사람이 지켜야 할 도,[15] 수신제가치국평천하의 『대학』마저도 모두 배척하고 준수하지 않는다.

---

15) 중하위육(中和位育): 『중용』 1장. "중이란 천하의 큰 근본이고, 화란 사람이 지켜야 할 도이다. 중화를 이루면 천지가 제자리에 위치하고, 만물이 자란다(中也者, 天下之大本也. 和也者, 天下之達道也. 致中和, 天地位焉, 萬物育焉)."

雖周孔之聖, 顏曾之賢, 中和位育之達道, 修齊治平之大學, 皆將揮斥
而不遵.

준수하지 않을 뿐 아니라, 눈에 가까이 올까 혹은 귀로 들어올까 두
려워, 마치 짐독[16]처럼 무서워하고, 뱀과 호랑이처럼 피한 후에야 할
수 있다. 천하에 어찌 이럴 수가 있는가?

不惟不遵而已, 將懼其或近於目, 而或入於耳, 畏之如鴆毒, 而避之如
蛇虎, 而後可也. 天下寧有是也?

그러나 과감하게 스스로를 믿지만, 조국에 독실한 것은 의문스럽다.
그래서 그 자세한 내용을 찾아보니, 그것은 조선의 선현들에게 있었다.

然猶疑其果於自信而篤於祖國. 從而求其詳, 則其於本朝先賢.

정암 퇴계 성혼 율곡 등 여러 선현들의 말을 제멋대로 욕보이고 모욕
하니, 조국을 존중하지 않음을 알 수 있다. 그러나 용감하게 자립하지
만, 외세를 배척하는 예리함은 의문스럽다.

靜退靜退牛栗[17]諸先生之言, 肆加詬侮, 則其不推重祖國又可知也. 然
猶疑其勇於自立, 而銳於排外.

---

16) 짐독(鴆毒): 짐은 중국 남방 광동(廣東)성에 산다는 전설상의 독조(毒鳥)다. 몸길이
   21~25cm, 몸은 붉은빛을 띤 흑색, 부리는 검은 빛을 띤 붉은 색, 눈은 검은색이다.
   뱀을 잡아먹는데 온몸에 독기가 있어 배설물이나 깃이 잠긴 물을 마시면 즉사한다고
   한다. 「漢字, 세상을 말하다」, 짐독(鴆毒), 참고.
17) 정퇴우율(靜退牛栗): 정암 조광조(靜庵 趙光祖), 퇴계 이황(退溪 李滉), 우계 성혼(牛
   溪 成渾), 율곡 이이(栗谷 李珥).

그래서 또 그 자세한 내용을 찾아보니, 루소, 몽테스키, 칸트, 다윈의 말은 우러러 찬탄만 할 뿐이다. 신령한 시초와 거북이처럼, 외세 배척에 중점을 두지 않는 것 또한 알 수 있다.

又從而求其詳, 則其於婁騷 孟德斯鳩, 康德, 達爾文之言欽仰讚歎不啻. 若神明蓍龜, 則其不主於排外又可知也.

그러면 무슨 근거로 이렇게 단정하는가? 유럽의 학술을 공경하고 흠모하는 것은 노예근성이 아니고, 중국 성현들의 말씀을 가르치는 것만 노예근성인가?

然則是將奚據而爲斷乎? 希慕歐洲之學術不爲奴性, 而敎授中國之聖訓獨爲奴性乎!

우리 선현들을 모멸하면서 조국의 정신을 잃지 않고, 중국 경전을 배척하면서 조국의 정신을 보존할 수 있는가?

侮蔑本朝先正, 則不失祖國之精神, 而排斥支那之遺經, 可保祖國之精神歟.

서양의 학술을 배우지 않으면 안 된다는 것을 알면서, 또 중국 성현의 가르침을 따라야 하는 것 또한 당연히 안다. 중국 성현의 가르침을 따라야 한다는 것을 안다면, 우리 조선의 선현들을 따라야 한다는 것 또한 당연히 알아야 한다.

夫旣知西洋學術之不可不學, 亦當知中國聖訓之不可不遵. 旣知中國聖訓之不可不遵, 又當知本朝先正之不可不遵.

만약 때가 다르고 형세가 좋지 않다고 해도, 어째서 오직 동양 제현들의 말은 옛날에 맞지 않고, 현재의 우환에도 맞지 않다고 하는가?

若其時有不同而勢其不便, 則豈惟東洋諸賢之言, 或未免合於古, 不合於今之虞也.

옛날 서양의 철학자들의 이론 또한 저들에게 맞는 것이 있고, 우리들의 우환에 맞지 않는 것이 있다. 이것을 학자들이 사람이 식별하여 가늠해 보는 것이 어떠한가?

卽歐洲往哲之論, 亦當有宜於彼, 不宜於此之虞也. 此在善學者識別而權衡之如何耳?

도리에 합당한지 아닌지는 묻지 않고, 대충 동양은 배척하고 서구는 모두 숭상하니, 근본을 배척하고 성현을 모함하는 것인데 어찌 조국이 있겠는가? 이것이 내가 이해하지 못하는 첫 번째다.

苟不問其宜與不宜, 槪斥東洋而悉尙西歐, 則背本而誣聖, 又何有於祖國哉. 此吾所未解者一也.

사회를 이끌면서 세상을 바르게 다스린다고 자임하는 사람들은 '우리나라는 한글이 아니라 한문으로 배우는데 쓸데없이 정신을 피곤하게 하고, 국민의 노예근성을 기른다. 이제 반드시 한글을 전용하고 한문을 폐지해야 한다. 단 한글 사이에 있는 한자는 괜찮다'고 말한다.

其領袖社會, 而自任世道者之議曰, 我國授學不以國文而以漢文, 疲精神於無用, 養國民之奴性. 今必專用國文而廢漢文. 惟存漢字以間國文可也.

글은 이치이고, 글자는 재료일 뿐이다. 이치를 버리고 재료만 남겨두
는 것은 마음을 버리고 사람만 남겨두는 것과 같다. 마음을 버린 사람을
사람이라고 할 수 있는지 본 적이 없다. 그 이유는 다음과 같다.

夫文者理也, 字則其質耳. 去理而留質, 猶言去其心而存其人之謂也.
苟去其心則吾未見其果爲人也. 究其所以爲此者,

일본을 매우 추앙해서 나왔는데, 그 설이 통하지 않는다는 것을 모른
다. 일본어와 우리말은 다른 계통이다. 사물의 명칭은 대부분 한자를
사용해서 단어를 만든다. 뜻을 전할 때에는 이로하(伊呂)로[18] 그 사이를
채우는 것이 습관이다.

出於尊慕日本之至, 而不自知其說之不通也. 日本之語與我國不類. 凡
名物之稱多用漢字而造辭, 遺意則間以伊呂蓋, 其習俗然也.

저들은 그런 것을 보고 본받으려고 한다. 우리말에서 사물을 지칭하
는 단어는 두루 쓰여서 한자가 필요 없지만, 꼭 써야 한다면 한글 사이
에 두어야 한다. 마치 일본어처럼 이로하(尹呂)로 그 사이를 채우면 마
음에 별 느낌이 없는 것 같다.

彼見其然而欲效之顧我國言語, 名物造辭, 皆能通融, 不須漢字, 而必
存其字以間國文. 若日本之間尹呂, 而後可以極其似而無憾於心也.

노예근성이 심해도 이처럼 깊은 것을 본 적이 없고, 조국의 정신을
없애는 것 또한 이처럼 교묘한 것을 본 적이 없다.

---

18) 조선시대 사역원(司譯院)에서 발행한 일본어 교재.

天下奴性之至下, 未有若是之甚者去祖國之精神亦未有若是之巧者.

어째서 일본화하지 않느냐? 저들은 또 책명을 '동양사'라고 하면서, 단군을 기원으로 삼고, 지금까지 모두 이 예를 쓰고 있다.

幾何而不化爲日也. 彼又自爲一書名之曰東洋史, 以檀君紀元, 至于本朝悉用此例.

그런데 단군 기년을 있는 그대로 쓰면, 탕무의 방벌,[19] 진한 교체기는 어떻게 표기할 것인가? 반박해서 말하면, '신라 고려부터 조선에 이르기까지 모두 왕의 호칭으로 연대를 표기했는데, 어째서 유독 단군을 기원으로 삼아야 하는가?

而紀年之下直書, 湯武之放伐, 秦漢之更代? 駁之者曰, 羅麗至本朝, 皆有王號可以標年, 而何獨以檀君爲紀乎.

또 '사'는 '동양'이라고 명명하는데, 청·일 두 나라 모두 연호가 있어서, 마땅히 표기해서 구분해야 하고, 모두 단군에 연계시키는 것은 옳지 않다.

且史以東洋名, 則淸日諸國各有年號, 宜分標, 不宜俱繫檀君之下.

저들은 불끈 화를 내며 '이것 또한 노예근성이다. 서양은 예수를 기원으로 하고 유럽 전체가 사용하는데, 단군을 동양의 기년으로 하는

---

19) 탕왕: 하(夏)나라 폭군 걸(桀)왕을 몰아내고 상(商)나라(BC 18~12세기)를 세움.
무왕: 상나라 마지막 왕 주(紂)를 멸망시키고 주(周)나라를 세움.
방벌(放伐): 쫓아내어 죽임.

것이 어째서 안 되는가? 영국 독일이 같은 기년을 사용하므로, 청나라를 대한제국에 연계한 것은 본래 서양의 사례'라고 말한다.

彼則怫然. 曰是又奴性也. 西洋以耶蘇紀元而全歐用之. 檀君之爲東洋紀年有何不可? 英德同其紀年, 則淸之繫於我韓固泰西之例也.'

서양 각국은 제왕이 있지만, 연호는 없다. 그래서 예수 기년과 연계했다. 어째서 동양 각국이 각기 연호를 가지고 이 사례를 범하겠는가?

夫西洋則各國帝王本無年號. 故同繫於耶蘇紀元. 何可以東洋諸國, 各有年號者, 冒其例乎?

그리고 알렉산더 기원을 쓰지 않고 예수 기원을 쓴 것은 예수 그리스도의 종교를 중시하기 때문이다. 종교를 중시하는 동양 제국은 공자 탄생을 기원으로 하는 것이 맞고, 단군을 기원으로 하는 것은 옳지 않다는 것은 분명하다.

且西洋之不以亞歷山屋大維紀元而紀以耶蘇者重宗敎也. 苟以宗敎爲重東洋諸國, 當以孔子誕生爲紀元, 而不當以檀君也, 明矣.

저들은 또 반드시 "공자는 중국 사람인데, 우리가 그것을 받드는 것이 정말 노예근성이다."라고 말할 것이다. 나는 이에 대해 다음과 같이 말한다. 예수는 유태인이지만, 유럽 각국 모두 예수를 받들지 않은 나라가 없다.

彼必曰"孔子支那人也. 而吾欲奉之是果奴性也." 吾將應之曰, 耶蘇猶太人也. 而國於歐者莫不奉之.

현재 미주 각국 또한 예수를 받들지 않은 나라가 없다. 공자는 중국 사람이지만, 동양 여러 나라 모두 공자를 존중하는데, 이것은 서양의 사례와 딱 들어맞는다.

今則美洲諸國亦莫不逢之. 則孔子中國人而東洋諸國共尊之, 正合於西洋之例也.

내 말의 요지는 오로지 리를 추구에 있는 것으로, 서양의 사례를 물은 적이 없으며, 또 우리 자신과 서양의 사례가 어긋나지 않은 것은 천하의 리는 하나이기 때문이다.

蓋吾之言, 惟求理之當否亦嘗問西洋之例, 亦自與西洋之例不舛者, 以天下之理一也.

저들은 단연코 서양의 사례에 집착하고 반대하여 타당한 것을 얻지 못하고, 리를 추구하지 않아서 다른 사람을 배우지 않는다.

彼固斷斷於西洋之例而反, 不得合者,以不求理之所在, 而惟他人之是效.

이것이 정말로 노예근성이며, 그 주장은 여기에 이르기까지 서로 모순된다. 이것이 내가 이해하지 못하는 또 하나이다.

此眞所謂奴隷之性, 而其說之自相牴牾至於是也. 此吾所未解者又其一也.

오호 이 모든 것이 허구 신학문의 폐단이다. 실질적인 리는 얻지 못하고, 오직 외형만 모방한다. 마치 키 작은 사람이 극장에서 연극을 볼 수 없어서, 사람들이 슬퍼하거나 웃는 까닭을 모르는 것과 같다.

烏號是皆假新學之弊也. 無得於實理而惟事模倣. 譬如矮人之觀場, 莫知悲笑之所自.

　이 또한 어떻게 일정하다고 할 수 있는가? 나는 이처럼 괴이하고 선동적인 것이 점차 스며들다 아득하게 퍼져나가는 것을 보았다.
　其亦何常之有哉. 吾見其怪鬼煽訛, 浸漸演進,

　아득하구나. 마치 홍수가 범람하여 배의 키가 기울어지고, 노가 부러져 거친 파도 속에 깊이 빠져 있어서, 구할 방법이 없는 것과 같다.
　茫乎. 若洪之水汎濫而柁傾, 楫折淪胥於駭浪奔濤之中, 而莫之救也.

　따라서 자기 한 몸 깨끗이 하는 주장보다 못 하지만, 의지할 것 있는 산림지사가 오히려 (낡은 것을) 되돌아보고 전자(역자주: 새로운 것)를 부인하는 원인이 된 것 같은데, 어찌 이것을 징벌하지 않는가?
　由此而言, 無寧爲潔身之說, 猶有所依據, 而山林之士所以却顧而不前者, 豈非有懲於是歟.

　오호 이것이 내가 산속에서 고담준론 하는 선비들을 깊이 한탄하는 까닭이다. 산림지사가 국가와 국민의 멸망이 비참하고, 치욕적인 큰 고통이라는 것을 알아서, 반드시 분발해서 일어나 눈물을 머금고 이별하며, 해외를 돌아보고 견문을 넓히거나, 신학문을 탐구하여 신학문 정수에 진력하면, 그들은 모두 경전·고문을 통달한 선비다.
　烏號, 此吾所以深恨於山林峻議之士也. 使山林之士知國亡人滅之爲可悲, 深恥大痛之爲可憤, 其必將投袂而起灑淚而別, 或遊覽海外而博其見聞, 或講究新學以盡其精奧, 則彼皆通經博古之士也.

리를 보면 반드시 밝히고, 일을 생각하면 반드시 심사숙고한다. 반드시 동서(東西)를 참작하고, 시의에 적합하도록 힘써서, 지킬 수 있는 것은 지키고, 우리 옛것이라도 따를 수 있는 것은 따른다.

其見理必明, 慮事必深. 其必能參酌東西, 務適時宜, 可守者守, 吾之舊可從者從.

저것이 새것이기 때문에 국민의 충절 의지를 격려하고, 후학들의 새 출발을 장려 성취함으로써, 훗날 망한 나라를 일으켜 세우는데 일조한다. 그러면 국가는 반드시 멸망에 이를 필요도 없고 이르지 않는다. 홀로 외로이 깨끗함을 꾀하고 새로운 것을 배척하는데, 학문을 즐기면서 새로운 것을 개척하는 것은 대체로 별로 재미없고 고통스럽다.

彼之新則其所以鼓動國民忠憤之志, 獎勵後學開創之功以成就, 他日興滅繼絶之一助, 未必不在於此而不此之爲. 惟孑孑然, 潔之是謀而新之是斥, 則所謂游學而開新者, 率窮苦無聊.

학문이 얕고 없는 사람들은 살기 위해 나오지만, 아무것도 얻지 못하고 멀고 험난한 곳으로 내달린다. 그들이 가지고 있는 의지는 풍요로운 의식주에만 있어서, 이목은 사치와 화려함에 현혹되어 있고, 심신은 기이하고 교묘하여, 꿈처럼 하늘이 감응하여 이루어지기만 바란다.

膚淺蔑學之徒, 出於求生, 不得而走險騖遠. 其志之所存, 不過衣食之裕, 而耳目眩於奢麗, 心神蕩於奇巧, 望之若華胥, 而歆之若天上.

선한 본성을 잃어버리지는 않겠지만, 조국에 대한 걱정은 거의 없다. 오늘날 학술은 나날이 무너지고, 풍속은 나날이 부패해지는데, 처한 형세가 어쩔 수 없기 때문이다.

其能不失本性之良, 而固其祖國之念者, 蓋鮮矣. 則今日學術之日壞, 而風俗之日敗, 亦其勢之不得不然也.

오호 설령 사람들이 그렇게 해서 망국에 이르고, 그래서 부흥할 희망이 없고, 소멸되어 소생할 희망이 없지만, 저들 산림지사는 매사에 젊은이들을 꾸짖고, 국가와 국민의 멸망이 모두 젊은이들이 저지른 것이라고 한다.

嗚呼使若輩而爲之以至國亡, 而無望於復興, 人滅而無望於復蘇, 則彼山林之士, 惟日事詬斥若輩而以國亡人滅皆若輩之爲也.

우리의 일을 예단할 수 없지만, 우리의 고결함은 본래 스스로 고결하다. 나라와 국민의 멸망은 무엇을 말하는가? 고결함으로 두루 미칠 수 있는가?

無預吾事而吾之潔固自如也. 國亡人滅之謂何? 而可以潔博之乎哉.

설사 백이 숙제처럼 고결해도, 그것이 국가와 국민이 멸망하는 재앙을 보탤 수 있는가?

縱使潔之至淸之極得與伯夷務光齊其名, 其亦何補於國亡人滅之禍也.

우리 또한 고결한 것이 좋다는 것을 모르는 것이 아니고, 명성을 좋아하는 사람들이다. 자그마한 떳떳한 본성의 불인지심으로, 나라와 국민의 멸망을 인내하면서 스스로 도의라고 하는데, 나는 그것을 거짓이라고 말하지 않을 수 없다. 거짓이 오래되면 그것이 거짓인 줄 모르니,

또 누가 그 진실을 추구하겠는가?

吾亦非不知潔之爲好, 而名之爲可欲徒. 以區區秉彝之性有所不忍, 苟
忍於此而自謂道與義者, 吾不得不謂之假也. 假之久而不知其爲假, 又孰
從而求其眞哉.

「속원론(續原論)」

누가 나에게 묻기를, "세상이 쇠락하고 도가 상실되면서부터, 인심이 나날이 무너지고, 풍속은 나날이 야박해져 지금에 이르렀고, 삼강오륜은 끊어지고, 윤리는 어그러졌다. 비록 사람들이 짐승이나 귀신처럼 되지 않았지만 멈추지 않는다.

或問於余曰, "自世衰道喪, 人心日壞, 風俗日澆, 以至於今, 而網夷維絶, 倫斁理悖. 使斯人不淪於禽獸鬼魅之域, 則不止也.

이런 시국에서 쇠퇴하는 물결의 기둥처럼, 어지러움 속의 외로운 별처럼 도와 의를 자신의 사명으로 여겼다. 언행이 방종하여 의에 거의 부합하지 않지만, 오히려 완악한 사람을 청렴하게 하고 나약한 사람에게 뜻을 세우게 하기에 충분하며, 세상사에 힘쓰고 세속을 깨우치니 도리에 맞는다.

當是之時, 苟有能以道以義, 而自命者不啻, 若頹波之砥柱, 昏濛之孤星. 縱所言所行不盡合於義, 尙足以廉頑立懦, 勵世而警俗則是宜.

사랑하고 공경하며, 보호하고 도와주어, 이끌려고 하는데, 당신은 가짜라고 배척하고 질책하며, 천리·사람이 지켜야 할 떳떳한 도리에 반하고 어긋난다고 하는데, 나는 지나치게 각박해서, 충직 순후함을 상하게 할 뿐 아니라, 사람들에게 보여줄 것이 못 될까 염려된다. 이제 바꿔야 한다."

愛而敬之, 扶而翼之, 以爲之倡, 而子顧斥之爲假而責之, 以畔天理悖民彛, 則吾恐其過於刻覈, 而傷於忠厚, 且非所以示人也. 盍有以易之也."

나는 다음과 같이 말한다. "내가 이것을 말하는 이유는 바로 사람들에게 분명히 밝혀, 세상을 독려하여 풍속을 깨우치게 하기 위함이다.

曰, "吾所以爲此言者, 正所以明示於人, 以勵夫世而警夫俗也.

또 당신은 오늘날 풍속이 매일 야박해지고, 마음 씀씀이가 매일 무너지는데, 모두 도의가 분명하지 않아 이 지경에 이르렀기 때문이라고하는데, 오직 당신만 그렇게 말하는 것이 아니라, 내 말 또한 어찌 다르겠으며, 비록 성현이라도 이와 같다.

且子以今日風俗之日澆, 心術之日壞, 將由於道義之不明, 而致之歟. 是不惟子之言然也, 卽吾之言亦奚以異此, 雖古聖賢亦莫不如此.

인심이 순박하고, 풍속이 아름다우며, 바른 리가 드러나고, 공론이 행해지는 까닭은 모두 도의의 힘이다. 이것은 지금까지 어그러진 적이 없다.

人心之所以淳, 風俗之所以美, 正理之所以著, 公論之所以行, 皆道義之力也. 而自古及今, 未之或舛.

오직 지금 대한제국의 도의만 다르다. 도가 높을수록 인심이 무너지고, 의가 클수록 풍속이 더러워진다.

惟我韓今日之道義異乎此. 惟其爲道彌高而人心彌壞, 爲義彌大而風俗彌汗.

바른 리가 도의에 가려져 드러나지 않고, 공론이 도의에 가로막혀행해지지 않는다.

正理以之掩蔽而不著, 公論以之壅閼而不行.

국가와 백성의 재앙이 이 지경에 이르렀지만, 도의가 높고 현명하며 광대하다고 자처하니, 사람들도 도를 받들지 않고, 의를 흠모하지 않는다.

使國家生靈之禍, 日亟一日而彼猶肆, 然以道義之說, 自處於高明廣大之域, 則人亦莫尊其道而慕其義.

나라가 멸망의 지경에 이르고 있지만, 태연히 놀라지 않고, 거리낌 없이 이것이 본래 도이고 의라고 말한다. 도의가 소중한 것은 세상을 구하고 국민을 편안하게 하기 때문이다.

日趨於覆亡夷滅, 而恬然不怪, 悍然不顧曰, 是固道也義也. 夫所貴乎道義者, 以其能濟世而安民也.

나라와 국민이 사라져 가는데 구할 생각을 하지 않고, 어떻게 도의를 이용할 수 있는가? 오호 불교에서는 '도둑이 가사 장삼을 빌려 입고, 여래를 판다.'라고 한다.

苟自甘於覆亡夷滅, 而不思所以求之, 則又安用道義爲也. 烏虖, 佛氏之說曰, 賊假衣冠, 裨販如來.

『시경』은 "악을 매일같이 더하여, 오늘 이 괴로움에 시달리게 하였는가?"라고 말한다. 나는 홍수와 맹수가 왜 이와 같은지 모르겠다.

"誰生厲階, 至今爲梗."[20] 吾未知其於洪水猛獸爲何如也.

---

20) 『시경』「大雅」3, 「蕩之什」263, 「桑柔」.

우리 대한제국 중엽에 위대한 유학자가 있었는데, 처음에는 총명하고 글을 잘 써서 사람들을 감동시켰고, 나라가 평안 무사할 때에는 유가의 학술 드높였다.

我韓中葉有一巨儒者, 出其始也, 聰明文章頗足動人, 而時値國家無事, 崇奬儒術.

학자들은 정암 퇴계 우계 율곡 등 여러 선생의 뒤를 이어, 오직 정주만 숭상하면서 다른 학설은 가리고, 스스로 정주를 빙자하여 중시하고, 한 세대를 복종시켜 커다란 명성을 얻을 수 있었다.

而學者靜退牛栗諸先生之後, 專尙程朱而屛其異者, 自念藉程朱爲重, 則可以服一世而取大名.

그래서 정주를 끌어들여 선비들의 추대를 받아서 차츰 돌아오고, 조정은 그런 학자들을 여러 차례 간절히 부르니, 스스로 사고 파는 계략을 즐기고, 평소의 말과 행실도 떳떳하게 행했다.

於是動引程朱, 以爲的士類之推詡漸歸, 而朝廷之旌招屢勤, 則自喜計之得售, 而且以庸言庸行常行.

그러나 사람들의 이목을 놀라게 하기 부족해서, 믿음직하지 못한 특이한 행위를 하고, 경전에서 비슷한 말을 표절하며, 견강부회할 때에는, 사람들이 감히 말하지 않는 것을 말하기도 하고, 사람들이 감히 하지 못하는 것을 하기도 하는데, 사실 모두 경전을 속이고 도를 배반한 것이다. 그러나 사람들이 그들의 강경한 불손함을 알게 되어, 적지 않게 꺾기고 쪼개져서 이루어지지 않았다.

不足以震駭人耳目, 益務爲僭絶厓異之行, 而剽竊經訓之近似者. 以傅
會之時或言人之所不敢言, 爲人之所不敢爲究, 其實皆詭經畔道. 而人顧
以其彊硬不遜, 不少推折爲不可及.

그러나 그들은 지속적으로 아첨하고 받드니, 거짓된 명예는 번성하
여 널리 미치고 지위가 나날이 높아지자, 자신에게 붙는 자를 모아 도당
을 만들어 두껍게 연결하고, 자신에게 붙지 않는 자는 배제했다.
而益相率俯伏以事之, 虛譽隆洽而位日以高, 則厚結附於己者以植黨而
排去其不附者.

조금이라도 다른 것을 말하는 자가 있으면 반드시 주자를 끌어다가
자신의 말을 꾸미고 성토하여, 주자를 배반한 죄인으로 삼았다.
苟其言有絲髮異者, 必引朱子以緣飾其言而討之, 以背朱子之罪人.

비록 마음속으로 그렇지 않은 것을 알지만, 주자에 대해서는 어쩔
수 없었다. 그래서 더욱 두려워하고 엎드려 감히 반항하지 못하면 못할
수록, 더 옳다고 여겨 스스로 더욱 기뻐했다.
雖心知其不然, 而無如朱子何也? 益畏懼懾伏不敢抗, 則益自喜以爲是.

참으로 온 세상 선비들에게 재갈을 물려 마음으로 복종하게 했다.
조정에 천거할 때, 동조하는 사람은 추천하고 반대하는 사람은 배척했
고, 주자의 말을 인용하여 판단하지 않은 것이 없다.
眞可以箝制一世之士, 而服其心也. 凡薦引同己排擠異己, 莫不引朱子
之言, 以爲斷.

조정은 또 주자를 위해 칭송하는 자는 추천 발탁하고, 비판 배척하는 자는 물리쳤다. 그 문인 제자들이 두텁게 진을 쳐서, 한편이 된 무리들은 날로 늘어나고, 날로 견고해짐을 바탕으로, 공경대부는 부지런히 돌봐주고, 왜곡된 뜻을 받들어 따르고, 좋아하는 것을 기뻐하고, 싫어하는 것을 제거하여, 그 뜻에 따르게 하니, 안팎의 대권이 모두 그들에게 돌아갔다.

朝廷又爲其朱子也, 悉遷擢其稱譽者, 而貶黜其訴斥者. 其門人弟子布列顯膴, 黨與日衆, 根據日固, 而公卿大夫奔走伺候, 曲意承附, 悅其所愛, 而去其所惡, 以順適其志, 則中外大權悉以歸之.

그래서 마침내 임금에게 자신을 굽혀 불신(不臣)의 예를 올리게 한 것이 이것인데,[21] (오히려) 더 큰 소리로 사람을 속였다.

而遂使至尊屈己待以不臣之禮於是, 益大言欺人.

주자는 성인의 집대성자일 뿐이다. 주자의 적통 제자이면서 왕의 심양의 치욕을 보고,[22] 통쾌하게 원한을 갚을 의지를 품었지만, 뒤로는 대의라고 풍자하고, 안으로는 은총을 견고하게 해서, 또 그 중대함을 핑계로 큰 소리로 공갈치니, 조야의 선비들이 서로 더욱 흠모하고 암송하여, 참된 대의라고 여긴다.

以朱子爲聖人之集成而已. 且爲朱子嫡傳, 且見 上以瀋陽之辱, 慨然有

---

21) 병자호란 때 남한산성에서 인조가 청나라에 무릎을 꿇고 화해를 요청한 사건을 말함.
22) 심양의 치욕: 병자호란으로 소현세자가 인질로 잡혀가고, 척화론을 부르짖었던 홍익환, 윤집, 오달제 등 三學士를 瀋陽으로 끌고 와서 처형하고, 수만 명의 조선 백성들이 포로로 끌려왔다.

伸雪之志, 陰以大義之說諷之, 以內固其寵, 而又藉其重, 以恫喝延紳, 則
朝野之士, 益相與欽慕瞻誦, 以爲是眞大義也.

주자를 인용해서 시작한 지 오래되니, 제자들은 직접 공자에 버금가
게 헤아리다 추대하고, 의젓하게 춘추 필삭의 의로움으로 언필칭 대의
라고 자임한다.

始猶引朱子爲比久, 則其門徒直推而擬之於孔子, 則儼然自任以春秋筆
削之義, 而言必稱大義.

비록 평소에 자칭 도의로 골육 관계를 맺든지, 혹은 뜻을 조금이라고
거스른 사람은, 큰소리고 질책하며, "이것은 주자를 배반했고 대의를
배반했다."라고 말한다.

雖平日自稱以道義骨肉之交者, 或有微忤其旨者, 輒大聲疾呼曰, "是背
朱子也, 是畔大義也."

위로는 재상의 시종부터 아래로는 은둔해서 덕을 쌓은 선비 및 골목
의 일반 사람까지, 끓어오르듯 용솟음치고, 팔방으로 내달리고, 팔을
휘저으면서 성토하기를,

上自宰執侍從, 以至山林宿德閭巷匹庶之徒, 莫不洶湧沸騰, 馳騖八方,
扼脘號呼, 而討之曰,

'이는 사문난적이고, 성왕의 역적이니, 잠시도 천지를 빌려줘서는 안
된다'고 한다. 혹 참여 명단에 없거나 참여만 했으면 말을 약간 완화하
여, '당란이니, 역적 보호니' 하며 그 죄를 서로에게 전하고 성토해서,

반드시 죽이고, 벼슬을 빼앗아 귀양 보낸 후에야 멈춘다.

'是斯文之亂賊也, 聖王之逆臣也, 不可以晷刻容貸於覆載之間.' 或有未及預名或預而稍緩其辭, 則又相與移其罪, 而討之曰, '是黨亂也, 護逆也' 必使之誅戮, 貶黜鼠逐而後已.

이때부터 권세와 위풍이 아래에도 미쳐, 시비가 뒤집히고, 좋고 싫음을 명시하여 즉각 생사에 이르게 하고, 조금 비웃으면 즉시 영욕을 결정하니, 마침내 세상 선비들이 춥지 않은데 떨고, 흔들리지 않는데 두근거리며, 두려워 곁눈질하고 움츠러드니, 입 다물고 감히 소리도 못 낸다.

自是威福下移, 而是非倒置, 明示好惡而活殺立至, 微假矉笑而榮辱立判, 遂使一世之士, 不寒而慄, 不震而悸, 側目重足, 噤不敢出一聲.

대의를 참람하고 조종에 휘호를 덧붙여, 주상을 협박하고, 북벌이라는 망언을 빌려, 개인 사당에서 명나라 황제에게 제사 지내니, 성상을 속이고 분수를 넘는다.

以至於僭, 以大義之說, 加徽號於祖宗逼 主上而支庶, 託妄言於北伐, 祀明帝於私廟誣聖罔上, 干分越防.

이것이 정말로 주자의 죄인이고, 춘추의 죄인인데, 도리어 춘추의 존엄함을 끼고 주자의 중엄함을 빙자하여, 대의라는 명목으로 오늘 사람을 죽이고, 내일 또 사람을 죽이면서 대의라고 한다.

是固朱子之罪人也, 春秋之罪人也, 乃反挾春秋之尊, 藉朱子之重, 今日殺一人曰, 是大義也, 明日殺一人曰, 是大義也.

그 대의는 번개처럼 빛나고, 도끼처럼 위엄있고 당당하여, 닿으면 부서지고, 마주하면 문드러지는데, 누가 감히 보잘 것 없는 몸으로 그 예봉에 다가서겠는가! 오로지 머리 조아리고 손해 없이 부지런히 대의를 찬양할 뿐이다.

其大義赫然若雷霆, 凜然若斧鉞, 觸之則碎, 當之則糜, 孰敢以不貲(資)之軀, 而攖其鋒哉! 惟抑首俯手以勤事無失, 而頌大義讚大義而已矣.

죽음에 이르러서도 제자들이 소술한[23] 심법은 이미 높은 위치에 있으니, 대권을 잡고 사간원, 형벌, 군사 등의 직책에 퍼져있고, 산속에 있는 자에게 분수에 맞지 않는 경연, 제주라는 명목으로, 일부로 그들에게 지조를 지키게 해서 나오지 못하도록 하고, 멀고 가까이 있는 선비들을 여러 부서에 배치하여 몰래 겁주고 이권으로 유혹해서, 부화뇌동하게 하여 대의를 유지한다.

及其死也, 其門徒之紹述心法者, 固已擧大位, 執大權分布其類於諫垣, 刑獄, 兵戎戎之職, 而處山林者又侈之, 以經筵祭酒之名, 而故使之養高不出, 陰以部勒遠近之士而威劫利誘, 雷同附隨, 以維持其所謂大義.

그래서 일을 맞닥트리면 곡직·현우를 따지지 않고, 자기와 다르면 반드시 주자의 도움을 받고, 춘추를 끌어들여 대의를 내세워 그들을 성토한다.

故遇事不問其曲直賢愚, 苟異於己, 則實援朱子, 引春秋擧大義以討之.

---

23) 소술(紹述): 선대의 일을 이어받아 행함.

사간원은 미리 탄핵하고, 형벌을 관장하는 자는 의미 있는 글로 죄를 꾸미고, 일거수일투족 은밀한 것까지 들추어내어, 극악한 역적이라는 명목을 씌우고, 산림에 은거해 있는 사람은 선비들을 불러 모아 모두 함께 난신적자 모두를 주살하고, 주살하지 못하면 성인의 도가 불분명 하고, 존왕의 의가 펼쳐지지 않았다고 여긴다.

任諫垣者先事搏擊, 而掌刑獄者, 又從以深文羅織[24]之, 摘其一言一事 之微, 而可之以極惡大憝之名, 則處山林者, 又號召士類, 一昌百和, 以爲 春秋之法亂臣賊子, 人人得以誅之殺之, 不誅而不殺則聖人之道不明, 而 尊王之義不伸也.

만약 아무 일 없으면 지적하고, 흔적이 없으면 캐묻고, 그래서 반드 시 춘추무장의 의[25]를 법으로 삼아 그 사람을 단속했다. 죄가 드러나지 않아도 마음속에 그렇게 될 것이라는 실마리만 있어도 역적이다.

若其無事可指, 無跡可尋, 則又必律以春秋無將之義謂其人. 罪雖未著 而心有將然之端, 則是卽逆也, 賊也.

죄수가 번번이 수백 명이 넘어, 사건의 판결은 늘 수년을 기다린다. 날조해서 누명 씌우고, 연루된 자를 일망타진하여, 항양(桁楊)해서 처참 하게 감옥에 가두고, 참혹하게 죽이니, 슬프다.

一獄之繫, 動逾十百, 而讞案之決, 輒淹數歲. 搆捏冤枉, 蔓引株連, 桁

---

24) 나직(羅織): 짓지 않은 죄를 거짓으로 꾸며서 법망에 걸려들게 함.
25) 춘추무장(春秋無將): '無將'은 임금과 부모에게는 장차 해치려는 마음을 품어서는 안 된다는 뜻. 『춘추공양전』「莊公」32년, 「召公」원년에 "임금과 어버이에 대해서는 장차 시역할 조짐이 있어도 안 되니, 그런 조짐만 있더라도 그 자는 반드시 죽여야 한다(君親無將, 將而必誅焉)."라는 말이 있다.

楊狂狴之慘, [26] 殺伐誅戮之酷, 憯矣.

죄를 지었다는 증거를 찾아내지 못해도, 횡액으로 단문(袒免)에 이르게 하니, 삼족을 멸하는 진나라 한나라 법이라도 지나치지 않다고 여긴다. 또 그 자손을 십세를 가두고 끝없이 용서하지 않는다.

莫徵而且一人得罪, 橫橫及袒免,[27] 雖秦漢參夷湛宗之律, 不是過也. 又禁錮其子孫, 十世不宥, 而至于無窮.

오호 맹렬하다. 이 모든 것이 도당을 만들어 권력을 마음대로 휘둘러 사익을 채우면서도, 반드시 주자와 춘추를 들먹이기 때문이다. 오호, 춘추의 의리, 주자의 말이 어찌 이렇게 하려고 한 것이겠는가?

烏虖烈矣. 是皆所以植黨擅權, 以成其一己之私, 而其稱名借號, 必在於朱子春秋. 烏虖春秋之義, 朱子之言, 豈端使然哉!

저들은 주자와 춘추에서 이름을 빌려왔음을 안 후에, 앞에서는 감히 항의하지 못하고, 또 뒤에서도 논의하지 못한다.

彼固知假名號於朱子春秋而後, 莫敢抗於前, 而又不敢議於後也.

자고로 진시황 수양제처럼 난폭한 군주들은, 황제라는 지위로, 형벌을 마음대로 하고, 이단자들을 학대했다. 양자 묵자 신불해 한비자 같

---

26) 항양(桁楊): 죄인의 목에 씌우는 칼과 발에 채우는 차꼬를 아울러 이르던 말.
안폐(犴狴): 감옥.
27) 단문(袒免): 喪禮의 한 가지. 왼 팔을 드러내는 것을 '단(袒)'이라 하고, 관을 벗고 괄발(括髮)하는 것을 '문(免)'이라고 한다. 이는 종고조(從高祖) 종형제 즉 10촌에게는 복(服)이 없으므로 단문을 하여 애도를 표하는 것이다.

은 자들은 무리들을 빙자하여, 교묘한 말로 부추기지만, 일시적으로 해
로울 뿐인 것은 어째서인가?

蓋自古威暴之君, 如秦始隋煬之徒, 據萬乘之位, 而逞其淫, 虐異端之
士. 若楊墨申韓之類, 藉徒黨之衆, 而鼓其簧舌, 猶不過爲害於一時者,
何也.

지위 있는 사람은 주살되어 멸족되더라도, 인심(人心)의 공리(公理)에
서는 용납되지 않는다. 일반 사람은 선동과 유혹을 구실로 대지만, 형
벌로 죽이지 못했다.

在上者雖有誅夷之滅, 而不容於人心之公也. 在下者徒憑煽誘之惑, 而
無得於刑殺之權也.

우리 동방의 도의로 말하면, 성현의 이름을 빙자하여, 사욕을 치장해
서 전하니, 사람들이 그를 존경한다. 국가의 권위를 제멋대로 흔들어
살육을 자행하니 사람들이 두려워한다. 두려우니 대중에게 공개적으로
말하지 못하고, 존경하니 실내에서 사사롭게 논의하지 못한다.

若吾東道義之說, 則旣假聖賢之名義, 以傳飾其私意, 故人莫不尊之. 擅
國家之威權, 以恣行其殺戮, 故人莫不畏之. 畏之故不敢公言於衆, 尊之故
不敢私議於室.

공론(公論)이 사람들 마음에서 없어지지 않는 까닭은, 비록 무섭지만
개인의 서재에서는 논의되기 때문이다. 권위가 무서워 감히 사사롭게
서로 논의하지 못하므로, 입은 이미 재갈이 물려 있고, 마음은 이미 속
박되어 있으니, 무슨 공론이 있겠는가?

夫公論之所以不泯於人心者, 以其雖有所畏而猶得議之於私室也. 旣畏
其威, 而至不敢私相與議, 則其口已箝, 而其心已槁矣, 尙何公論之有哉.

생사 영욕은 비록 잠시 머무는 미미한 목숨이지만, 사람을 흔들기에
충분하다. 저들에게 붙으면, 살아서는 영예롭고 죽어서는 빛나고, 한
세대가 찬란하게 빛나서, 자손들에게 이어져 공이 되고 경이 된다.
夫死生榮辱之際, 雖一時之暫, 一命之微, 尙足以移人. 況乎彼, 則生榮
死顯, 焜耀一世, 而子孫相襲爲公爲卿.

저절로 들어온 복으로 세워진 명성을 흠모하며 말하기를, 이것은 우
리 조상 모씨가 한 것이라고 한다. 오래될수록 빛나니, 천하 공공의 민
폐다. 저들과 다르면, 육신은 죽고 이름은 더럽혀지고, 자손은 절멸되
며, 저택[28]되고, 관은 베어지고, 오랫동안 침몰 되어, 영원히 회복할
날이 없다.
推其福之所自而慕其名之所立曰, 此吾祖某氏之所爲也. 愈久愈光, 可
與天壤公斃. 異乎彼, 則身僇名辱, 子孫夷滅, 瀦其宅, 斬其棺, 沈沒萬劫,
永無可復之日.

인정상 누가 저것을 부러워하지 않고 이것을 두려워하겠는가? 무서
움이 쌓여 두려워지고, 부러움이 쌓여 흠모한다. 아버지는 그 자식에게
이르고, 형은 그 동생을 부추겨서, 태어날 때부터, 습관이 되어 천성이
되게 하여, 두려워하고 부러워하니, 털끝만큼 다른 것이 마음에서 일어

---

28) 저택(瀦宅): 대역 죄인의 집을 헐어 없애고 그 터를 파서 연못을 만들었던 일.

나, 사물에서 드러나도록 감히 하지 못한다.

人之情孰不慕乎彼而畏乎此哉! 積畏而怵之, 積慕而歆之, 父詔其子, 兄勗其弟, 自其有生, 而習與性成, 則惟畏而惟慕, 不敢有絲髮銖黍之異, 生於其心, 施於其事也.

조정에 있는 자들은 조정에 있는 자들과 비슷하고, 은둔해 있는 자들은 은둔해 있는 자들과 비슷하다. 사람들끼리 이견이 없을 수 없고, 집에서 다른 말이 없을 수 없다.

處乎朝廷, 而朝延之士猶是也. 處乎山林, 而山林之士猶是也. 人無異見, 家無異言.

사물이 눈 귀에 익숙해져서, 마음을 해롭게 한다. 비록 둥근 머리 모난 발꿈치가 서로 왕래함이 사람과 같고, 마음은 사그라들었다가 부활하지만, 마음의 기미는 고요하게 움직이지 않는데, 어떻게 군주제를 계획하고, 천하의 뜻을 꿰뚫고, 천하의 임무를 이루려고 하는가?

熟爛其耳目, 戕賊其心術. 雖其圓顱方趾,[29] 熙往而穰來則猶夫人也, 而其心則死而復活, 其機則寂而不動, 又安能經綸帝制, 以通天下之志, 而成天下之務乎?

오직 상례를 답습하고 구례를 따르며, 전례대로 전철을 밟아 거의 300년이 되어 가지만, 조정에서는 직언을 들을 수 없고, 아래서는 정론이 실행되지 않는다. 국가는 까맣게 잊어버리고, 영합하여 우물쭈물하

---

29) 원로방지(圓顱方趾): 둥근 머리와 모난 발뒤꿈치라는 뜻으로, '인류'를 이르는 말.

고, 법을 모욕하고 우회하며, 간신을 장려하고 권세를 믿으며, 거짓을
받들어 진실을 몰아낸다.

惟蹈常常襲舊, 按例循轍, 垂三百年, 而直言不聞於朝, 正論不行於下.
置國家於相忘之域, 嫮嫛以求容, 骩骳以侮法, 獎奸而怙勢, 崇僞而黜實.

명목장담[30]하고, 이를 갈고 피를 빨면서, 피곤한 줄 모른다. 오직 선
현의 대의에서, 당동벌이[31]하여 관리들을 완전히 짓밟으니, 선비들의
기세가 꺾여 풀이 죽고, 인재는 무너져 문드러지고, 학술은 캄캄해져
꽉 막히니, 모두 가짜 도의 때문이다.

其所而明目張膽, 磨牙吮血, 而不知倦者. 惟在於先生之大義, 而黨同
伐異, 魚肉縉紳, 士氣之日以摧沮, 人才之日以壞爛, 學術之日以晦塞, 皆
由此假道義之爲也.

이제 국가와 국민이 멸망에 이르러서도, 이 학설을 유지하려고 하는
데, 스스로를 망치고 다른 사람을 망친다. 오호, 이러한 도의로, 지금의
환난을 구한다고 하는데, 이는 마치 땔감을 안고 불에 빠진 사람을 구하
러 들어가는 것 같고, 독주를 마시면서 병이 나아질 생각을 하는 것과
같다.

而今於國亡人滅之際, 猶欲持是說, 以自誤而誤人. 烏虖以若是之道義,
救今日之患, 是猶抱薪而救焚, 飮鴆而思瘳.

---

30) 명목장담(明目張膽): 눈을 밝게 하고 담을 넓힌다는 뜻으로, 두려워하지 않고 용기
   내어 하는 일을 이르는 말.
31) 당동벌이(黨同伐異): 하는 일의 옳고 그름은 따지지 않고 뜻이 같은 사람끼리는 한패
   가 되고, 그렇지 않은 사람은 배척함.

내가 보기에 기강이 불에 문드러지고 무너지니, 불이 타오를수록 죽음이 더 빨라진다. 어찌 다행스러움이 있겠는가! 비록 저들에 적셔진 것이 이미 깊고, 익숙해서 관습이 된 지 이미 오래되어, 거짓을 진실로 알고, 미혹을 의로 여긴 지, 그 유래가 하루아침에 이루어진 것이 아니지만, 이것을 어찌 나의 한마디 말로 깨우칠 수 있겠는가!

吾見其焦爛糜潰, 火愈熾而死愈速. 豈有幸哉! 雖然彼之浸漬已深, 習熟已久, 認假爲眞, 執迷爲義, 其所由來者, 非一朝一夕之故也. 斯豈吾一言之所能諭哉!

오직 이 학문을 연구하고 밝혀서, 성인의 도를 알게 하고, 반드시 천리·사람이 지켜야 할 떳떳한 도리의 변하지 않는 도를 근본으로 하여, 허위를 물리치고, 실질적인 것을 힘껏 추구하고, 가려진 것을 제거하여, 그 진실을 반드시 살피면, 저들은 반드시 펑펑 울 것이고, 환하게 깨우칠 것이며, 내 말이 끝나기를 기다리지 않아도 따라야 할 것을 알 것이다.

惟講明斯學, 使知聖人之道, 必本於天理民彝之常, 黜其虛僞, 而務求其實, 去其蒙蔽, 而必核其眞, 則彼必將汪然而感, 釋然而悟, 不待吾言之畢, 而知所從矣.

내가 질책하는 까닭은, 난적에 있지 않고, 반드시 지금의 이른바 도의다. 난적이 난적이 됨은 내 설명을 기다릴 필요가 없지만, 오직 거짓 도의는 혹세무민하고, 한없는 재앙을 만들어내어, 구할 수 없는데, 내가 또 어찌 변별하지 않겠느냐!

此吾所以斥而責之, 不在於亂賊, 而必在於今日之所謂道義也. 蓋亂賊爲亂賊, 不待吾言, 而惟道義之假, 則誣人惑世, 以釀成無窮之禍, 而不可救也, 吾又安得以不辨也哉!

비록 이런 죄를 지었지만 한스럽지 않을 수 없다. 공자는 "나를 알아주는 것은 오로지 춘추이고, 나를 죄주는 것도 오로지 춘추이다"라고 말했다. 춘추는 성인이 나라를 다스려서 도덕의 표준을 세운 것이다. 드러난 것을 미미하게 하고 그윽한 것을 밝힘에 있어서, 세 번씩 숙고한다.

雖以此獲罪而無所恨也. 孔子曰, 知我者其惟春秋, 罪我者其惟春秋. 夫春秋者, 聖人所以經世而立極也. 其於微顯闡幽之際, 三致意焉.

간악한 자가 숨기고 있는 것을 밝히고, 간악함의 소재를 드러내어, 대명천지에 밝히고, 온갖 도깨비 같은 무리들이 그 형세를 도피할 수 없게 하려고 한다. 이것을 분명히 알아야, 춘추의 뜻을 알 수 있고, 성인의 도를 말할 수 있다.

昭其神奸之所伏, 而章其陰慝之所在, 譬如大明升天, 而魑魅魍魎, 莫得以逃其形也. 明乎此, 則可以識春秋之義矣, 可以語聖人之道矣.

2. 『조선유학과 왕양명』

● 일러두기

① 『조선유학과 왕양명』은 디지털 동아일보 뷰어를 저본으로 삼았다.

② 원본과의 대조를 편리하게 하기 위해 원본 밑에 번역문을 두었다.

③ 직역에 중점을 두지만, 의미 파악이 쉽지 않은 경우 의역을 했다.

④ 디지털 신문인 관계로 해독 불가능한 한자는 □로 표시했다.

조선유학과 왕양명 – 동아일보

1933. 4. 15 (1)

서언(緖言)

우리나라 학문은 신라 고려 이래로 중국과 가까워 사신이 왕래하고 풍속이 서로 비슷하여, 학술에 있어서 필연적으로 중국에서 들어오는 것이 많다.

盖吾邦之學者, 自羅麗以來로 以中國之密邇而使价之來往과 風俗之相倣으로 至於學術에 必得於中國者–爲多라

옛날 우리 조정은 오직 문치만 숭상하여 정주의 학설이 크게 유행했고, 또 위에 있는 사람은 그것을 받들고 본받았다.

逮 我朝하야 專尙文治而程朱之學說이 大行焉하니 又在上者–尊而則之하고

그것을 도입해서 널리 알리는 자는 반드시 정주로 돌아가고 주자를
반대하는 자는 죽이고 더욱 심하게 배척했다.

導而宣之者─必以程朱爲歸而其 誅斥非朱子者─尤嚴故로

중국사람은 오히려 주자설을 반박하는 자가 적지 않은데 우리나라에
는 없다. 어찌 없기만 하겠는가?

中國之人은 尙不乏攻駁朱說者로대 而吾邦則無之하니 豈惟無之리요

주자설을 존중하지만 주자를 비난하는 죄에 대해 배척하지 않으면
주자에 대한 업적이 없다고 보았다.

以爲尊朱說而無斥非朱子之罪則無見 功於朱子라하야

그래서 학문을 시작할 때에는 반드시 먼저 육상산 왕양명을 비판한
후에야, 학파를 세울 수 있었고, 스승이 되면 이를 근거로 국가는 이것
에 따라 예를 다해 그를 불러서 좋은 관직을 더해주고, 유자의 지극한
영예로 기렸다.

故로 爲學之初에 必先作一書하야 이詬罵象山陽 明而後에야 乃得以
樹門庭하며 據皐比[32]則國家─從而厚禮以徵之하며 美官以加之하야 爲儒
者之至榮焉하나니

오! 나는 그 영예가 참된 영예임을 알지만, 그 마음 씀씀이를 살펴보
면 정말로 성실하고 진지하게 그 본질을 이루어내어 바깥의 명성을 쫓

---

32) 고비(皐比): 범의 가죽인데 스승이 깔았다는데서 스승을 가리킴.

을 의도는 없었는가? 생각한다.

嗚呼라 吾知其榮則誠榮矣나 顧內以省其心術하면 則果能眞切篤摯하
야 以來踐形之實하고 而無鶩外馳名之意者아

정말 있더라도 나는 보지 못했다. 혹 보았어도 내가 아는 것이 부족
해서 거기에 미치지 못하는 것인가?

果有之而吾-未之見邪아 抑見之而吾之知-不足以及之邪아

영예를 쫓는 것은 인지상정이기 때문에, 비난할 것이 없지만, 다른
사람을 배척하고 자신만을 영예롭게 여기는 것이 어찌 심하지 않은가?

夫趣乎榮은 恒人之情이니 吾固無譏어니와 斥人而榮己는 不其甚乎아

다른 사람을 배척하는 것도 안 되는데, 하물며 다른 사람을 모함해서
죄가 있다고 속여서 되겠는가?

斥人도 且不可온 況可誣人以罪하야

성인의 가르침에 의지하고, 천자의 예법을 전달받은 것을 거리낌 없
이 드러내고, 아름다운 글로 장식해서 다른 사람을 성토하고 죽이면,
우리는 더 영예롭게 되지만 다른 사람의 재앙은 다함이 없으니, 내가
누구를 속이고, 하늘을 속이겠는가!

仗聖訓하고 傳王章하야 訐以暴之하며 文以織之하야 以誅討人하면
吾之榮은 滋甚而人之禍는 無窮하니 吾誰欺오 欺天乎아

오랫동안 인심은 나날이 무너지고, 세상의 도가 날로 각박해져서, 학문을 멸시하는 무식한 선비가 되려고 해도 여전히 양심만은 잃지 않았기 때문에 그렇게 되지는 않았다.

歷世旣久而人心日壞하고 世道日澆하야 雖求爲蔑學無識之士의 尙不盡梏喪其良心호대 而不可得也니

나라가 이 지경에 이르른 것은 누구의 잘못인가? 아! 희한하다.

國之至於斯함이 誰之過也오 嗚呼晞矣라

그러나 이것은 주자의 잘못도 아니고, 또 육상산 왕양명의 잘못도 아니다. 오직 우리나라 선비들의 거짓됨에서 나온 잘못이니, 우리나라의 학술을 연구하려면, 반드시 중국의 학술을 먼저 언급한 후에야, 분명히 밝힐 수 있기 때문에 「중국학술개요」를 쓴다.

然이나 此非朱子之過也오 亦非象山陽明之過也라 直吾邦之士의 虛僞之過也니 欲究吾邦之學術則必 先提中國之學說而後에야 可明故로 作中國學說槪要하노라.

중국학설(中國學說)의 개요(槪要)

『서경』에 "진실로 총명한 사람이, 큰 임금이 되고, 임금은 백성의 부모가 된다."라는 말이 있다.

書曰亶聰明이 作元后하고 元后作民父母라하니

옛날에는 반드시 총명하고 지혜로운 덕을 가진 뒤에야, 군주 혹은 스승의 지위에 올랐다.

盖古者에 必有聰明睿智之德而後에야處於君師之位하야

그래서 백성을 공평하게 다스리니 백성들이 환하게 밝아지고, 온 나라를 화합시키니 온 나라가 이에 화답하고, 하늘과 땅에 미치고 초목과 조수까지 감화하니, 만물이 이렇게 되지 않은 것이 없었다. 아 훌륭하다.

以平章百姓而百姓이 昭明하고 協和萬邦而萬邦이 時(=是)雍하야 格于上下而化及於草木鳥獸- 莫不咸若하나니 猗歟盛矣.

그들이 이렇게 된 근본은 분명히 임금의 마음에 있다. 그러므로 뜻이 정성스럽고 마음이 바르게 된 뒤에야 수신할 수 있고, 수신이 되어야 제가 · 치국 · 평천하가 된다.

而其所以致此之本은 必在於人君之一心이라 故로 意誠而心正한 然後에야 可以修身이요 身修則家齋國 治而天下ㅣ平矣라

그러므로 요 순 우가 서로 도를 주고 받음에, 반드시 "인심은 위태롭고 도심은 희미하니, 오직 세밀히 살피고 한결같아야, 진실로 그 '중'을 잡으리라."라고 말하는 것이다.

故로 堯舜禹之相授受에 必曰 "人心은 惟危하고 道心은 惟微하니 惟精惟一하야 允執厥中."이라 하니

이것은 마음을 다잡고 허물을 반성하는 수양을 잠시라도 떠나서는 안 된다는 것이다. 그러므로 성인의 학문은 오로지 '마음'에 있다.

盖其操存省察之功이 不可斯須離也라 故로 聖人之學은 必在於心하니

'마음'이 바르고 온갖 리를 갖추어, 사물을 접하고 처리함에 있어서
각기 그 법칙을 따르고 덕이 넓게 두루 미쳐 화합하는데, 이것은 천지가
만물을 기르더라도, 마음을 넘지 않기 때문이다.

心得其正而萬理卑備하야 其處事接物이 以至於位天地育萬物이라도
亦不越乎方 各順其則而德溥化廣하야

밝은 덕이 백성을 사랑하는 본체이고 백성을 사랑함은 밝은 덕의 쓰
임이니, 본체와 본체의 쓰임이 확립되어야 본말이 바로 선다.

寸之內故로 明德이 爲親民之體하고 親民이 爲明德之用하야 體用立
而本末擧矣라

오직 이렇게 해야만 백성의 부모가 될 수 있으니, 덕을 갖지 않고
그 자리에 있은 사람은 없다.

惟此ㅣ 可以作民父母니 盖未有無其德하고 而處其位者也라

그러므로 오제(五帝)는 천하를 공평하게 다스렸는데, 하나라의 계(啓)
는 어질어서 우임금을 계승했고, 마침내 자손이 모두 왕에 올라서 후손
들에게까지 이어졌다.

故로 五帝는 官天下러니 及其夏啓賢而承禹之緒하야 遂子孫이 總立
而及其後也에

걸주는 폭정으로 백성들 위에 군림하니, 말세의 어긋남이지, 옛날의 법이 아니다.

以桀紂之暴而處乎民之上하니 盖末世之失이요 非古之法也니라

주나라의 덕이 쇠퇴해지자, 왕의 정벌이 실행되지 않고, 제후들이 제멋대로 서로 공격하여, 천하가 대혼란에 빠졌다.

逮夫周德之衰에 王討不行而諸侯 擅相攻伐하야 天下ㅣ大亂이라

하늘이 보낸 성인 공자도, 직위를 얻지 못하고 은택이 아래 백성들에게까지 미치지 못했다.

以孔子의 天縱之聖으로도 不得乎位而澤不下究於民이라

오직 백성을 사랑하고 인정을 베풀며 만물을 사랑하는 의지만이 지극한 본성에서 나오니, 어린이는 은혜롭게 여기고 노인은 편안하게 여겼다. 덕을 널리 베풀어 뭇사람을 구하려는 일은 영토가 필요했다.

惟其仁民愛物之意出於至性而少懷老安하며 博施濟衆之功이 不能無待於有土라

그래서 황급히 제나라 노나라 정나라 위나라 조나라 송나라 등을 돌아다녔고, 비록 광(匡) 지역에서 무서운 일을 당하고, 진나라와 채나라 국경에서 재난을 겪었지만, 자신을 돌보지 않았다.

故로 遑遑於齊魯鄭衛曹宋之郊而雖畏於匡하시며 厄於陳蔡하사대 而不自恤也하시니

아프고 절박함이 위태로움에 빠진 사람을 구할 만큼 급할 뿐 아니라,
성인이 세상을 걱정하는 마음을 짐작할 수 있다.
盖其 그 疾痛迫切이 不啻救焚援溺之急則 聖人憂世之志를 可以想見
矣라

하궤(荷簣) 장저(長沮) 걸닉(桀溺)[33] 같은 사람들은 지조를 더럽히지 않
는 것에 뜻을 두어 멀리 산림으로 간 것은 당시 사기에 빠진 자들과
비교하면 간극이 있지만, 인륜을 어지럽혀 배척당한 것이니 깊은 의미
가 있다.
如荷簣沮溺之徒—托志潔身 長往山林홈이 比諸當時에 沈沒詐欺之類
에 固有間矣로대 猶且斥以 亂倫則其旨深矣라

그러나 도는 결국 행해지지 않았으니, 위나라에서 노나라로 돌아와
『시경』『서경』을 찬술하고, 『예기』『악경』을 저술하며, 『춘추』를 필삭
하여, 만세에 가르침을 널리 전했다.
然而道終不行이라 自衛返魯하사 乃刪詩書述禮樂하시며 筆削春秋하
사 以垂訓萬世하시니

그러나 시·서·예 악의 근본 또한 '마음'에 있는데, 왜 그러한가?
然而詩·書·禮 樂之本亦必在於此心하니 何則고

진실로 하늘의 질서와 지극한 조화에서 체득하지 못하고, 어떻게 종

---

33) 『논어』「憲問」42,「微子」6 참고.

과 북, 옥과 비단 등 외형에 얽매여서 '예'를 말하고 '음악'을 말하는가?

苟非有得於天秩之序와 至和之應則 豈可 徒拘於鍾鼓玉帛之間而禮云
樂云乎아

안자는 (공자를) '우러러볼수록 더욱 높고 뚫을수록 더욱 단단하다'
고 탄식하고, '충서'로 공자의 도를 꿰뚫은 것은 정말로 공자 문하의
정통이며, 자사는 가학으로 계승하여 종지로 걸어 두었으니 『대학』『중
용』은 진실로 성인의 학문을 전수한 책이다.

顔子之仰高鑽堅과 曾子之忠恕一貫이 實爲孔門嫡傳而子思-承家學揭
宗旨하니 今大學與中庸이 固聖學授受之書也라

『대학』첫 장은 "밝은 덕을 밝히고 백성을 친애하다."[34]라 하고, 『중
용』첫 장은 '본성을 따르다(率性)' '도를 닦다(修道)'라고 했는데, 그 뜻은
같다.

大學首章에 曰在明明德親民이라하고 中庸之首章에 曰率性脩道라하
니 其意一也라

'밝은 덕' '백성을 사랑하다'는 항목은 반드시 '뜻을 성실히 하고, 마음
을 바로 하다'라고 하고, '성을 따르고' '도를 닦는' 쓰임의 공부는 반드시
경계하고 삼가며 두려워하는 것이니, 모두 혼자만이 알 수 있는[獨知]
곳에서 근신하고 세밀하게 살펴서,[35] 생겨나고 사라지는 순간에 한 점의

---

34) "在明明德親民."
35) 원문은 "而精察夫起滅芒忽之"라고 되어 있는데, 문맥상 "皆所以謹於獨知之處하야
    而精察, 夫起滅芒忽之"이라고 해야 문맥이 통한다.

사욕도 끼어들지 않도록 해야 하니 이것이 지극한 순수함이다.

　夫明德親民之條目則 必曰誠意正心이라하고 率性脩道之用工 則必曰
戒愼恐懼라하니 皆所以謹於獨知之處하야 而精察夫起滅芒忽之間에 勿
使有一毫人欲之介焉하니 此其爲惟精惟一이 至矣라

　비록 이렇게 했지만 모두 왕에 오르지 못했기 때문에, 도는 결국 드
러나지 않았고 권력을 가진 자들은 가짜 인의를 내세워 사욕을 채웠으
며, 업적과 이익에 빠진 습성이 나날이 스며들어 올바른 학문이 마침내
사라졌다.

　雖然이나 皆不得乎位故로 道竟不明하고 覇者之徒－假仁義以濟其私
하야 功利之習이 日以浸漬而正學이 遂以湮失이러니

　자사의 학문을 사숙한 맹자에 이르러 도가 통하게 되자 제나라와 양
나라 군주를 만나 왕도를 실행하려고 했지만, 그때는 부국강병과 배척
하고 속이는 모략이－ 군주의 마음을 바로잡기 어렵게 하고 투쟁과 겁
탈의 재앙이－ 온 천하에 끊이지 않았기 때문에, 세상 물정과 거리가
먼 맹자를 등용하지 않았다.[36]

　及孟子－私淑於子思之學하야 道旣通에 歷見齊梁之君而欲行王道하나
願其時에 富强之說과 傾詐之謀－所以痼世主之心而鬪爭劫奪之禍－不絶
於天下則謂孟子以迂闊而莫之用焉하니

---

36) 맹자의 학설이 당시 상황에 맞지 않았다는 의미.

그래서 물러나 제자 만장 공손추 등에게 개인적으로 밝히고 설명하여 『맹자』 일곱 편을 저술했다.

於是에 退而與弟子萬章公孫丑之徒로 私相講述하야

"마음을 보존하고 본성을 기른다."라고 하고, "잃어버린 마음을 구하다."라고 하고, "성은 선하지 않은 것이 없다." "먼저 그 큰 것을 세우다." 하고, "나의 호연지기를 잘 기르다."라고 한다.

以著之於七篇하니 曰存其心養其性이라하며 曰求放心이라하며 曰性無不善이라하며 曰先立乎其大者라하며 曰善養吾의 浩然之氣者.

그 어느 것도 성실한 뜻과 바른 마음에서 나오지 않은 것이 없었다. 앞선 성인이나 뒤에 나온 성인이 비록 (시간적으로) 아주 오래 떨어져 있었지만 성인의 말이 부절 맞추듯 사물에 꼭 들어맞는다.

–無一辭不出於誠意正心之工也니 前聖後聖이 雖遙遙百千年이라도 其言이 若合符節하니

천지에는 원래 이 리가 있으니, 비록 다르고자 해도 그것이 가능하겠는가?

盖天地間에 原有此一理하니 雖欲不同이나 得乎아

1933. 4. 17 3면 3단(2)

아! 맹자가 죽고 마침내 도가 전해지지 않고, 모두 하늘을 속이고 사람들을 속여, 구차하게 일시적인 이익을 얻었지만 소진(蘇秦) 장의(張儀) 신불해(申不害) 상앙(商鞅) 같이 수치스러움을 모르는 무리들이 천하를 횡행하여, 백성들이 포악한 정치에 나날이 초췌해지고,

嗚呼라 孟子−沒而道遂不傳하고 一切欺天罔人하야 苟一時 之得而不知恥者 如蘇張申商之屬이 橫行天下而斯民之憔悴於虐政 也−日甚一日이러니

진나라는 제(齊)나라 초(楚)나라, 연(燕)나라, 한(韓)나라, 조(趙)나라, 위(魏)나라 등 여섯 나라를 멸망시키고 스스로 속임수와 무력으로 사람들을 복종시켜 천하를 제압하고, 『시경』『서경』을 불태우고 유생들을 묻어 죽임이 극도에 이르렀다.

及秦滅六國而自以詐力으로 服人하야 可이箝制四海라하야 故로 焚詩書하며 坑儒生而極矣라

한(漢)이 진(秦)을 계승한 후 비록 조금 관대하게 다스렸지만, 근본적으로 항상 사욕을 쫓으니 꾸밈없이 의젓하고 솔직한 공정함에서 나오지 않았다는 점은 똑같다.

漢承秦後하야 雖稍以寬假로 爲治하나 而其本之必循其私而不能粹然出於公 正則 一也라

당(唐)에 이르러 다스려짐과 어지러움의 차이가 없지는 않지만 모두 선왕의 도가 아니어서, 백성들 또한 어떻게 몽매의 정치에서 지극한

정치의 윤택함을 누릴 수 있겠는가?

以迄于唐하야 縱不無乍治乍亂之異하나 而皆非先王之道則 民亦何由
蒙至治之澤乎아

이 모두가 심학이 분명하지 않기 때문이다. 송이 부흥한 지 100년이
안 돼서 주렴계 정명도 두 선생이 나와서 성학의 정통을 이어 기필코
심성을 가리켰다.

此皆心學不明之故也라 宋興未百年而周濂溪程明道兩先生이出하야 有
以得夫聖學之正而必指的於心性하야

"성(誠)은 거짓이 없고, 기미는 선악이 있다."를 본체의 덕으로 삼고,
"맞이하거나 보내는 것도 없고, 안과 밖의 구분도 없음."으로 '성을 확
정[定性]'하는 학문으로 삼으니, 오랫동안 전해지지 않은 비밀을 얻어
안자 증자 자사 맹자의 정통을 계승했다.

以"誠無爲37), 幾善惡"38)으로 爲本體之德而以無將迎無內外로 爲定性
之學하니 得千載不傳之秘而承顔曾思孟之統하니

또한 천지 간에 오직 이 리만 있을 뿐 영험한 '마음'이 만고 내내 비록
어둡기도 하고 밝기도 하지만, 결국 없어지지 않았다. 어둠과 밝음은
사람에게 달려 있지만, 이 리는 원래 더하거나 덜어낼 것이 없다.

亦天 地間에 只有此一理而人心之靈이 萬古一日則雖或晦或明而終不
至於泯滅也라 盖晦明은 在人而此 理則原無增減也라

---

37) '誠'은 진실되고 거짓이 없음이다. 그러므로 '爲'는 '僞'로 해석하는 것이 옳다.
38) 『通書』 「誠幾德」 3 참고.

남송 이후 또 주회암 육상산 두 선생이 있으니, 모두 공자 맹자를
배우고 주렴계 정명도를 한데 묶었으니 마땅히 리에 부합하여, 성인의
도가 더욱 밝아졌는데, 불행하게도 주자학은 도문학에 중점을 두었고,
상산학은 존덕성에 중점을 두었다.

及宋南渡以後에 又有朱晦庵陸象山兩先生焉하니 皆學孔孟而總周程
則宜其理洽合하야 聖道-益明이어늘 不幸而晦庵之學은 主於道問學者多
而象山之學은 主於尊德性者多焉하니

그러나 중점을 두었다고 말한 것일 뿐, 회암이 존덕성을 말하지 않
고, 상산은 도문학을 말하지 않은 것이 아니다.

然이나 從其多者而言之耳요 非謂晦庵은 不尊德性하고 象山은 不道
問學也라

그러나 두 학설이 다르기 때문에 제자들이 한 쪽으로 치우쳐, 각자
스승의 학설을 견지하고 서로 이기려고 힘썼다.

但兩說이 旣異則其 門徒一偏天下하야 各持師說而務以相勝하니

존덕성 도문학은 『중용』에서 나왔는데, 본체와 쓰임이 서로 한 쪽을
버려서는 안 되는 것인데, 각자 한쪽 주장을 가지고, 자기 것은 옳고
다른 사람은 틀리다고 하는데 이것은 본래 의미와 서로 크게 어긋난다.

夫尊德性道問學이 出於中庸而體用相須不可偏廢여늘 今各持一說하
야 自是而非人하니 卽此而其與本旨로 相違홈이 大矣라

또 존덕성 도문학 두 구절의 경중을 따지면, 먼저 존덕성을 하고 도
문학을 해야 한다. 만약 덕성이 없으면 무엇을 근거로 도문학을 이루겠
는가? 이 또한 둘로 딱 구분해서 먼저 존덕성 공부를 극진히 한 후 도문
학에 이른다고 말하는 것이다.

且就其兩句而審其輕重하면 則先尊德性而後問學也라 若無德性則將
奚據而致其問學之功歟아 此亦謂截然作雨節³⁹⁾하야 先盡尊性之 工而後及
於問學也라

순서로 말해야 한다면, 덕성이 먼저이고 도문학이 다음이라고 말하
는 것일 뿐이다. 회암·상산 각자는 또 어찌 여기에 이르겠는가?

要以次序言 則德性이 當先而問學이 次之云耳라 在晦庵象山之自爲야
亦豈至此리오

다만 제자들 간의 상호 논쟁이 전해지면서 격렬해지고, 오래될수록
더욱 심해지다가, 그 후 주자학이 크게 유행하고 제자들이 더욱 번성하
여 육상산을 선학이라고 배척했다.

特門徒之相鬩이 轉傳華激하야 愈久愈甚터니 其後晦庵之說이 大行於
世而門徒益盛하야 指斥象山爲禪學하니

불서와 육상산의 책이 모두 있으니, 이치를 더듬어 고찰할 수 있다.

---

39) ‘兩’의 오자가 아닌가 생각된다. 글의 전후 내용은 존덕성과 도문학 두 가지 학문
방식을 설명하고 있다. 난곡 선생은 회암 상산 모두 두 가지 학문 방식을 겸하고 있다고
보았다. 따라서 두 가지 학문 방식을 둘로 딱 갈라놓는 것은 적절하지 않다는 것이
난곡 선생의 주장이다. 따라서 ‘雨’는 ‘兩’의 오자라고 보는 것이 타당하다.

상산학은 반드시『논어』『맹자』를 인용해서, 제자에게 가르치니, 어찌
불가와 같겠는가?

夫佛書與象山之書—俱在하니 今可按而考之也라 象山之說이 必引論
語孟子하야 以訓於弟子也니 烏在其與佛說同也오.

자세하게 리를 논하면, 불가 도가 모두 마음으로부터 시작되었기 때
문에 원래 근본이 있는 것인데, 어찌 그것들이 같다고 의심하고 우리를
꺼리는가?

若及論及於微之理則佛老之說이 亦皆從心而起故로 固有本乎하니 安
可嫌其同而諱吾之 同者아

진실로 이것 때문에, 같다고 하면서 선학이라고 배척하면『통서』『정
성』설이 불교와 더욱 같지 않은가?

苟以此로 謂之同而斥爲禪學하면 則通書定性之說이 不尤同於佛說
乎아

어찌 주렴계 정명도가 주자보다 먼저이고, 회암은 주렴계 정명도를
존경했기 때문에 감히 의견을 붙이지 않았고, 상산은 회암과 동시대이
고 회암이 비난했기 때문에 이때부터 상산을 경멸할 수 있는가?

豈周程은 先於晦庵而晦庵이 尊之故로 不敢加議하고 象山은 與晦庵並
時而晦庵이 譏之故로 從以侮之歟아

성인의 학문은 천하 공공의 리이니, 좋아서 영합하고 사욕을 따라서
좋고 싫음에 따라 사람을 논하다가 공평함을 잃으면, 나는 그들이 먼저

근본을 뒤엎고 스스로 도덕을 어기고 배반한 사람으로 돌아갈 것 같다.

聖學은 乃天下之公理여늘 而阿好而循私하야 以愛惡論人而失其平하면 則吾恐其先蹶其本而自歸於畔道悖德之人矣라

명나라 초기 학자 오강재 진백사는 모두 주자를 주종으로도 또 상산을 주종으로도 하지 않았는데, 경전을 읽으면서 스스로 깨달았다.

明初學者如吳康齋陳白沙는 皆不主晦庵하고 亦不主象山하니 盖讀經傳而自證自悟者歟아

그러나 강재는 성정을 기르는데 힘쓰고, 기질은 자연을 따랐다. 백사는 어디서나 천리를 몸소 깨달으니 그 타고난 본성이 상산과 가깝다.

然이나 康齋는 務涵養性情하야 質從自然하고 白沙는 隨處에 體認天理라하니 其資性이 盖有近於象山也라

왕양명 선생에 이르러서야 명대 이학이 집대성되었고, 가정 이후 세상의 모든 학자들이 양명을 받들어, 유념대(劉念臺), 황석제(黃石齊) 및 청초의 황이주(黃梨州), 탕잠암(湯潛庵), 이이곡(李二曲) 등 세 명의 대유학자는 모두 그 학파이다.

乃至王陽明先生하야 盖明一代理學之集成而嘉靖以後에[40] 天下之學者ㅣ皆宗陽明하야 以主於劉念臺黃石齊及淸初之梨州潛庵二曲[41]三大儒=皆其派也요

---

40) 가정(嘉靖): 명대(明代) 세종(世宗)의 연호(1522~1566).
41) 이옹(李顒, 1627~1750), 자 중부(中孚), 이곡(二曲) 선생이라 부름.

그 중간에 나정암 고경양(顧徑陽)은 주자를 주종으로 삼았지만, 그 제자들이 부진하여 그 유파가 오래 가지 못했다.

間有羅整庵顧徑(涇?)陽之主晦庵而其徒=不振하고 其流-不遠也니라

양명학의 요지는 치양지에 있고, 치양지 공부는 반드시 성찰하고 사욕을 물리쳐 물욕을 제거하고 사욕에 쌓인 지식이 행해지지 않도록 해야 한다.

陽明之學이 其大指-在致良知而致良知之工이 又必須省察克治하야 使物欲屏除而私智-不行焉

그렇게 하면 본체가 드러나고, 의리가 뚜렷해져, 비록 온갖 변화에 응해도, 각자 리의 마땅함을 얻어 거울이 사람을 비출 때 예쁜 모습을 피할 수 없는 것과 같으니 이것이 이른바 양지다.

則本體呈露하고 義理昭著하야雖酬酢萬變호되 而各得當然之理하야 如明鏡이 照人하야 妍妙莫逃하니 是所謂良知也라

그러나 갑자기 이 학설을 들은 사람들은 번번이 '일반 사람과 성인이 분명히 다른데, 모든 사람이 요순일 수 있겠는가?

然而人之驟聞其說者-輒疑凡聖이[42] 廻別하니 那得人人이 皆爲堯舜이리오

---

42) 신문은 '輒疑凡聖'이라고 붙어 있는데, 의미가 안 통한다. '輒疑. 凡聖'이라고 해야 통한다.

설령 사람에게 리가 있더라도 많은 시간과 공부를 기울여야 하는데, 어떻게 단순히 치양지 세 글자만 제시하고 갑자기 성인 학문의 공부를 생각할 수 있는가?'라고 의심한다.

設令人有此理라도 當費許多歲月과 詐多工夫어늘 奈何單提致良知三字而遽可擬議於聖學之工乎아

이것이 어떻게 화두를 던지고 참선하는 돈오설과 어떻게 다른가?하고 (의심한다). 마침내 본말을 따지지도 않고 외형만 보고 양명학을 선학이라고 생각하니, 적어도 되돌아와 그 까닭을 반드시 궁구해야 하지 않은가?

此何異於參禪之 但擧話頭而立地頓悟之說耶아 遂不究本末而隨聲哭影하야 以爲王學은 禪學也라하니 盖亦少返諸必而究其故耶아

성인의 학문은 심학이다. 그러므로 공부로 말하면 번거롭지 않은 핵심이니, 예를 들면 '잃어버린 마음을 되찾다'라는 구방심 세 글자는 비록 이 세 글자이지만, 성인의 근본이라고 해도 된다. 비록 공부가 세 글자에 있어도 이미 충분하다고 해도 된다.

夫聖學은 心學也라 故로 語其工夫則要而不煩하니 卽如求放心三字는 雖謂此三字ㅣ 便是作聖之本이라도 可也오 雖謂工夫ㅣ 備於三字之內而已足이라도 可也니

증자는 "공자의 도는 충서일 뿐이다."라고 했는데, '~일 뿐이다'란 더 붙일 말이 필요 없어서 차라리 이것이면 된다는 뜻이다. 그런데 증자 맹자를 불학이라고 하면 되겠는가?

曾子日夫子之道는 忠恕而已라하시니 而已者는 盡而無餘之辭則寧可
以此而指曾子孟子爲佛學이 可乎아

『주역』에 이르기를, "건은 쉽게 알고, 곤은 간결하게 할 수 있으니,
쉬우니 쉽게 알고, 간결하니 쉽게 따른다. 쉽고 간단하니 천하의 리를
얻는다."
易에曰乾以易知하고 坤以簡能하나니 易則易知하고 簡則易從하야易
簡而天下之理

이 말은 공부의 궁극적 경지를 의미하는데, 참되고 간절할수록 간단
하고 쉬우며, 그 사이에 뒤섞이고 고르지 못한 것을 조금도 용납하지
않는데, 조금 뒤섞여 고르지 못하면 인위적이어서 본체가 아니다.
ㅣ得矣라하니 語其工夫之至精處則愈眞切愈簡易하야不容纖毫一參錯
其間이니 才參錯이면 已落人僞하야 非本體也여늘

이제 공부가 간단해서 의심하고 반대하여, 무질서하고 복잡한 학문
을 추구하는데 이 또한 이상하지 않은가?
今反以其簡單而疑之하야 更求支離煩瑣以爲學이면 不亦異乎아

성인은 천상의 지극한 움직임을 다스리고, 천하의 지극한 이치를 탐
구하니 '번잡하다'고 말할 수 있다. 그것(마음)을 잡을 수 있는 방법은
지극히 긴요하고 지극히 절실하다.
聖人所以制天上之至動하시며 探天下之至頤이 可謂繁矣 而其所以操
之之道는 至要而至切일새

그래서 '생각하지 않아도 알기 때문에, 언제나 쉽게 위험을 알고, 배우지 않아도 할 수 있기 때문에, 언제나 간결하게 막힘을 안다. 하늘보다 먼저이지만 하늘도 어긋나지 않으며, 하늘도 어긋나지 않은데 하물며 사람이 그러하겠는가?'라고 말한다.

故로 曰不慮而知하니 恒易而知險이오 不學而能하니 恒簡而知阻라 先天而天不違랴 天且不違커든 而況 於人乎아

1933. 4. 18(3)

'치양지' 세 글자는, 비록 말은 쉽지만 양지를 밀고 나가려는 공부는 모든 힘을 기울여야 하고, 평생 행하더라도 곧바로 본지(양지를 가리킴)에 이르러 이해하고 분명하게 통달한 사람을 자주 만나는 것이 쉽지 않다.

且致良知三字–言之雖易하나 苟欲 加致之之工則 吾恐其盡 其全體之力하고 行以一生之久라도 解得直到本地하야 明白洞達者ㅣ未易數數觀也로라

왕용계는 "치양지 세 글자 누가 들어본 적 없겠느냐마는 믿는자는 오직 나뿐이다."라고 말했다.

王龍溪曰 致良知三字를 誰不聞得이리오마는 信得及者는 惟我也라 하고

라념암은 "세상에 어찌 '지금 이루어져 있는 양지[現成良知]'가 있겠는가?

羅念菴이 曰世間에 豈有現成良知일리오

양지는 만 번 죽을 정도의 공부가 아니면 결코 얻을 수 없다. 사람들은 양지를 오해하여 이미 이루어진 것으로 보고, 치양지 공부를 실행할 줄 몰라 제멋대로 돌아다니며, 일생을 막막하게 방탕하니 무슨 성과가 있겠는가?"라고 말했다.

良知-非萬死工夫면 斷不能 得也리니 今人이 誤將良知하야 作現成看하고 不知下致良知工夫하야 奔放馳逐하야 茫蕩一生하니 有何成就리오하니

태어나서 앎이 있은 이래로 오랫동안 쌓인 오염된 습관이 마치 기름이 국수 면발에 젖어 들 듯이 벗어나기 어렵다.

盖人生이 自有知以來로 積染成習함이 如油漬麵하야 不可脫離하나니

오직 보이지도 들리지도 않은 것을 체험하여, 경계하고 삼가며 두려워하고 무서워하면서 공부가 중단되지 않도록 하여 맑은 근원이 흘러 내려 깨끗이 씻기도록 힘써서 이전의 습기가 다시 낌새를 틈타 은밀하게 드러나지 않도록 한 후에야 비로소 양지의 본체를 말할 수 있다.

惟功實體驗 於不親(覩의 誤字)不聞之地하야 戒愼恐懼之工이 無或間斷하야 務使源澄流潔而前習氣-不復乘機潛發而後에야 始可與語良知之本體也니

이 공부가 어찌 쉽다고 말할 수 있는가? 하물며 간단하다고 그것을 소홀히 할 수 있는가?

此其工이 豈易而言邪아 況可謂以簡單而忽之哉아

『대학』의 수신·제가·치국·평천하의 근본이 뜻을 성실히 하고 마음을 바로 하는 것에 있으며, 뜻을 성실히 하고 마음을 바로 하는 공부는 또 반드시 격물치지를 기다려야 분명해진다.

且大學修齊治平之本이在於誠意 正心하고 誠意正心之工이又必待格物致知而明矣니

이렇게 볼 때, 격물 두 글자는 성인의 문하에 있어서 처음부터 끝까지 빈틈없는 철저한 공부이며 학문을 하는 사람들이 가장 먼저 시작하는 곳이다.

由此觀之하면 格物二字는 卽聖門에 徹上徹下之工夫而學者之初下手處也라

이것이 분명하지 않으면, 뜻을 성실히 하고 마음을 바로 하는 공부도 실행할 곳이 없으니, 어찌 수신·제가·치국·평천하의 도를 말할 수 있겠는가?

苟於此未明이면 則誠正之工도 亦無所施온烏可遽語以修齊治平之道哉아

주자는 '격(格)'을 '이르다[至]'로 풀이하고, '물(物)'을 '일[事]'로 풀이하여, '격물'을 '궁구하여 사물의 리에 이르다'로 풀이했다.

朱子訓格爲至하고 訓物爲事하야 以 格物二字로 訓爲窮至事物之理

그래서 항상 학자들에게 '오늘 사물 하나를 다 궁구하고, 내일 사물 하나를 다 궁구해서, 천하 만물을 궁구하여 다 궁구하면, 하루아침에

확 트여 통달하게 되고 만물의 겉과 속, 구석구석에 이르지 않는 것이 없고, 내 마음의 온전한 전체가 크게 쓰여 밝아지지 않을 수 없게 된다' 고 했다.

故로 必使學者로 '今日에 格一物하야 格得盡하고 明日에 格一物하야 格得盡하야 格天下之物而格無不盡하면 一朝에 豁然貫通焉則衆物之表 裏精粗ㅣ無不到하고 吾心之全體大用이 無不明이라'하니

천하 만물이 이토록 많은데, 유한한 삶으로 무궁한 만물을 탐구하는 것이니 아마도 그날까지 틈이 없지 않을까 걱정된다.

夫天下之物이 嘗衆矣라 以有涯之生으로 徇無窮之物則吾恐其日有不 暇矣라

이뿐만이 아니다. 배웠지만 깨닫기 전에 눈앞의 많은 도리는 한편에 두고, 만물에서 이것저것 궁구하여, 하루아침에 확 트여 통달하는 날을 기다린다면, 엄격히 자신을 관리해서 훗날의 흔적을 구하는 것과 비슷 하지 않은가?[43]

不寧惟是라 學而未悟之前에 眼前許多道理는 閣置一邊하고 只從事物 上格來格去하야 以待一朝豁然之日이면 不幾近於刻身而求他日之痕耶아

또 하루아침에 통달하는 것이 불가의 돈오설인데, 육왕학과 비교해 본다면 더욱 가깝지 않은가?

且一 朝貫通이 卽佛家頓悟之說이니 比陸王諸論에 不尤近邪아

---

43) 刻己(身): 감정이나 욕심, 충동을 이성적 의지로 눌러 이김.

주자에서 나온 말은 선과 비슷한 것이라도 의심하지 않고, 육왕학은 기필코 선이라고 하는데, 이것이 공정한 마음이고 공정한 눈인가?

言出於晦庵則不嫌其類於禪하고 在陸王則必指以爲禪하면 烏在其爲公心公眼也오

양명은 '격(格)'을 '바름[正]'으로 풀이해서 나의 양지를 사물에까지 밀고 나아가, 사물이 각기 그 리를 얻게 하는 것이 '사물을 바르게 하여 앎에 이르는 것'이라고 했다.

陽明은 訓格爲正하야 以爲致吾之良知於事物而事物이 各得其理홈이 是謂物格而知致라하니

'격'을 '바르다'로 해석한 것은 "군주의 나쁜 마음을 바로 잡다."를 근거로 한 것이니,[44] 양명이 창안한 설이 아니다.

格之爲正은 如格君心之非一是也라 非陽明創說이요

또 '격'은 '바르게 되도록 한다'는 뜻이 있는데, 나는 일찍이 '격물'을 해석한 사람이 많다고 했지만, 오직 양명의 말만 간결하고 주장이 절실하고 실질적이어서, 성인의 학문의 진정한 공부는 이것을 벗어나지 않는다.

又兼有使之正之義則窃嘗謂 釋格物者衆矣나 惟陽明이言簡而旨切하야 脚踏實地하니 聖學之眞工이 不外此矣라

---

44) 『孟子』「離婁上」 20 참조.

'격'을 '이르다[至]'로 해석하면 "사물의 리를 궁구하여 이른다."라고 말 한 후에야 비로소 그 주장이 통한다.

苟以至訓格則必曰窮至事務[45]之理而後其說이 始通하니[46]

일찍이 양명은 "공부의 핵심은 모두 '궁구하다[窮]'에 있고, 힘을 들이는 곳은 모두 '리'에 있으니, 만약 앞에서 '궁'자를 제거하고, 뒤에서 '리'자를 제거하여, 곧바로 '치지는 사물에 이르는 데 있다'라고 하면 통할 수 있겠는가?"라고 했다.

陽明이 嘗言是其用工之 要는全在一窮字하고用力(功 전습록 참고)之地는全在一理字하니若上去一窮字하고下去一理字하고 直曰致知는 在至物이라하면其可通乎아

'리를 궁구하고 성을 실현함'은『계사전』에 보인다. 만약 '사물을 바르게 하다'라는 말이 '리를 궁구하다'라는 뜻이라면 왜 곧바로 '리를 궁구하다'라고 하지 않고, 꼭 비뚤어지고 불완전하게 말하는가?

窮理盡性見於繫[47]辭하니 若格物이 卽是窮理之義則何不直曰窮理하고 而必爲此轉折不完之語耶아

이렇게 하는 이유를 이해할 수 없다. 『중용』에 "하늘이 명한 것을 성이라 하고, 성을 쫓아 따르는 것을 도라 하고, 도를 닦는 것을 교라고 한다."

---

45) '物'의 오자인 듯하다.
46) 『전습록』 137조목 참조.
47) 繫의 誤字. 『전습록』 137조목을 근거로 정정.

此其故를 不可解也오 中庸에 曰天命之謂性이오 率性之謂道오 修道之
謂敎라하니

주자는 '교'를 예법 음악 형벌 정령(政令) 등이라고 풀이했다. 『중용』
은 도를 논한 책으로 사람의 입장에서 성·도·교를 하나로 꿰어 말한
것으로 사람 이외의 것과는 관계없는데, 어디에 예법·음악·형벌·정령
등의 일을 멋대로 섞어 끼워 넣을 수 있는가?

晦庵이釋之曰敎者는 禮樂刑政 之屬이 是也라하니 夫中庸은 論道之
書而只就人身上立說하야 曰性曰道曰敎ー一串貫來而無預於身外之事하
니 何處에 搭來禮樂刑政等諸件物하야 以橫揷其間耶아

성을 쫓아 따르고(率性) 도를 닦는 것(修道) 다음에 이어서 '도는 잠시
라도 떠날 수 없다. 그래서 군자는 보이지 않는 곳에서도 경계하고 삼가
며, 들리지 않는 곳에서도 두려워한다'라고 했다.

率性修道之下에 直接以'道也者는 不可須臾離也라 是故로 君子는 戒
愼乎其所不覩하며 恐懼乎其所不聞이라하니

그래서 '경계하고 삼가며 두려워함'은 잠시라도 떠날 수 없는 도를
드러내는 까닭이다. '도는 잠시라도 떠날 수 없음'은 성을 따르는 도를
드러내어 도만 가르쳐야 하고, 도가 아닌 것은 가르쳐서는 안 되는 까닭
이다.

然則戒愼恐懼는 所以見道不可須臾離也오 道不可須臾離者는 所以見
率性爲道而惟道爲敎오 非道者는 不可敎也라

어의의 맥락이 빈틈없는데, 예법·음악·형벌·정령을 '교'로 삼는데
경계하고 삼가며 두려워하고 무서워하는 것이 또 무엇을 가리키는 말
인가? 이런 이유 때문에 이해할 수 없다.

其語意脈絡이 間不容髮[48]而今以禮樂 刑政으로 爲敎則其下之戒愼恐
懼는 又指何而言耶아 此其故로不可解也라

『대학』『중용』은 성인 문하의 도를 전하는 가장 중요하고 요긴한 책
이다. 학자들이 학문을 시작하는 곳은 격물이고, 성·도의 큰 관문은
실제로『중용』첫 장이니, 의심스러운 것이 있으면 참으로 선현에게
물어야 하지만, 이미 선현을 만날 수 없으니 그 언어로 리에 부합하는
것을 따르고, 리에 부합하지 않은 것을 따르지 않아야 하니, 이른바 맹
자의 "내 마음의 같이 그러한 것을 먼저 획득하라."이다.

夫大學中庸이 爲聖門傳道之書而其最重而最要하야 爲學者에 入門下
手處者ㅣ是格物也오 又性道之大關이 實在於中庸之首章하니 於此에 苟
有可疑면 固當質之先賢 而先賢을 旣不可作則就其言而從其合於理者하
고 不從其不合於理者하나니 孟子所謂先獲我心之同然者也라

만약 지혜로운 사람을 의심해서는 안 된다고 핑계를 대면, 현자가
반드시 여기에 있고, 저기에 없다는 것을 누가 알겠는가? 반드시 그
마음의 편안함을 버리고 의심스러운 것을 따르는 것은 스스로 양심을
속이는 것이다.

若諉以大賢은 不可疑則又孰知 夫賢之必在於此而不在於彼也오 必使

---

48) 머리털 하나 들어갈 틈도 없다는 뜻.

之捨其心之所安而從其可疑者則是는 自誣其良心也라

마음이 밝지 않아서 규범을 취할 것이 없으면 천하 만물을 따라서
바르게 하는데, 어떻게 변별을 바라겠는가? 변별할 수 없어서 경솔하
게 오직 타인을 따르는 일만 한다면, 자기 마음에 이미 주인이 없음이
다. 타인을 따르는 것은 또 어떤 마음이 그렇게 시키는가?

苟心之不明而無所取其權 度則是將率天下而格也니 尙何望於辨別邪
아 不能辨別而貿貿然惟從人是事則 自心이 已無主矣니 其能從人者는 又
何心이 使之然邪아

오호, 옛날부터 마음을 떠나 도를 말한 사람은 없다. 청의 유학자
당경해(唐鑑, 자 鏡海, 1778~1861)는 『명청학안』서문 첫머리에 '천하 사
람들에게 심학의 바르지 못함을 분명히 알게 한다면, 하루 종일 마음이
매우 유쾌하다'고 썼다. 이렇게 말하면, 이것은 순임금의 16자를 없앨
수 있으며, 『논어』『맹자』『중용』『대학』경전을 폐기할 수 있다.

嗚呼從古以來未有離心而言道者而淸儒有唐鏡海者-作明淸學案而序
其首曰使天下로 曉然知心學之非正이면 足以快吾一日之心이라하니 苟
如其言이면 是는 虞廷十六字를[49]可去也며 論孟庸學諸經傳을 可廢也니

---

49) 요임금이 순임금에게 유언으로 남긴 윤집기중(允執其中)이란 4글자는 순임금에 의
해 다시 16글자로 정리되어 우(禹)임금에게 계승된다. 이것이 바로 『서경(書經)』「대우
모(大禹謨)」에 나오는 "인심(人心)은 위태하고 도심(道心)은 미세하니, 정밀하게 살피
고 한결같이 해야 진실로 그 중도를 잡는 것이다.(人心惟危, 道心惟微, 惟精惟一, 允執
厥中)"이다. '允執其中' 진실로 중용을 잡아라 |작성자 몽촌

오호라, 어떻게 두려움도 없는 말이 여기까지 이르렀는가? 비록 그렇지만 감히 이런 말을 하는 것은 반드시 근거가 있으니, 일찍이 정이천 (程伊川)은 "성인은 하늘에 근본을 두고, 불교는 마음에 근본을 두었다"고 말했다.

嗚呼라 何其言之無悼이 至是邪아 雖然이나 其敢於爲此說者는 必有所據하니 程子−嘗有聖人本天, 釋氏本心之語하니

사람의 마음이 갖추고 있는 리는 하늘이 준 것이고, 불교는 내려준 근원을 모르고, 마음이 모든 법을 만들어낸다고 한다.

以人心所具之理는 乃天所畀也라 彼釋氏則不知降衷之大源 而謂是心이 能生萬法이라하야

비록 천지가 크더라도 모두 마음을 따라서 만들어진 것이므로 반드시 마음을 근본으로 한다고 말한다.

雖天地之大라도 皆從心設이라 故로 必以心爲本云爾라

당경해는 본래 의미가 무엇인지 살펴보지도 않고, 곧바로 심학을 바르지 않은 것으로 간주하니, 그 의미는 육상산·왕양명의 저서 모두 심성을 근거로 세운 학설이기 때문에 육상산·왕양명을 배척하려면 먼저 심학을 비판해야 하기 때문에 결국 이렇게 된 것이다.

唐氏者 | 不究本旨所在하고 直以心學으로 爲不正하니 盖其意−以陸王之書−皆從心性上立說則 欲斥陸王이면 當先駁[50]心學이라하야

---

50) 논박하다(駁).

그래서 스스로 정주에게 큰 공적을 세웠다고 생각하고 정이천 주자 책에서 논한 것 모두가 심성임을 생각하지 않고 심성을 버리니 도를 말할 수 없게 되었다.

遂爲說如此하야 自以爲大有功於程朱而不思程朱書中에 所論이 皆心性이라 捨心性則無所謂道也니

이미 얻은 것이 없고 조급한 마음에 진퇴양난에 빠지고 좌우가 어긋나니, 소위 올빼미가 작은 벼룩은 잡지만, 태산은 보지 못하는 격이다.

盖已無實得而心有所急則跋前躓後하야 左右乖張이니 眞所謂鴟鵂撮蚤而不見泰山也라

또 오로지 하루만 만족하려고 도리에 어긋나고, 끝없이 화를 끼치면 저것 역시 어떻게 이보다 기쁘겠는가?

且惟求一日之快心而其畔道悖理하야 將貽禍於無窮 則彼亦何快於此邪아

이러한데 꿋꿋하게 정주를 받들고 도통을 계승하는 것을 사명으로 여기며, 사람들 또한 정주를 근거로 했다고 생각하여 감히 오류를 지적하지 못했다.

如是而猶傲然以尊程朱承道統으로 吾命則人亦以其依憑程朱로 不敢指摘紕繆하나

나는 애석함이 없을 정도로 굳건하지만, 저들이 정주를 끌어들여 후학들에게 정주에게 원래 이런 말들이 있었다고 의심하게 하는 것이 유

독 원망스러운데 어찌 다른 사람에게 큰 잘못을 저지르지 않겠는가?

   吾於若輩固無所惜이어니와 獨恨夫若輩之動引程朱하야 使後之者로
遂疑程朱－原有此等說話則豈不大誤人邪아

1933. 4. 26 (4)

조선 근고의 학풍(朝鮮近古의學風)

우리나라가 단군·기자 조선 이전에 인문을 열었지만, 시대가 너무
멀고, 위만·우거(위만의 손자) 이후 여러 번 전쟁을 겪어 문헌이 전해지
지 않아 검증할 것이 없지만, 영토가 중국과 맞대어 있어서 신라 백제
이래로 의복·문자·정교·학술 모두 중국에 의지하고 모방했다. 고려말
안향·정몽주 모두 중국을 관찰하고 서적을 구입했는데, 때는 원·명 시
대로서 정주학이 성행했다.

   我東方이 在檀箕之前에 人文이 肇開하얏스나 而世代邈遠하고 衛滿
右渠以後로 屢經兵燹하야 書籍이 蕩然하니 今無所徵信이나 而領其疆土
가 旣與中國相連이라 故로 自羅濟以來로 其被服文字와 政敎學術이 悉
依倣中國하고 至麗季에 安文成公 鄭文忠公이 皆觀乎中國而購其典籍하
니 時値元明之際하야 程朱之學이 盛行이라

그래서 전해진 경전은 모두 주자집주이고, 학문을 하는 선비들은 모
두 정주학을 핵심으로 여기는데, 이것이 우리나라에 주자학이 처음 유
행한 시기이다.

故로 經傳之來者는 皆朱子集註일새 而士之好學者는 悉以程朱爲鵠하
니 此是朱學行於我邦之始也라

한헌당 김굉필(寒暄堂 金宏弼), 일두 정여창(一蠹 鄭汝昌)이 학문을 앞장
서서 이끌었지만, 역시 모두 이미 만들어진 궤도를 따르니 정주학이
점차 유행했다.

逮夫寒暄一蠹諸公의 倡學함이 亦皆遵其成軌而程朱之學이 漸盛이러니

퇴계 선생이 영남에서 우뚝 일어나 정주를 진실하게 믿어 행동거지
를 반드시 주자를 표준으로 삼았고, 조정에서의 예우는 매우 융숭하여
사방에서 믿고 따르는 사람들이 모여드니, 이에 도의 줄기가 하나가
되어 전국을 풍미했다.

及退溪先生이 崛起南服하매 篤信程朱하야 言動과 事爲를 必以朱子
로 爲準而朝廷之禮遇는 纂隆하고 四方之專徒는 坌集하니 於是에 道脈
이 歸一而全國이 風靡라

이보다 먼저 중종반정[51]을 통해 마음을 가다듬고 정치를 할 때, 성인
의 학문을 진실된 공부로 삼은 문정공 조광조가 먼저 발탁되어 중종과
마음 깊이 친분을 맺었다.

先是에 中廟反正而方勵精爲治하 실제 有若趙文正公이 以聖學眞工
으로 首被拔擢而深契 上心하니

---

51) 중종반정(中宗反正)은 1506년 일어난 정변으로, 연산군이 폐위되고 연산군의 이복
동생 진성대군 이역(李懌)이 왕으로 옹립된 사건.

여기서 군신이 서로 노력하여 삼대의 태평성세를 회복할 수 있기를 기대했다. 그러나 중간에 소인배들의 불화가 일어났고 마침내 기묘사화가 일어나 사림이 죽임을 당하니, 그야말로 조선 학술 흥망의 일대 관건이다.

於是에 君臣이 相勉하야 期復三代之治러니 中因宵小의 搆釁하야 終成己卯之禍하야 士類殲焉하니 實吾東方學術 消長之一大關捩也라

퇴계는 그런 일로 징계를 받아, 예우를 받지는 못했지만 직위는 이미 높았지만, 벼슬을 싫어하는 절개는 시종 변하지 않았다. 오직 동강을 고수하며 문인들에게 학문을 전수하고, 인재 육성을 즐거움으로 삼았다.

退溪懲其然하야 雖恩遇廻摯하고 爵位已高하니 而難進之節은 終始不渝하고 惟固守東岡而傳授及門하야 爲樂育之道라.

주자에 대한 존경을 최고 사명으로 삼으니 주자학과 다른 것은 반드시 배척했다. 그래서 가장 먼저 육상산 왕양명을 배척하여 이단시했고, 그것을 배척하는 사람이 있으면 정도를 잡고 사악한 설을 배척한 업적으로 받아들이니, 명성을 얻어 그것을 누리려는 무리들이 떼를 지어 모여들었다.

既以尊朱子로 爲第一義則 必排擯異乎朱子之說者라. 故로 首斥陸王하야 爲異端하고 苟有能闢之者하면 卽許以扶正斥邪之功하매 而收名遊聲之徒가 趨之若鶩러니

조금 뒤 우계 성혼(成渾), 율곡 이이(李珥)가 이어받아 (육왕학을) 끊고 물리쳤다.

稍後而牛 栗二先生이 又踵而絶之 闢之하니

율곡의 사단칠정론은 비록 퇴계설과 약간 다르지만, 주자와 다른 두
가지가 아니며, 특히 우계는 근엄한 법도였다.

栗谷의 四端七情論이 雖微與退溪說로 有不同이나 亦不貳於朱子요 而
牛溪則尤謹嚴繩尺하니

율곡의 성품이 지혜롭고 사리에 밝았으며, 우계는 꾸밈이 없고 진실
했다. 그러나 정주를 받들고 육왕을 배척한 것은 똑같다. 당시 사계 김
장생(金長生) 선생이 나왔는데 역시 주자를 받들었다.

盖栗谷之資性은 明達하고 而牛溪則主於質實故也라 然而所以尊程朱
而斥陸王은 一也라 其時에 又有金沙溪先生하야 亦尊事朱子하니

한양에는 사계 문인들이 가장 많은데, 조정의 공경들 모두 사계 문하
에서 나왔으니, 동춘당(同春堂) 송준길(宋浚吉)과 우암 송시열(宋時烈), 미
촌 윤선거(尹宣擧) 등이 모두 그의 뛰어난 제자들이고, 또 미수 허목(許穆)
과 고산 윤선도(尹善道), 백호 윤휴(尹鑴) 등이 모두 재야에서 명망을 쌓아
서, 정초[52] 조첩[53]하고, 지위는 공고(公孤) 반열에 올랐다.

在京師則沙溪之門徒가 最盛하야 朝廷의 公卿이 皆出其門하니 宋同春
과 宋尤庵과 尹美村이 皆其高弟也요 又有許眉叟와 尹孤山과 尹白湖하야
皆養望山林함으로 而旌招稠疊하고 位列公孤[54]矣라.

---

52) 정초(旌招): 학덕이 높은 선비를 과거를 거치지 않고 유림의 천거로 벼슬에 부르는
　　일을 이르던 말.
53) 조첩(稠疊): 빈틈없이 차곡차곡 쌓이거나 포개져 있음.

그러나 이권 때문에 서로 의심하고 당파 싸움이 자주 일어나니, 기해
예송[55]과 이회(尼懷)[56] 서찰 분쟁이 갈수록 격렬해져서 마침내 끝없는
국가적 재앙이 되었다.

利權으로 相猜하야 爭鬪이 屢起하니 如己亥邦禮之訟과 尼懷書牘之
□이 愈往愈激하야 竟成國家無窮之禍焉하니라

효종 즉위 초에 우암이 세상에 흔치 않은 대우를 받아, 의정부에서
사부를 겸하고,[57] 큰 권한을 누리면서 명분과 대의의 막중함을 관장하
니 물고기와 물처럼 임금과의 묵계로 폭풍 같은 경륜으로 다스리는 것
이 예로부터 학문을 닦고 연구하는 학자에게는 없었다.

當寧陵卽位之初에 尤庵이 被不世之遇하야 居相府而兼師傅之尊하고

---

54) 공고(公孤): 주나라 官制인 三公과 三孤로 높은 벼슬자리를 뜻한다.
55) 1659년(현종 즉위) 5월 효종이 서거하자, 자의대비가 입을 상복을 두고 서인과 남인
이 예설 논쟁을 벌이게 되었다. 서인들은 효종이 인조의 차자임을 들어 기년복을 주장
하였고, 남인들은 효종이 왕위를 계승하여 인조의 장자에 해당한다고 하여 삼년복을
주장하였다. 그리고 영의정 정태화는 『경국대전』을 근거로 장자와 차자를 구분하지
않는 기년복의 시행을 주장하였다. 현종은 몇 번의 수의(收議)를 거쳐 기년복으로 확정
하였다. 그러자 남인 윤선도가 서인들의 기년설을 '효종을 낮추고 종통과 적통을 이분
화'한 것이라고 공격하였다. 이에 서인들이 격분하여 윤선도를 유배시키고 예송에 가
담한 남인들을 조정에서 축출하였다.
56) 이회(尼懷): '懷尼是非'라고도 한다. 懷尼是非는 숙종 때 사제 관계에 있었던 송시열
과 윤증(尹拯)의 불화 때문에 그들의 제자들 사이에서 벌어진 일련의 분쟁으로, 서인이
노론(老論)과 소론(少論)으로 갈라지게 한 사건이다. 숙종조에 충청도 회덕(懷德)에
살았던 저명한 우암(尤庵) 송시열과 그의 제자로서 이산(尼山)에 살았던 명재(明齋)
윤증은 여러 가지 일로 불화를 빚었다. 그들의 사사로운 불화는 1684년(숙종 10) 4월에
송시열의 제자 최신(崔愼)이 조정에 윤증을 고발하고 처벌을 요구함으로써 국가 차원
의 정치적 분쟁이 되었다. 두 사람의 제자들은 각기 스승을 변호하고 상대방을 비판하
는 논쟁을 벌임으로써 조정이 시끄러워지고 서인이 노론과 소론으로 갈라지게 한 요인
이 되었다. 『한국민족문화대백과사전』 참고.
57) 사부(師傅): 조선 시대, 세자시강원(世子侍講院)에서 교육을 맡은 으뜸 벼슬.

亨大權而主名義乏[58]重하니 魚水密勿之契와 風雷經倫[59]之盛이 盖自古
講學家之所未有也라

　이 당시 임금은 심양관(瀋陽館)에 불모로 끌려갔던 치욕과 남한산성
굴욕의 원한을 품어서,[60] 그것을 설욕하고자 했다.
　當是時하야 上이 意恨瀋館之恥와 南漢之辱하사 思欲一洗之하시고

　뜻이 높고 올바른 논의를 숭상하는 사대부들은 명이 망하자 청을 섬
겼는데, 중화가 오랑캐로 변화하는 것을 큰 치욕으로 생각하여, 은둔해
서 조정에 나가려고 하지 않았으며, 비록 조정에 있더라도 절개와 지조
로 스스로를 연마하여 숭정[61]의 연호를 근본으로 삼고, 대보단에 숭배
하는 제사를 올렸다.
　士大夫之尙淸議者는 尤以明亡而事淸하야 用夏變夷함으로 爲大恥하
야 至有長往而不欲立于朝者하고 雖在朝者라도 莫不以名節로 自砥礪하
야서 而紀崇禎之年號하며 享大報之崇하야

　마침내 사대부는 춘추대의[62]를 공공연히 내걸고 부월(斧鉞)을 엄격하

---

58) '之'의 오자인 듯.
59) '綸'의 오자인 듯.
60) 병자호란 당시 인조는 항복할 결심을 하고 1월 30일 성을 나와 三田渡에서 청태종에
　게 항복하는 의식을 행했다. 이것이 남한산성의 치욕이다. 화의가 이루어진 후 청나라
　태종은 돌아가면서 소현세자와 빈궁, 봉림대군과 부인 그리고 척화론자인 오달제(吳達
　濟)·윤집(尹集)·홍익한(洪翼漢) 등의 대신들을 인질로 瀋陽으로 데리고 갔다. 이것인
　瀋館의 치욕이다.
61) 숭정(崇禎)은 명나라 마지막 황제 숭정제(崇禎帝)의 연호.
62) 대의명분을 밝혀 세우는 큰 의리.

게 하며, 사원의 제사로 황제의 신령을 봉안하고 유림의 공문이 국가의 주(州)와 군(郡)을 능멸하니, 온 나라에 그림자 따라오듯 성행하는데 누가 그 위엄을 두려워하지 않고 그 명성을 흠모하지 않으리오.

遂使春秋大義로 昭揭□而嚴斧鉞하니[63] 私院之俎豆로 安奉皇靈하고 儒林之移牒이 凌轢州郡하야 擧一國而風行影從하니 孰不畏其威而慕其 名者哉리오

더구나 궁중과 관청의 의지함이 특히 엄중하고, 조정과 재야의 사모함이 더욱 융숭하니, 항상 가두어놓고 적절하게 통제했다.

況宮府之倚仗이 尤重하고 朝野之想望이 益隆하니 則固有以籠罩而制 節之矣니라

1933. 4. 30 (5)

성현의 가르침을 이어받아 후세에 전하는 것은 선각자의 중요한 임무다. 공자 이후 많은 현자들을 모아서 큰 덕을 이룬 사람은 주자뿐이라고 여겼다.

夫繼往開來는 實先覺所以自任之重也라 以爲自孔子以後로 集群賢而 成大德者는 惟朱子爲然이라 할새

---

63) 부월(斧鉞): 1. 출정하는 대장에게 임금이 주살(誅殺)을 허락하는 뜻으로 주는 도끼. 정벌-군기(軍器)-형륙(刑戮)을 뜻함. 2. 의장(儀仗)의 하나. 금빛-은빛을 칠한 나무 도끼. 한국콘텐츠진흥원 참고.

주자의 저술은 경전의 주석 및 해석에서 소학(小學)·근사(近思)·혹문(或問) 어류(語類) 등에 이르며, 모든 것을 검증 고증 해석하고 장과 절을 구분해서 해석했다.

凡朱子의 所著는 自經傳註解로 以至小學近思·或問·語類之屬을 悉爲攻[64]證箋釋하야 章分句解하고

후학들은 주자와 조금이라도 다른 것이 있으면, 모두 사악한 학설이라 배척했고, 비록 주자와 다른 것이 없더라도, 자신의 해석에 부합하지 않거나 자신의 해석과 다르면, 자신의 해석을 주자의 글에 견강부회해서 주자를 위배한 죄로 죽였다.

苟有毫髮之異者면 悉斥爲邪說하고 雖無異於朱子라도 苟或不附於己하고 而有與己說異者면 又傅會己說於朱子之書하야서 而誅以背朱之罪하면

온 나라에 그들의 문인 제자가 가득하기 때문에, 큰소리로 외치고 내달리며 성토하기를, '이것은 감히 주자와 다르다, 이것은 사문난적'이라고 한다.

其門人弟子가 徧滿一國이라 則又莫不呼號馳騖而討之하야 曰호대 '是敢異於朱子하니 是斯文之亂賊也'라하면

그러면 조정은 엄격한 금지령을 만들고, 엄중하게 감시하여 나라를 어지럽힌 죄를 씌우니, 해당자는 부서지고, 접촉한 자는 꺾이니, 온 세

---

64) '攷'의 오기인 듯.

상의 선비가 춥지 않아도 벌벌 떤다.

則朝廷이 又爲之設厲禁하고 嚴詗察[65]하야 立加以亂賊不道之罪하니
當之者는 碎하고 觸之者는 折이라 一世之士가 不寒而慄하니라

이 당시에 사람들은 주자 책을 암송하고, 집집마다 주자학을 말하니,
육상산 왕양명의 글은 사람들에게 감히 언급하지 못했으며, 진실로 한
번도 그 의미를 탐구하지 않았고, 자루에만 담아 놓은 채 깊고 치밀하게
연구하지 않았다.

當是之時에 人誦朱子之書하고 家談朱子之學하니 則陸王之書는 不惟
말 不敢對人提說이라 固不敢一寓目하야 以究其旨하고 而惟恐藏朓之不
深且密也하더니라

이로부터 지금까지 나라는 크게 안정되고 논의를 금지하는 것이 확
연했지만, 눈을 부릅뜨고 치켜보며 팔 걷어붙이고 비분강개하는 학자
들은 오직 여기에 있다.

自是厥後로 式至于今에 國是大定하고 禁討赫然하야 而學者之明目張
膽·扼腕[66]而慨慷者는 惟在於是라

이런 이유로 수백 년 동안 조정에 초빙되어 큰 벼슬을 하고, 살아서
는 한 시대에 추앙받는 스승이 되었고, 죽어서는 성인에 버금가는 향사
를 받으며, 음덕을 입은 자손들이 셀 수 없이 많지만 그 행동을 개괄해
서 논의하면 매우 똑같다.

---

65) 형찰(詗察): 남몰래 넌지시 엿보면서 살핌.
66) 두려워하지 않고 용기를 내어 일하는 것을 이르는 말.

故로 累百年來로 被徵招[67]하야 以致大官하야 生爲一世之宗하고 沒饗
聖庶之祀하야 以蔭庥其子孫者는 項背相望이로되 而覈其行動論議하면
如出一轍이오

사당(士黨)을 따라 아부하는 선비들도 모두 옛사람들의 지혜를 법으
로 삼고, 그 글로 이루어진 법을 받들어서, 사람들은 다른 주장이 없고,
집안에는 다른 행동이 없게 되니, 그것이 한결같이 순수하게 정도에서
나왔으니, 성하다고 말할 수 있다.

士之黨從趨附者도 又皆師其故智하고 奉其成憲하야 人無異論하고 家
無異行하니 其粹然一出於正은 則可謂盛矣나

그러나 조정에 논쟁을 영예롭게 여기고 과감하게 비판을 말하는 관
습이 적고, 권문에 아첨하고 알랑거리는 습관이 넘쳐나고, 지조 없이
더러워지니 선비는 나날이 변하고, 풍속은 나날이 무너지니, 마침내 녹
봉이 왕실에서 떠나는 지경에 이르고, 척신[68]이 정치를 하니, 떼를 지어
잘못된 일을 더욱 저지르고, 한밤중에 동정을 구걸하면서, 시대가 그렇
다고 핑계 삼는다.

然이나 當朝에 寡譽(諍?)誇(?)敢諫之風하고 權門에 盛諛佞獻媚之習
하야 脂韋淟涊하니 士는 日渝하고 而俗은 日壞하야 遂至祿去王室하고
政在戚畹하매 益相率以爲僞[69]하야 乞哀於昏夜之中하면서 而諉以時宜

---

67) 징초(徵招): 임금이 초야에 있는 사람에게 예를 갖추어 불러서 벼슬을 시키는 일을
   이르던 말.
68) 척신(戚臣): 임금과 성이 다른 일가의 신하.
69) 상솔위위(相率爲僞): 서로 거느리고서 거짓을 한다는 뜻으로, 떼를 지어 잘못된 일을
   한다는 말.

하고

　그런데도 조정에서는 우물쭈물하면서 사리에 밝다고 요령 있게 처신해 자신만의 보전을 핑계 삼고, 말과 행동 하나하나에 경서를 증거로 끌어들이고, 의에 의거하여 스스로 사부라며 '이것이 진실로 성현의 도이고, 주자의 가르침'이라고 말한다.

　依違於廟堂之上하고는 而藉口明哲하니 一言이나 一動을 莫不引經據義하야 以自傅師하야 曰호대 此固聖賢之道也니라 朱子之訓也니라 하야

　아버지가 자식에게 일러주고 형은 동생에게 권하여, 오직 옛 걸음(옛 모습)을 잃을까 두려워하니, 비록 이익만 앞세우는 비천한 필부도 여기까지 이르지 않았는데, 호칭을 빌려 부를 때에도 반드시 학문에 두니, 도도하게 풍속이 되어, 뻔뻔하게 부끄러움도 없다.

　父詔其子하고 兄勗其弟하야 惟懼其或失故步하니 雖壟斷之鄙夫라도 或不至此언마는 而其稱名借號는 則必在於學하야 滔滔成風하야 靦然無恥라

　그래서 높은 벼슬과 후한 봉록을 매우 후하게 받았음에도 국가에 어려움이 있고, 우리 땅에 일이 있어도, 월나라 사람이 진나라 사람 수척한 것 보듯 걱정하지 않고, 나라가 어지럽고 망해 가는 것에 길들여져서 일신의 복리만 꾀한다.

　故로 尊官厚祿이 恩至渥也로대 而國家에 有難하고 封彊에 有事하면 則恝若越人之視秦瘠也[70]하야 馴致衰亂喪亡하고도 而尙謀 一身之福利라

오호 학문으로서 진리를 잃으면 그 폐단이 이 지경에 이른다. 그래서 나는 "학문을 무시하는 무식한 사람들이 양심을 잃어버리고 온갖 근심을 다하는 것만 못하다."고 말한다.

嗚呼라 學問으로서 而失其眞하면 則其弊也는 至此라 吾는 故로 曰호대 不若蔑學無識之徒의 尙不盡梏喪其良心之爲愈也라하노라

이제 주자학을 논하는데, 마침내 말류 세도가들의 해악까지도 언급할 것이니, 내 말에 의심할 바 없이 받아들이게 될 것이다.

今吾論朱子之學할새 而遂及於末流世道之害하니 或得無疑於吾之言乎아마는

내가 언제 주자학을 논한 적이 있는가? 직설적으로 말하면 우리나라 학문의 폐단인데 저들은 감히 주자를 함부로 인용해서, 스스로 사부로 자임하고 주자에게 누를 끼치니 개탄할 뿐이다.

吾何嘗論朱子之學邪아 直指夫我邦學問之弊오 而彼敢妄引朱子하야 以自傅師하야 以累及於朱子가 爲可慨也니라

주자학을 배우는 것은 공자의 도통을 잇기 때문이다. 하나하나 분명하게 분석할 시간은 없지만, 크고 중요한 것을 논하면, 춘추대의에 어긋남이 없으니, 논의 검토할 수 있기를 바란다.

且學朱子는 所以接孔子之統也라 今不暇一一辨析이로되 而擧其大者와 重者하면 宜無過於春秋大義라 請得以商榷之可乎아

70) 월시진척(越視秦瘠): 월나라가 멀리 떨어진 진나라 땅이 걸거나 메마름을 상관하지 않는다는 뜻으로, 남의 환난에 전혀 개의하지 않음을 이르는 말.

『춘추』첫 편에 원년을 크게 썼는데, 노나라 은공 원년이고, 주나라 평왕 49년이지만, 경전에 모두 실려있지 않고, 오직 주해에 덧붙여 있는데 어째서인가?

春秋之首에 大書元年하니 卽魯隱公元年이니 而周平王四十九年이언 마는 經傳에 俱不載하고 惟附見於註解之下하니 何也오

공자는 노나라 사람이고, 춘추는 노나라 역사다. 노나라 사람이면서 노나라 역사를 쓸 때는 반드시 노나라를 주인으로 해야 하고, 주나라는 손님이다. 먼저 주인을 쓰고 나중에 손님을 쓰는 것이 순서이다.

盖孔子는 魯人也오 春秋는 魯史也라 以魯人而書魯史에는 必以魯로 爲主하고 周는 爲客이니 先主而後客함이 其序가 然也라

노나라는 주나라와 같은 성씨의 제후들로서, 경기 지역과 가까움에도, 노나라 역사에는 노나라가 주인이고 나중에 주나라를 서술하는데, 하물며 우리나라는 해외에 떨어져 있어서, 본래 중국 영역이 아니다.

夫以魯之爲周同姓諸侯하야 而密邇王畿로도 在魯史에는 尙主魯而後 周커든 況我國이야 隔在海外하니 原非中國版圖之內라

씨족 자체가 다르고, 또 조선의 개국은 명나라에 의지하지 않았으니, 노나라처럼 같은 성씨로 주나라의 책봉과 다르다.

而氏族이 自別하고 又本朝의 開創이 無藉於明하니 非若魯之以同姓 으로 受封於周니

비록 시대적 추세가 마땅함 때문일지라도, 사대의 예를 다했고, 또 임진왜란 때 의로운 도움에 대해, 임금이 은덕에 대한 보답을 잊지 않은 까닭은 진실로 지극한 충후함이다.

則雖因時勢之宜하야 以盡事大之禮하얏고 又壬辰援恤之義를 上之所 以不忘崇報者는 固忠厚之至나

그러나 의로운 선비라면 오나라의 장소·서성 등이 자신들의 주군이 무릎 꿇고 절을 하는 것을 수치스럽게 여겨, 위나라 형정에게 반발했는 데, 지금은 설사 이렇게 할 수는 없지만, 그래도 어떻게 임금을 버리고 오직 명나라를 섬기는 것을 의라고 할 수 있는가?

而苟有義士 尙當如吳之張昭徐盛輩의 恥其主之屈膝하야 而發憤於邢 貞也이늘 今縱不能然이나 寧可捨吾君하고 而惟事明之爲義乎아

학문을 탐구하는 사람이 저술한 공경대신들의 비문(碑文)에 의하면, 반드시 융경[71] 혹은 만력[72] 몇 년, 탄생, 만력, 혹은 천계[73] 몇 년, 사제[74], 천계, 혹은 숭정[75] 몇 년, 임종이라고 쓰지만, '조선, 언제'라고 쓰지 않는다.

今按講學家의 所著公卿碑誌하면 則必書隆慶、或萬曆、某年、生、萬 曆、或天啓、某年、賜第、天啓、或崇禎某年、卒、並不記本朝某時하니

---

71) 명나라 목종 때 연호. 1567년부터 1572년까지 사용.
72) 명나라 신종 연호.
73) 명나라 희종(熹宗) 대에 사용한 연호(1621~1627).
74) 사제(賜第): 임금이 어떤 신하에게 특별히 과거에 급제한 사람과 똑같은 자격을 주 는 일.
75) 숭정(崇禎): 명나라 마지막 임금인 의종의 연호.

우리 임금 밑에서 살았던 선비, 위질[76]은 우리 임금에게 귀순하여 녹봉을 받으면서, 생졸 관료 재임 기간을 기록할 때에는 모두 명나라를 따르고, 조선과는 관계없이 한다.

夫生長食息於吾君之士하고 委質受祿於吾君之朝하고서 今書其生卒仕宦[77]에는 悉隷之於明하고 而不關本朝하얏섯으니

오호라, 이것도 군신의 의리가 있다고 말할 수 있는가? 군신도 의리가 없는데 오히려 춘추의 법이 있다고 말할 수 있는가?

嗚呼라 是尙可謂有君臣之義者乎아 君臣도 無義어든 而尙可謂有春秋之法邪아

이런 사례로 미루어보면, 그것은 주자를 배워서, 공자의 도통을 이어받은 자가, 얻고 얻지 못함은 따르고 모방하는 것[因襲]에서 나온 것 같은데, 사실은 취지와 서로 맞지 않을 뿐 아니라, 어긋나는 것 또한 많다.

推此而例之면 則其學朱子하야 以接孔子之統者가 得無、出於因襲 依倣之似오 而其實은 與本旨로 相牴牾하고 而且或背馳者多矣니

이렇게 된 이유는 다름이 아니라, 오로지 "내 마음의 편안함을 구하지 않고, 꼭 밖에서 찾는 것을 의라고 여기는 것."에 잘못이 있다.

此其故는 無他라 惟"不求吾心之所安하고 而必求於外以爲義"之過也니

---

76) 위질(委質): 타국의 신하가 상대국의 군주를 접견할 때 무릎을 꿇고 땅에 엎드리는 의식에서 나온 말. 歸順, 臣服이라는 말로 쓰이게 되었다.
77) 사환(仕宦): 예전에 관청에 나가서 나랏일을 맡아보는 자리에 부임하여 일함을 이르던 말.

이것이 맹자가 매우 싫어하는 고자의 '의(義)가 밖에 있다'는 '의외(義外)'설이다.

此ㅣ 孟子所以深惡於告子義外之說也니라

1933. 5. 2 (6)

더욱 이상한 것이 있으니, 어려서 배운 것을 커서 행하려고 하는 것이다. 옛날에 "석 달 동안 섬길 임금이 없으면 위문하고, 국경을 넘을 때에는 반드시 예물을 싣고 갔다"고 했다.

抑尤有異焉하니 夫幼而學之는 壯而欲行之也라 古者에 三月無君則吊오 出疆에 必載質라하니

선비에게 벼슬은 이처럼 중요하다. 그러나 벼슬을 하더라도 봉록에는 뜻을 두지 않았다. 그래서 가난하고 부모가 연로하면 성문지기나 순찰 같은 벼슬도 가리지 않았는데, 그런 것을 녹사라고 한다.[78]

士之急於仕也가 如此로대 惟其仕也ㅡ不志於祿이라 故로 家貧親老하면 不擇而仕함은 如抱關擊柝之類니 謂之祿仕일새

그래서 높은 벼슬은 사양하고 낮은 벼슬에 있는다. 벼슬을 하지만 봉록에 뜻이 없다면, 그 뜻이 어디에 있는지 알 수 있다.

故로 必辭尊而居卑하나니 夫仕而不志於祿이면 則其志之所在를 可知也라

---

78) 녹사(祿仕): 녹봉을 받기 위하여 벼슬을 함.

이것은 후자의 벼슬을 탐내는 자들과 다르지만, 벼슬을 하려는 뜻은 후자의 사람들과 다른 적이 없다.

此與後之貪戀祿位者로 異矣나 而其欲仕之意는 未始不同於後之人也니

우리나라 학자인들 이와 크게 다른 것이 있겠느냐마는, 명종 이후 이전의 법규를 바꾸어 뽑히면 부름을 받는데, 예우가 아주 특별해서 시종과 승선[79]이 거듭해서 많이 내려와도, 더욱 겸손하게 물러나 피해서 마치 막힌 것처럼 보이면서 감히 한 걸음도 나아가지 않으니, 위에서는 그에 대한 예우가 더욱 융숭해지고, 아래서는 받지 않는 것이 더욱 강해져서, 위에서는 귀찮아하고, 아래서는 업신여기니, 왕명을 받고 온 사람만 피곤하게 바삐 돌아다닐 뿐이다.

吾邦之學者인들亦何嘗大異於此리요 마는 惟 明陵以後에는 則變乎前規하야 苟被徵選이면 而禮遇逈別하야 侍從과 承宣이 猥至而疊降하야도 則愈益辭遜退避하야 視若艮限하야 不敢出一步하니 則上之所以禮之者는 愈隆하고 下之所以不膺者는 愈堅하야 上煩下瀆하야 王人이 疲於奔命이라

직위가 높을수록 나아가기 더욱 어렵고, 부탁이 정성스러울수록 거절도 더욱 강해져서, 마침내 최고 지위인 정승까지 오르고, 늙어서도 백성과 국가에 도움을 줄 수 있는 것이 하나도 없고, 또 전하 앞에 나아가 임금의 명령에 대답한 적이 없지만, 무리들은 그 밝고 뛰어난 숭고함만

---

79) 승선(承宣): 1894년(고종 31) 갑오개혁 때 궁내부에 소속되어 왕실 사무를 맡아보던 관청을 승선원(承宣院)이라고 하는데, 그 안에 도승선·좌승선·우승선·좌부승선·우부승선 각 1명씩을 두었다. 담당 임무는 왕명의 출납 등이었다.

보고, 사람들이 바라보고 감탄하게 되니, 확실히 한 시대의 스승이다.

位益高而進益難하고 命益勤而拒益牢하야 竟至位至台鼎하고 年逮耆
艾하야도 而無一事可以裨補民國하고 並未嘗一登前陛하야 以答寵命하
니 徒見其崇高熿(?)躍하야 爲國人所瞻望咨嗟하야 而儼然一代宗師矣라

이것은 한 사람에게는 정 때문에 궁색하기도 하고 의리 때문에 마음
속에 품은 것이 있을지언정, 지나침에서 나온 것 같으니, 최선의 도라
고 할 수는 없다.

此在一人에 或因情有所迫하고 義有所懷而然이라도 猶恐或出於過中
之擧요 而未必爲盡善之道이든

지난 수백 년 동안, 경연에 초빙된 학자의 사명은 이 도를 지켜서
도장처럼 어긋나지 않고 차이도 없는데, 실제로 지금까지 보기 드물지
만, 유독 우리나라만이 그러하다.

顧此數百年來로 凡被經筵徵士之命者는 一遵斯道하야 若印板然트시
無或參差하니 實古今天下之所罕見이오 而獨吾東爲然이라

참으로 무슨 말인가? 벼슬을 하면서 도를 행할 수 없으면, 훌륭한
자질이 있는 사람을 가르쳐서, 국가를 도와 인재양성이라는 눈에 띄는
업적이 있기를 바라지만, 평소 언행과 제자들에게 전수한 것이 실생활
에 맞게 옛날의 선비 교육처럼 예절 음악 활쏘기 말타기부터 군제[80]
전부[81] 빈사[82] 소송 관련 일에 이르기까지 모두 학교에서 배웠다고 들

---

80) 군제(軍制): 군의 창설 · 유지 및 운용에 관한 일체의 제도.
81) 전부(田賦): 논밭에 부과하던 조세.

은 적이 없다.

是誠何說焉고 旣不能踐其位而行其道나 則尙望其敎育材良하야 以助國家作成之功함이 猶有可觀이어늘 而其平日所言所行과 與夫傳授及門者ㅣ 未聞有實事實用之如古之敎士의 自禮樂射御로 以迄軍制、田賦、儐使、訟獄之類를 悉肄習於學校之中焉이오

오직 정주의 책에 언급된 태극·무극·음양·이기 등의 설을 늘어놓고 부연 설명하는 것이니, 침대 아래 또 침대를 두는 것이고, 지붕 위에 지붕을 얹는 것이다.

惟於程朱書中의 所論한 太極無極陰陽理氣等說에 敷衍餖飣으로 疊寐下之寐하고 架屋上之屋하니

음양·이기는 본래 유가가 말하고 탐구하여 시작한 것이 아니어서, 깊이 있게 알지 못하지만, 전에 밝혀내지 못한 것을 밝혀낸 것이니, 어찌 성인 문하에 끼친 공이 없겠느냐마는, 이렇지 않고 무리들이 주워 모아 늘어놓고 난잡하게 나열해서, 가르치는 선생처럼 꾸민 것뿐이라면, 도대체 무슨 이득이 있겠는가?

夫陰陽理氣가 固未始非儒者의所當講究니 而苟有一知半解라도 可以發前未發이면 則豈不誠有功於聖門哉리오마는 不然코서而徒掇拾陳屑하고 羅列蕪雜하야 扮飾講學先生樣子而已면 則竟亦何益之有哉리오

옛날 진북계[83]와 요쌍봉[84]도 말만 잘한다고 비난을 받았는데, 하물

82) 빈사(儐使): 사신을 맞이하고 접대하는 관리.
83) 진북계(陳北溪): 송나라 진순(陳淳)의 호이며 주자의 문인.

며 진북계 요쌍봉에도 미치지 못하는가?

昔에 北溪之陳과 雙峯之饒도 尙得能言之譏커든 況不及陳饒者哉아

명종 이후 당쟁이 극렬해서 커다란 옥사가 자주 일어나고, 영정조에
이르러 갈수록 거세졌는데, 처음에는 서로 죽이다가, 마침내 대권이 한
곳으로 몰리니, 폭정이 심해지고, 심지어 집안을 멸족시키고 후세가 용
서하지 않으니, 비록 진·한의 삼족을 멸하는 연좌법이라도 이처럼 잔
혹하지는 않았다.

況明陵以後로 加之以黨禍劇烈하야 大獄이 屢起하고 迄于英正에 愈
礚愈激하야 始則互相誅殺이라가 終則大權이 歸一하매 而虐口이 方爀하
야 甚且湛族口宅하야 百世不宥하니 雖秦漢參夷之律이라도 未有若是酷
也라

나쁜 무리를 제거하고, 나머지 잔당들을 위협하니, 이른바 태반이 한
(韓)나라 위공(魏公) 휘하의 무리들이 위협에 흠칫흠칫 놀라는 형국이다.

鋤其强梗85)하고 而脅其餘하니 則所謂太半韓魏之膝이 惴惴乎虛喝者
矣라

때는 항복해서 남은 기름이라도 베푸는 것을 구걸해야 하는 시기이
니, 위세를 두려워하고 편안함을 원하는데, (오히려) 나날이 위축되다

---

84) 요쌍봉(饒雙峯): 남송의 성리학자 요로(饒魯). 자는 백여(伯興) 또는 중원(仲元), 쌍
  봉은 그의 호. 주자의 문인 황간(黃榦)과 이번(李燔)에게 사사했다. 저서에 『요쌍봉강
  의(饒雙峯講義)』가 있다.
85) 서기강경(鋤其强梗): 형벌을 만들어 강경함을 제거하는 것. 불법의 무리를 제거하
  는 것.

가 세월이 오래되어, 더욱 숨이 끊어질 듯 일어나지 못했다.

時引降附하야 丐其殘膏餘瀝하면 則畏威懷安하야 日以萎銷縮口하더
니 歷世彌久하매 而愈就奄奄不振하니

선비는 나라의 인재인데, 그 기개는 곧지만 제멋대로여서, 벼슬과
녹봉으로 얽어매기 어렵고, 형벌로도 위협하기 어렵다.

夫士之爲國楨幹者는 以其氣也라 方其直而肆也에 爵祿이 不足以縻之
요 刀鋸가 不足以威之라

나라가 위기에 빠져서 위급한데, 죽음을 보고 집에 돌아가는 것처럼
하니, 그 의지가 과연 어떠하겠는가!

徇國家之急하야 而視死如歸하니 此其志果何如也오

이제 그 기개를 꺾고, 몰아세워 의지를 막고 기개를 빼앗아, 극도로
위축되니, 마치 다친 새가 활시위 소리를 듣는 것 같고, 서로 돕는 것이
사소한 이익 때문에 큰 이익을 보지 못하는 것 같으니, 이 같은 사람에
게 절의 굳은 행동으로 책임지게 하면, 난쟁이에게 커다란 솥을 억지로
둘러메게 하는 것과 같지 않은가?

今顧摧折之하며 馳驟之하야 沮其志而奪其氣하야 畏約之極에 有若傷
禽之聞弦하며 濡沫[86]之需을 殆同駑馬之戀棧[87]하니 以若是之人으로 而

---

86) 유말(濡沫): 하천에 물이 말라 몸이 드러난 물고기가 서로 침으로 상대를 적셔 준다는
   말로, 곤경에 처한 사람이 서로 돕는 것을 이른다.
87) 노마연잔(駑馬戀棧): 駑馬(느리고 둔한 말, 또는 늙은 말)가 말구유에 남은 얼마 안
   되는 콩을 못 잊어 마구간을 떠나지 못한다는 뜻으로, 사소한 이익에 얽매여 큰 이익을
   내다보지 못함을 비유로 이르는 말. 棧豆之戀이라고도 한다.

責以節烈之行이면 則不幾近於强儦僥以扛禹鼎邪아

비록 저들이 당파를 만들고 멋대로 권세를 휘두르며, 사적인 것으로 공적인 것을 제거하지만, 그들이 사람들에게 명령하며 의지하는 것은 반드시 도학을 끌어오는 것이며, 명분과 의리를 스승으로 삼고, 나라의 근본 방침을 성취한다.
雖然이나 彼固植黨擅權 扶私滅公이로되 而其所藉以令於衆者는 則必引道學하고 傅名義하야 以成國是也라

오호 옛날 권력을 가진 간신이 위세를 쥐고서, 비록 한 시대를 억누를 수 있지만, 정론은 아래서부터 끊이지 않았다.
嗚呼라 古之權奸이 秉其勢威하매 雖足以箝制[88]一世나 然이나 正論이 不絶於下라

세력이 지나가면, 대체자가 반드시 이전의 폐단을 통렬하게 혁신하여, 공리를 펼쳐 상벌이 딱 맞았는데, 지금은 그렇지 않아서, 도학과 명분 의리의 엄중함이 실로 범할 수 없을 정도로 두렵고, 또 권력을 잡은 자는 꼭 척족에게 물려주니, 모두 같은 당파의 사람일 뿐이다.
故로 勢力이 一去하면 則代之者ㅣ必痛革前弊하매 公理獲伸而賞罰得中이 어늘 今則不然하야 道學之重과 名義之嚴이 固已凜乎不可犯이오 而又柄國者는 必以戚으로 相繼하니 皆其黨中人耳라

---

88) 겸제(箝制): 말에 재갈을 물린다는 뜻으로, '행동이나 의사의 자유를 얽매고 억누름'을 이르는 말.

도와 의를 이어받아 행함이 더욱 엄중하니, 누가 감히 우물쭈물하여, 파멸의 죄를 자초하겠는가!

紹述其道與義하야 而益嚴益重하니 則孰敢有擬議於其間하야

권력을 쥔 간신에게 죄를 지어 죽으면, 원통함을 풀 수 있는 날이 있지만, 엄중한 도의에 죄를 지어, 역적이라는 죄명으로 죽으면, 만겁으로 침몰하여, 영원히 재기의 희망이 없다.

而自速湛滅之誅哉리요 且得罪於權奸而死면 則尙有伸雪之日이나 得罪於道義之重하야 而死以亂逆之名이면 則沈沒萬劫하야 永無煎拔之望이라

그러므로 비록 신하의 절의를 지킨 선비가, 죽음도 마다하지 않고 투쟁해야 하는데, 오히려 이리저리 생각하고 배회하며 감히 일어나지 않은 것은, 지극히 엄중한 도의 때문에 역적의 죄명이 뒤따르는 것을 두려워하는 것이다.

故로 雖有盡臣節士하야 不惜一死以爭이로되 而尙且瞻顧徊徨而不敢發者는 誠懼夫道義之至重함에 而亂逆之名이 隨其後也라

오호라 사람을 가두고 그들을 완전히 어리석게 만들어 입 다물고 말도 못하게 하고, 바른 도가 실행되지 않고, 공론이 드러나지 않으며, 뜻있는 선비는 의기소침하고 눈물만 훔치니 더 이상 희망이 없게 되었다.

嗚呼라 圍一國之人而使之囫圇癡口하야 噤不敢出聲하야 直道不行하고 公論不著하니 則固志士之灰心抆淚에 無復望矣라

당화는 당화일 뿐, 도학과 무슨 상관이 있다고, 기필코 도학을 끌어
들여 잘못이라 하면서 과실이 없다고 하느냐. 나는 일찍이 우리나라의
학문과 연구는 당화의 길에 처할 수밖에 없는 세 가지를 말했다. '승부
욕[勝務]', '다수의 횡포[衆討]', '누대로 지킴' 등이다.

夫黨禍는 自黨禍라 何預於道學이기에 而必引以爲咎오 得無過歟아하
리라마는 吾嘗謂吾邦講學은 有必致黨禍之道者三焉하니 務勝이요 日衆
討요 曰世守니

'승부욕'이란, 의리는 무궁하니, 나의 견해와 다른 사람의 견해가 반
드시 같지 않을 때, 다른 의견이 나오면, 나를 중심으로 하고 다른 의견
을 배척한다. 이것이 '다툼'의 원인이다.

何謂務勝코 夫義理는 無窮이니 而吾之見이 與人之見으로 未必相同
하매 而或出於異면 則必主我而斥彼하나니 此其所以爭也라

하물며 스스로 사도를 자임하면서 나라의 두터운 명망을 책임지니,
그 권위가 상대를 굴복시키기 충분하다. 또 그들의 인용 근거는 모두
성현의 말씀이니 저들의 악함이 감히 나를 대적할 수 있는가?

況吾方以師道로 自任하고 而負一國之重望하니 權威가 足以服彼오
而又所引據가 皆聖賢之說이니 則彼惡敢敵我哉리요

나는 나날이 거대하고, 세력은 나날이 확장하니, 이에 필승의 계획을
실행하면서, 의미 깊은 문장으로 죄를 조작하여 죄에 빠뜨리고, 잔혹한
관리가 중대 범죄를 처벌하듯 하고, 한패가 되어 그들을 탄핵하고, 비
율[89]을 근거로 연못 밖으로 탈출하거나 그물에서 빠져나올 수 없게 한

다. 이것이 당화에 이르게 되는 첫 번째이다.

我는 日以大하고 勢는 日以張하니 於是에 行必勝之策할사로 而其深
文으로 周內함이 如酷吏之斷獄툿하야 引繩以抨之하고 比律以傅之하야
無或敢脫於淵而漏於綱也하니 此其所以致黨禍者ㅣ一也오

무엇이 '다수의 횡포'인가? 다툼의 방법을 리에서 찾지 않고 힘에서
찾는데, 힘은 다중에서 나오기 때문에, 반드시 나와 이득을 같이 하는
자를 구한다.

何謂衆討오 夫爭之之道가 旣不求於理하고 而求於力하니 則力生於衆
일새 故로 必求與我同其利者오

그러나 나의 위협이 크면, 따라오는 이익 또한 넓어진다. 그러면 사
람들도 누가 나에게 붙는 것을 싫어하겠는가? 나에게 다수의 사람이
붙으니, 무리가 성하면 힘이 강해지고, 멋대로 죄를 처벌해도 감히 거
역하는 자가 없다. 이것이 당화에 이르는 원인 중 하나다.

而 況吾所以威之者ㅣ大矣니 則從而爲利者ㅣ亦博矣라 人亦孰不樂附
我哉리요 附我者ㅣ衆하니 而黨盛力强하야 肆行誅討하야도 而無敢逆者
하니 此其所以致黨禍者ㅣ一也요

무엇이 '누대로 지킴'인가? 강자가 승리하고, 약자가 굴복하면, 마음
이 편해서 별일이 없지만, 상대방이 의가 아닌 힘으로 승리하면, 굴복
하는 자도 힘에 굴복하는 것이지, 의에 굴복하는 것이 아니다. 진실로

---

89) 비율(比律): 정확한 법조문인 正律이 없을 때, 가장 비슷한 법조문을 끌어다 죄를
조사하고 다스렸는데, 이것을 比依 또는 比律이라고 했다.

의에 굴복하지 않으면, 내 마음이 지키는 것을 고치지 않는다.

何謂世守오 强者旣勝하고 弱者旣服하면 則可以帖然而無事矣언마는 顧彼之所以勝之者ㅣ以力이오 而不以義니 則其服者도 亦服於力이오 而 不服於義也라 苟不服於義면 則吾心之所秉者는 未嘗改也어든

우리 무리가 전수 받은 것 또한 도학인데, 스승이 제자에게 준 것과 조상이 전해준 것이 이미 오래되었다.

況吾黨之受授도 亦以道學이니 而師生之所與와 父祖之相傳이 已久矣라

지금 힘에 굴복하여 저들에게 굴복했지만, 어떻게 조상과 스승이 전 해준 의가 버려지는 것을 참고, 지킬 생각을 하지 않을 수 있는가?

今縱屈於力而服於彼나 亦安忍弁髦[90] 父師相傳之義하야 而不思守之 乎아

굴복이 오래될수록 더욱 견고하게 굳어진다. 이것이 당화에 이르는 원인 중 하나다. '승부욕'과 '다수의 횡포'는 그 재앙이 한 시기만 극성 이지만, 오히려 시간이 흘러 사건이 마무리되면, 점차 조화의 희망을 이루니, 다투는 것은 이로운 형세이다.

服之愈久而守之愈固하니 此其所以致黨禍者ㅣ一也라 夫務勝과 與衆 討는 禍雖劇於一時나 而尙有時移事平하면 漸就和協之望者ㅣ니 以其所 爭者ㅣ勢利也라

---

90) 변모(弁髦): 쓸모가 없어져서 내버리는 것을 말한다. 옛날 童子가 冠禮를 할 때 잠깐 썼다가 관례를 마치고 즉시 버렸다.

이로운 형세가 다하면 다툼은 저절로 멈춘다. '누대로 지킴'의 재앙
은 단단하게 묶여 풀리지 않고 끝이 없으니 어째서인가?

勢利盡則爭自息也로되 若世守之禍는 固結不解하야 而迄于無窮하나
니 何也오

도학을 표방하고 명분과 의리로 펼치는데, 도와 의는 오래되었다고
사라지지 않으며, 멀어졌다고 끊어지지 않고, 이어져서 없어지지 않
는다.

標以道學而傳以名義하니 則道 與義者는 不以久而廢오 不以遠而絶하
야 彌亘而不可泯者也라

그러므로 오직 도학만이 당화에 이르는 길은 아니다. 즉 당화가 도학
의 이름을 빌리지 않으면, 이처럼 심각한 지경에 이르지 않는다.

然則不惟道學이 有致黨禍之道也라 卽黨禍가 非藉道學之名이면 不應
至此甚也니

나는 여기서 우리나라 학문이 참되지 않고 허위로 내달리는 것에 한
이 없을 수 없다.

吾於是에 不能無恨於吾邦學問之不眞而鶩於虛僞之過也라

그 사이 영남에는 서애(西厓) 류성용(柳成龍)과 학봉(鶴峯) 김성일(金誠
一)의 향사 서열로 논쟁이 있었고, 경기에는 호락논쟁이 있어서, 학계
의 의론이 분분하지만, 나는 이에 대해 본래 비난할 것이 없으니, 자세
히 논하지 않겠다.

抑其間에 嶺有柳金亨次之爭하고 京有湖洛理說之戰하야 頗爲學界 紛
紜之端이나 然이나 鄙以下는 固無譏焉하니 此不縷述也라

1933. 6. 10 (7)

나는 일찍이 천하의 안정과 혼란은 학술의 명암과 연결되어 있으며,
학술의 근본은 학술의 진위를 살피는데 있다고 했다. 진위란 무엇인가?

吾嘗言天下之治亂은 必繫於學術之晦明이오 學術之本은 又必在於審
其眞僞라 하노니 何以謂眞與僞也오

공자는 "향원은 덕의 도둑이다."[91]라고 했고, 맹자는 향원을 "비난하
려고 해도 거론할 것이 없고, 질책하려 해도 질책할 것이 없으며, 거주할
때는 충실하고 미더운 것 같고, 행동은 청렴 정결한 것 같다."고 했다.[92]

孔子曰鄕原은 德之賊也 라 하시고 孟子論鄕原호대 稱非之無擧也오
刺之無刺也라 居之似忠信하며 行之似廉潔이라 하시니

충신, 청렴, 정결, 비난할 것이 없고, 질책할 것이 없는 사람을 덕의
도둑이라고 한 것은 어째서인가? 오호, 향원이 이러한 것은 그렇게 행
동하기 때문이다.

夫忠信、廉潔、無非、無刺之人而謂以德之賊은 何也오 嗚呼라 鄕原之
爲此者ㅣ 非無所爲而然也라

---

91) 향원(鄕原): 마을 사람들로부터 신망을 얻기 위하여 여론에 영합하는 사람. 『논어』
「양화」 13 참고.
92) 『맹자』 「진심하」 37.

그 마음이 세속에 부화뇌동 하고, 더러운 세상에 영합하며, 때로는
작은 은혜를 지나치게 삼가 청렴결백하고, 충실하며, 미덥다는 명성을
널리 미치니, 향원이 행하고 도모한 것을 헤아려보면 사욕 채우기에
편리하거나, 자기 이익을 구하는 것이 아니면 가지 않는다.

盖其心이 求所以同乎流俗하며 合乎汗世오 而時以曲謹[93]小惠로 以博
廉潔忠信之名하니 究其所行所謀하면 無往非便己私而求己利也라

일의 득실과 좋고 나쁨은 구체적으로 논하지 않고, 양심이 이미 다
무너져 남은 것이 없으니, 오히려 진취적인 광자와 하지 않으려는 견자
의 현명함만 못하다.

事之得失과 善否는 且勿具論하고 其良心은 已壞盡無餘니 反不若狂狷
之士의 尙能有進取與不爲之爲賢也니라

광견지사[94]는 본래 성인이 인정한 것으로, 더러운 세상과 함께 행하
지 않는 사람들인데, (향원을 이들과) 비교해서 논할지라도 미치지 못
하는 것은 왜인가?

狂狷之士는 固是聖人之所許也어니와 卽與世之汗下無行之徒로 比而
論之라도 猶有所不及하나니 何也오 汗下無行者는 其

더러운 세상에 행실이 없는 사람은 그 잘못이 쉽게 보여서, 사람마다

---

93) 곡근(曲謹): 지나치게 삼감. 曲은 도리에 맞지 않는다는 뜻.
94) 광자는 뜻이 지극히 높으나 작은 일에 거리끼지 않는 사람(狂者, 志極高而行不掩),
    견자는 지혜가 미치질 못하나 지키는 것이 있다(狷者, 知未及而守有餘). 광자, 진취적
    인 사람. 견자, 고집스럽고 굳은 사람. 『논어』 「子路」 참고.

꾸짖고 배척할 수 있으며, 또 그런 것을 징벌하여 못하도록 하니, 세상의 도리에 끼친 해가 오히려 적다.

汗下無行者는 其失이 易見하야 人人得以訴斥이니 則亦且懲其然而莫爲라 其賠[95])害世道猶少也나

향원의 사이비 충실, 미더움, 청렴, 정결은 사람들이 그것을 잘못이라고 알지 못하고, 그래서 나쁜 놈들과 한 패거리가 되어 나쁜 짓을 해서, 이기적으로 세상에 영합하기 좋아할 만큼 충분하다.

若鄕原之似忠信廉潔은 人無得以非之오 而其同流合汚하야 利己媚世함이 有足 樂者일새

그런데 이런 자들을 탐내고 사모하지 않는 사람이 없다. 그러므로 세상을 부패시키고, 세상의 인재를 해치는 자로서, 향원 같은 자가 없다.

人莫不艶而慕之하나니 故로 凡敗天下之俗하고 害天下之材者ㅣ莫鄕原若也니라

성인은 이것을 염려하여 "사이비를 미워하니, 피를 미워하는 것은 벼의 싹을 어지럽힐까 염려하기 때문이고, 말재주 있는 자를 미워하는 것은, 의로움을 어지럽힐까 염려해서이고, (음란한) 정나라 음악을 미워하는 것은 바른 음악을 어지럽힐까 염려해서이고, 자주색을 미워하는 것은 붉은색을 어지럽힐까 염려해서이다."라고 말했다.[96]

聖人이 憂之하야 有曰"惡似而非者하나니 惡莠는 恐其亂苗也오 惡佞

---

95) '貽'의 오자인 듯.
96) 『맹자』「盡心下」 37 참고.

은 恐其亂義也오 惡鄭聲은 恐其亂樂也오 惡紫는 恐其亂朱也"라하니

이와 같은데 어찌 도둑이라고 부르지 않겠는가? 도둑은 다른 사람 것을 훔쳐서 자기 소유로 하는 호칭이고, 또 다른 사람을 해쳐서 자신을 이롭게 하는 용어다. 다른 사람 것을 훔치고 다른 사람을 해치는데 어찌 마음의 허위일 뿐이겠는가?

夫如是則安得不謂之賊耶아 賊者는 竊人之有하야 以爲己有之稱이오 又害人以利己之辭라 竊人害人則豈心虛僞而已哉아

양명 선생이 말하기를, "삼대 이후 선비가 시세에 영합하여 얻은 훌륭한 명성은 향원 같은 것을 얻는 것에 불과하니, 충실, 미더움, 청렴, 정결을 살펴보면 처자에게도 의심을 받는 지경에 이르게 됨을 면하지 못한다. 비록 순수 향원이 되려고 해도 쉽지 않은데, 하물며 성인의 도를 어떻게 하겠는가?"

陽明先生曰 "三代以下에 士之取盛名于(幹[97])時者는 不過得鄕原之似니 究其忠信廉潔이 或未 免致疑于妻子라하니 雖欲純乎鄕原이라도 亦未 易得커든 而況聖人之道乎아"[98]

『중용』에 "아무도 보지 않는 곳에서 몸을 삼가고, 들리지 않는 곳에서도 두려워한다."고 하는데, '보이지 않고, 들리지도 않는 곳'은 자기 혼자 아는 것으로, 다른 사람이 관여할 수 없다.

中庸에 曰"戒愼乎其所不覩하며[99] 恐懼乎其所不聞"이라하니 不覩不

---

97) 束景南 査明昊, 『王陽明全集補編』(上海古籍出版社, 2016).

98) 원문은 『王陽明全集補編』 참고.

聞은 己得獨知오 而人無得以與之也라

그것이 선하면 오직 내가 그것을 알고 그것이 선하지 않아도 이 또한 오직 내가 그것을 안다. 여기서 자신을 속이고 남을 속이면서 슬그머니 그 선하지 못한 것을 가리고 그 선한 것을 드러내면, 설사 한때 헛된 행실이라도 그 또한 사실에 무슨 도움이 있겠는가?

其善歟아 惟吾知之오 其不善歟아 亦惟吾知之니[100] 苟於此에 自欺而欺人하야 壓然揜其不善而著其善하면 縱使所虛擧于一時라도 其亦何益於實哉아

하물며 군자가 보기에 속을 훤히 보는 것 같으니, 또 어찌 끝까지 속여 사람들이 알아차리지 못하게 할 수 있는가?

況君子ㅣ 見之에 如見其肺肝이니 則又安能終欺而人竟不覺哉아

내가 우리나라 학자를 논하는데 미상불 거짓에 가깝지 않을까 두려웠다. 오호 나 역시 어찌 감히 우리나라 학자를 심하게 헐뜯겠냐마는, 비록 그렇더라도 나는 우리나라 학문의 폐단에 대해 이미 여러 차례 말했다.

今吾ㅣ 論吾邦之學者而未常[101]不懼其或近於 僞也라 嗚呼라 吾亦安敢厚誣吾邦之學者리요마는 雖然이나 吾於吾邦之學弊에 固已累言之矣라

---

99) 『중용』은 '睹'
100) 『大學問』7. 참고.
101) 嘗의 誤字인 듯.

중엽 이전에 여러 선현들의 도덕과 문장이 온 세상에 휘황찬란하게 빛난지 오래되었으니 논할 필요가 없다. 산림지사, 심조자득지사[102] 말고 또 누가 얻겠는가?

中葉以上으로 諸老先生의 道德文章이 炳烺天壤함은 尙矣라 無論이오 卽山林宿德,[103] 深造自得之士인들 又孰得以之哉리오

근래 어쩔 수 없이 하는 풍속이 나날이 성하지만, 만약 마음으로 돌아가서 구하면 그 결과는 홀로 아는 것에 부끄러움이 없겠는가? 혹 부끄러움이 없을 수 없지마는, 여전히 학파를 수립할 수 있고, 커다란 명성을 누려, 당당하게 스승으로 자처해도 사람들은 전혀 알지 못한다.

惟挽近矯強之風이 日盛하나 苟使返而求諸心이면 則其果無愧於獨知邪아 或不能無愧엇마는 而尙能樹門庭하며 享大名하야 儼然以宗師自居

---

102) 심조자득(深造自得): 학문의 깊은 뜻을 파고들어 스스로 깨우쳐 터득함.

103) 산림(山林): 조선시대 山谷林下에 은거해 있으면서 학덕을 겸비해 국가로부터 부름을 받은 인물. 山林之士·山林宿德之士·山林讀書之士의 약칭으로, 下下之人·林下讀書之人 등으로도 불려졌다. 과거시험을 보지 않고 향촌에 은거해 있으면서 유림(儒林)의 추앙을 받았다. 정계를 떠나 있어도 정치에 무관심하였던 것은 아니며, 정계에 진출해 있으면서도 항상 산림에 본거지를 가지고 있는 조선 후기 특유의 존재였다. 또한, 국가로부터 징소를 받아 관직의 제수를 비롯해 온갖 특별한 대우를 향유했던 부류였다. 이런 의미에서 정치와 무관하였던 단순한 일민(逸民)이나 국가의 징소를 받지 못한 여타의 재야학자들과도 구별되는 것이다. 산림이라는 용어는 16세기말 성혼(成渾)·정인홍(鄭仁弘) 등이 정치와 긴밀한 연결을 가지면서 하나의 역사적인 용어로 정착되었다. 조선 후기에 과거를 거친 관료보다 과거를 거치지 않고 향촌에 은둔해 있던 학자가 더 존중되는 분위기가 형성된 데는, 사화(士禍)를 거치면서 사환(仕宦)에 매력을 잃고 향촌에서 침잠성리(沈潛性理)한 일부 사림(士林)들의 성향 변화가 큰 영향을 주었다. 이와 함께 직접적인 은둔의 계기로 작용한 것은 당시 과거 제도의 말폐, 정치적 질서의 문란, 청나라에 대한 굴욕 등을 지적할 수 있다. 산림의 정계 진출이 인조대부터 본격화되면서, 정부에서는 특별히 산림직을 신설해 우대하였다. 산림직은 마땅한 인물이 없으면, 자리를 비워둘망정 산림이 아닌 인물은 임명될 수 없는 관직으로, 산림의 특이성을 잘 대변해 준다. 『한국민족문화대백과사전』 참고.

하야도 而人竟不之覺邪아

혹은 알면서도 세상이 그를 존경한 지 이미 오래되었고, 따르는 사람들 또한 이미 많아져서, 감히 그것에 이견을 세우지 못하고, 뿐만 아니라 자기에게 이득이 되기를 바라서 그를 추존하고, 추존으로 부족하면 또 반대하는 자를 꾸짖고 배척하여, 사악함을 끊는 것으로 생각한다.
抑覺之而世之尊之也ㅣ已久하고 人之趨之也ㅣ已衆으로 而不敢立異於其間하고 且冀其或利於己하야 而推尊之할새 推尊之로는 不足하므로 則又詬斥其所忤者하야 以爲切邪아

만약 이러하다면 추존하는 자와 추존 받는 자는 오직 거짓일 뿐이다. 학문이 어떻게 이루어지며, 도는 어떻게 밝혀지는가?
苟若是면 則其尊之者와 與被尊者ㅣ惟曰僞而己라 學何由成이며 而道何由明邪아

오호 가령 내 말이 망령되면 그만이지만, 단지 말이 그다지 망령되지 않고, 혹시 수박 겉핥기라도 진리에서 나온 것이라면, 그 이유를 생각해야 한다.
嗚呼라 使吾言而妄也면 則已로되 苟其言不盡妄하고 而或有一知半解之出於眞理면 則此其故를 不可不思也니라

고정림이 '나라의 흥망은 선비에게 책임이 있다'라고 했는데, 선비는 사람들이 소망하는 것을 표현하는 원천이다. 풍속의 좋음과 메마름, 인재의 성패가 모두 선비로부터 나오니, 쇠란에 이르는 원인을 누가 담당

하겠는가?

顧亭林[104]이 有言호대 國之興亡은 士與有責焉이라하니 士者는 民庶
之所望以爲表泉(?)者也라 風俗之良枯와 人材之成壞가 悉由之니 則馴致
衰亂之故를 誰當尸之오

재집·시종·목백·영장을 맡기더라도[105] 완고하고 우둔함·천박하고
비루함·사리를 탐내며·부끄러움이 없는 지경에 이른 것은 오직 배우지
않아서 도를 잃어버리고, 그것을 기르는 까닭이 부끄러움의 극치에 이
르러서인가?

苟諉之宰執·侍從·牧伯·令長이라도 則其頑鈍、庸陋、嗜利、無恥之
至於此者−獨非學失其道하야 所以養成之者−至汗下之致歟아

그래서 나는 '천하의 안정과 혼란은 반드시 학술의 밝고 어두움에
달려있다'고 말했는데, 만약 그렇지 않으면, 또 어떻게 학문이 귀하겠
는가? 학술의 밝고 어두움이 안정·혼란과 관계없다고 말하면, 이것은
내가 말했던 '거짓 도학'인데, 이것은 무슨 말인가?

吾故曰天下之治亂은 必繫於學術之晦明이라하노니 苟不然이면 又何
貴於學也리오 夫以學術之晦明으로 謂無關於治亂은 此吾所謂假道學也

---

104) 고정림(顧亭林): 고염무(顧炎武, 1613~1682)로, 자는 영인(寧人)이고, 정림은 그의
   호. 명말의 대학자로, 당시의 양명학이 공리공론을 일삼는 것을 비판하며 경세치용의
   학문에 뜻을 두었다.
105) 재집(宰執): 임금을 도와 모든 관원을 지휘하고 감독하는 이품 이상의 벼슬이나 그런
   자리에 있는 사람을 통틀어 이르던 말. 牧伯: 지방 행정 단위의 하나인 목을 맡아 다스리
   던 정삼품의 외직 문관. 令長: 현령과 현장(縣長). 만 호 이상의 현의 관리는 영(令)이라
   불렸고, 만 호 미만 현의 관리는 장(長)이라 불렸음.

라 何以言之오

성인의 마음은 만물을 하나로 여기는 것이니, 그것은 천하를 한 가족으로 여기고, 한 나라를 한 사람의 몸으로 본 것이다. 만약 사람이나 사물이 마땅한 자리를 얻지 못하면, 측은한 마음이 (그것을) 도랑에 밀어 넣은 것처럼 생각하는데, 이것은 일부러 그렇게 해서, 나를 믿고 따르는 사람들을 잘라버리는 것이 아니다.

盖聖人之心은 以天地萬物로 爲一體하나니 其視天下를 猶一家之親이오 視一國을 猶一人之身이라 苟有一民一物之不得其所면 其惻隱之念이 若己推而納諸溝中하나니 非故爲是하야 以斬人之信我而附我也라

오로지 스스로 만족함을 추구해야 백성을 사랑하는 인에 이른다. 백성을 사랑하지 않으면 밝은 덕을 밝히기 부족하고, 밝은 덕이 아니면 백성을 사랑하는 인에 이르기 부족하다. 이것이 본체를 밝히고 쓰임에 이르는 공부이고, 본말을 갖추고 안과 밖을 합하는 도이다.

惟求所以自慊하야 以達其親民之仁矣라 非親民이면 不足以明其明德이오 非明德이면 不足以達其親民之仁矣니 此卽明體達用之工이오 而該本末合內外之道也라

성인은 여기서 편안하고, 학문을 하는 사람은 이것을 배우는 것이니, 이것을 버리고는 학문이라 말할 수 없고, 도라고 말할 수 없다.

聖人은 安乎此者也오 學者는 學乎此者也니 捨此하고는 而外에 無所謂學也오 亦無所謂道也라

1933. 6. 12 (8)

저들은 밝은 덕이 반드시 백성을 사랑함에 있음을 모르고, 허무공적[106]에 빠지면, 천지·국가를 위해 힘쓸 수 없다. 백성을 사랑하는 것이 반드시 밝은 덕에 있음을 모르고, 오직 이욕(利慾)과 모략에서 나오면 또 불쌍히 여기어 슬퍼하는 정성스러운 인애(仁愛)가 아니니, 이 모두가 사욕에 치우쳐, 중화(中和) 본체의 덕을 잃은 것이다.

彼不知明德之必在於親民하야 而淪於虛無空寂이면 則不可以爲天下國家之施矣오 不知親民之必在於明德하고 而專出於功利權謀면 則又非仁愛惻怛之誠矣니 此皆偏於私意하야 而失其中和本體之德者也라

이를 근거로 말하면 우리나라 학자는 공부를 밝은 덕에 두고, 백성을 사랑하는 것에 두어야 한다. 번거로운 의례 절차에 매달리니 넓게 알지만 요점 파악이 어렵고, 이기선후에 마음을 쏟아서 아득하여 변별하기 어렵다.

由是言之면 吾邦之學者ㅣ其工夫ㅣ將在於明德乎아 在於親民乎아 從事於儀節煩碎하야 博而寡要하고 馳心於理氣先後하야 窅茫難辨이오

실사와 실용은 가깝고 알기 쉽게 말해야 하는데, 소홀히 하고 고려하지 않으니 밝은 덕이라고 할 수 없다. 자기 신분의 높음을 표방하여, 명성과 지위를 얻고, 민생의 곤궁함과 고달품, 국가 재정의 어려움은 거의 걱정할 줄 모르니, 백성을 사랑한다고 말할 수 없다.

---

106) 허무공적(虛無空寂): 虛無는 도가 용어. 도의 본체는 虛無이기 때문에 만물을 포용할 수 있음, 空寂은 불교 용어로, 만물이 독자적인 실체가 없고 生滅도 없다.

至於實事연 實用하야는 謂以卑近하야 而忽不加省하니 不可謂明德이
오 高自標榜하야 釣取名位하고 而民生之困瘁와 國計之艱難은 畧不知恤
하니 不可謂親民이라

심지어 자칭 "군자는 도를 걱정하지, 나라를 걱정하지 않는다."라고
말하는데, 나는 정말 이 말이 어떤 경전에서 나왔는지 모르겠다. 설사
그런 말이 있더라도, 이것은 옛사람이 의도가 있어서 한 말이지, 실제
로 한 말이 아니다.

甚且有自稱 "君子는 憂道오 不憂國"이라하니 吾誠不知此言이 出於何
典이오 縱有之라도 是는 古人이 有爲而發이오 非實際語也니라

그렇지 않으면 국가와 민생에 대한 근심과는 전혀 관계없이, 다른
도가 있다고 말하면, 어찌 밝은 덕·백성을 사랑하는 학문에 원래 이
리가 없었겠는가? 비록 거짓으로 학문을 하는 사람이라도 이 지경까지
는 이르지 않아야 한다.

不然而必謂國 家民生之憂는 漠不相關하고 而別有所謂道者라하면 豈
惟明德親民之學에 原無此理리오 雖假以爲學者라도 想應不至此也로다

오호 저들은 "말이 쓰이지 않고 도가 맞지 않는다." "명철하게 기미를
파악하라." 등의 말을 핑계로 오직 자신에게만 아첨하고 다른 사람은
거부하는데, 이에 대해 나는 이미 자세하게 논했다.

嗚呼라 彼所以藉引稱誘하는 如 "言不用 道不合" "明哲見幾" 等說이 惟
便己而拒人者는 吾亦已辨之詳矣라

이제 군말이 필요 없지만, 이와 같은 학술과 의리로 선현들을 향배하고 받들어, 백성들을 이끌기는 어렵다.

今不贅陳이로되 而以若是之學術과 若是之義理로 欲以配隆前哲하고 導世庸民이면 難矣니라

오호라, 사람들의 마음이 이것 때문에 썩어 문드러지고, 세상의 도가 이것 때문에 이 지경에 이르도록 무너지고 깨지니, 비록 학자에게 잘못을 돌리지 않으려고 하지만, 그럴 수 있겠는가? 오늘날 그것을 구하는 방법인들, 어찌 다른 무엇이 있겠는가?

嗚呼라 人心이 以之蠱爛하고 世道가 以之壞敗함이 至此極也하니 雖欲不歸咎於學者나 得乎아 在今日에 所以捄之之道인들 亦豈有他哉리오

오직 행위에 대해 반성하여, 실심으로 실학을 탐구하여, 거짓되고 황당무계한 습관을 제거하고, 순수하고 독실하며 진지하게 공부를 간절하게 닦아서 모든 행동거지에, 반드시 마음으로 반성하고 낙담하지 않고 지어내지 않으면 학문의 반 이상을 넘은 것이라고 생각한다.

惟在於一反其所爲하야 以實心으로 究實學하야 刻除虛僞謬妄之習하고 切修純篤眞摯之工하야 出 一言行一事에 必反之於心하야서 而不餒不作이면 則其於學에 思過半矣니라

오호 진정한 공부를 하려면 반드시 옛 성현을 목표로 삼아야 하는데, 옛 성현의 수많은 말이 지극한 도 아닌 것이 없지만, 참되고 간절하며 빈틈없이 세밀하고, 분명하게 통달하여 철저하고 빈틈없는 학문을 하려면, 마땅히『왕문성선생전집』을 읽고, 그 실마리를 체득한 후, 더 나

아가 옛 경전을 읽으면 옛 성현과 후대 성현이 꼭 들어맞아, 그 의미가
쉽게 밝혀지고, 그 공부는 쉽게 이루어진다.

嗚呼라 苟欲下眞工夫 면 則必以古聖賢爲的이니 古聖賢千言萬語가 無
非至道나 然이나 要其眞切精密하고 明白洞達하야 可爲徹上徹下之學인
댄 則宜先讀王文成先生全集하야 以得其門路하고 然後에 進而讀古經傳
하면 則前聖後聖이 若合符節이라 其義易明이오 其工이 易成也니라

오랫동안 쌓여 몸에 깊이 배고, 기름에 푹 빠진 후에는 기사회생의
노력이 이것(양명학)이 아니면 안 된다. 그래서 '양명 선생의 학설이 성
인 문하의 적통이고, 특히 우리나라 근래 유학계에 투여할 신비한 약제'
라고 말하노라.

況當積久習染、膏旨沈沒之後하야는 其起死回生之功이 非此면 不可
라 吾故曰陽明先生學說이 固是聖門嫡傳이오 而尤爲吾邦近日儒學界之
對投神劑也라하노라

저들은 예전에 듣고 본 것에 계속 얽매여, 선학으로 간주하여 보지
않으니, 이것은 스스로 오류에 빠지는 것을 감수해서 새로운 길을 개척
할 희망을 영원히 막는 것이다.

彼繼繞於舊聞舊見者는 諉之以禪學而不敢觀하니 是自甘於迷謬而永
杜 開新之望矣라

다만 선(禪)인지 아닌지 따지지 말고, (양명의 책을) 취해서 읽어라.
자신의 견해와 옛 학설로 먼저 판단하지 말고, 평정심으로 리를 보면,
옳고 그름·득실의 원인을 어렵지 않게 알 수 있다.

第無論禪與不禪하고 取而讀之호대 惟毋以己見與舊說로 先之하고 而
平心以觀其理하면 則其是非得失之故를 不難知矣니라

오호라 책을 읽는 사람에게 문호를 세우고 명성·명예를 탐내게 하
여, 앞 세대 사람처럼 한다면 진정으로 이것을 전념할 필요가 없다.
嗚呼라 使讀者로 將樹門戶釣聲譽하야 如前人之爲면 則誠無所事此
로대

그렇지 않고 절실히 묻고 가까이 두고 생각하여 내면으로 깊이 성찰
하고 연구하려면, 반드시 진리를 변별하고 성인의 마음을 추구하여, 세
간의 갖가지 명성과 이익에 혼탁해진 생각을 깨끗하게 씻어낸 후에야,
비로소 (양명)선생의 책을 읽을 수 있다.
苟不然而欲切問近思하야 鞭辟近裏면 則必須先辨眞個求爲聖人之心
하야 把一切世間種種名利紛囂之念하야 洗滌得 乾乾淨淨한 然後에야 始
可讀先生之書오

그 글을 읽고 자신의 마음에 이끌려 들어가 절실하게 실천하여, 손바
닥으로 쳐서 핏빛 손자국이 남고, 몽둥이로 때려 멍 자국이 생기듯 해
야, 비로소 한 마디 한 마디에 힘을 얻는다.
讀之而引着自家心邊하야 切實踐將去하야 一摑一掌血이오 一棒一條
痕이라야[107] 方能句句得力矣리라

---

107) '혈괵(血摑)'은 주자가 정이(程頤)의 「사물잠(四勿箴)」의 참뜻을 깨닫고 "이른바 '한
번 몽둥이로 치면 한 줄기 멍자국이 생기고, 한 번 손바닥으로 치면 핏빛 손자국이 남는다
(一棒一條痕, 一摑一掌血)'"라고 비유한 데서 온 말이다.(『晦菴集』권45, 「答楊子直」).

양명 선생은 "한 생각의 홀로 아는 곳이 성실함의 싹이니, 착한 생각
이나 악한 생각을 막론하고 허위와 거짓이 없다.

先生이 有言호대 一念獨知處는 卽誠之萌芽니 不論善念과惡念하고
並無虛假라

한 가지가 옳으면 백 가지가 옳고, 한 가지가 잘못되면 백 가지가
잘못된다. 이것이 바로 왕도와 패도, 의로움과 사익, 진실함과 거짓,
선과 악의 경계점이다.

一是면百是오 一錯이면 百錯이니 正是王覇와 義利와 誠僞와 善惡의
界頭라

여기에 확고한 마음을 세우면, 근본이 바로 잡히고 근원이 맑게 되
고, 성실함이 확립된다."라고 말했다.[108]

於此에 立定이면 便是端本澄源이오 便是立誠이라하얏나니라

성실함이 확립되면 모든 것이 바로 서고, 욕망이 막히고 천리가 실행
되어, 수신·제가·치국·평천하의 공부가 마음을 넘지 않는다. 이런 후
에 성인의 도가 위대하다는 것을 볼 수 있고, 천하의 안정과 혼란, 밝고
어두움의 까닭을 알 수 있다.

一誠旣立에 百度斯正이라 人慾遏而天理行하야 以至修齊治平之功이
不越乎方寸之內니 夫然後에 可以見聖人之道之大오 而天下治亂晦明之
故를 亦可得以知之矣니라

---

108) 『傳習錄』(上) 120조목. "此獨知處便是誠的萌芽, 此處不論善念惡念, 更無虛假. 一是
百是, 一錯百錯. 正是王覇義利誠僞善惡界頭, 於此一立立定, 便是端本澄源, 便是立誠."

3. 제난곡이선생문(祭蘭谷李先生文)[109]

담원 정인보(澹園 鄭寅普)

아아 선생님, 갑자기 고인이 되었네요. 아름다운 문장에 깊은 학문 마침내 어디로 돌아가나요? 되돌아보니 못난 제가, 일찍부터 가르침을 받아서, 부자간의 교유로, 사제 간의 의로움으로, 평생 기뻐했는데, 영원토록 이별이네요. 30년 짧지 않은 세월, 어찌 이리 급하십니까? 어찌 입 다무는 것을 참겠느냐마는, 또 어찌 말하는 것을 참겠습니까? 아직도 경술년,[110] 그날이 기억나네요. 밤에 재동 댁을[111] 찾아뵙던 일. 외로운 등불 새벽닭 울도록, 괴로움을 숨기고 나에게 보여줬지요.

嗚呼先生. 忽焉已古. 懿文邃學. 竟歸何所. 顧玆愚庸. 夙荷提誨.
父子之遊. 師弟之義. 一生之驩. 千古之訣. 卅載非短. 一何卒卒.
其何忍嘿. 又何忍說. 猶記庚歲. 夜造齋衕. 孤燈晨鷄. 示我隱痛.

이후 쫓아가는 마음 날로 깊어지고, 넘어져도 선생님 따르기를 기약하니, 동서남북 어디서도, 간간이 예술도 말씀하시는 것이, 나를 열어주는 것 같고, 훔쳐서 본받으려고 했는데, 감히 추종했다고 말할 수 있겠습니까? 선생님은 이렇게 말씀하셨습니다. "이것은[112] 선비가 귀하게 여기는 것이 아니다. 정치·법률, 재정·군사는 험난한 재난이 있을

---

109) 정양완의 번역을 참고했다. 정양완의 번역문은 『강화학파의 문학과 사상(5)』, 213-218쪽 참고.
110) 1910년 10월에 난곡과 사제의 의를 맺음. 정양완의 책, 213쪽 참고.
111) 난곡 선생은 재동(齋洞)에 거주했다. 정양완의 책, 213쪽 참고.
112) '이것[此]'은 예술, 여기서는 문학을 가리킨다. 정양완의 책, 214쪽 참고.

때, 백성들이 의지하는 것이어야 한다. 더욱이 자네는 재능이 뛰어난데, 이것 때문에 걱정해서는 안 된다." 비록 이렇게 말씀하셨지만, 나의 뜻을 가엽게 여겨, 어르신의 원고를[113] 내놓으니, 줄줄이 담박하고 우아합니다. 도도하게 흐르는 말세에, 나를 알아줄 사람 누구인가요? 내가 남으로[114] 떠났을 때, 멀리서 편지로 안부를 물으셨습니다.

自是之後. 傾嚮日深. 期從顚沛. 東西北南. 間之談藝. 如有開余.
竊取自傚. 敢云步趨. 先生曰此. 非士攸貴. 治道典憲. 財賦戎事.
崎嶇艱戹. 要歸民倚. 況子才俊. 無爲是瘁. 雖則云然. 憐我之意.
爲出先藁. 流連澹雅. 滔滔衰叔. 誰與知者. 迨我南浮. 書問遠寄.

오나라 구름 초나라 달이 선생님의 보살핌 속에 다 들어갔습니다. 나를 감싸주고 사랑해주고 기대하셨습니다. 외국 생활 힘들어 돌아오니, 의지가 약하다고 말하지 않으시고, 내가 더 앞으로 나아갈 수 있도록, 옛말로 풍자하여 피로를 잊게 해주었습니다. "주춤하기도 하고 방황하기도 하며, 멀어서 늦어지기도 하여, 쇠붙이나 돌처럼 이리저리 흔들리더라도, 멀리 진리의 경지를 좇아야 한다."

吳雲楚月. 盡入蔭庇. 庇我眷我. 期我待我. 倦遊而歸. 不謂志墮.
益使我前. 諷古忘疲. 有逗有轉. 或緜以遲. 金石搖曳. 复追眞際.

이 말씀은 이내 내 귀 물들이고, 서론 더욱 넓어지는데, "자질구레한 것만 탐구하지 말고, 반드시 먼저 두루 행하고, 고르게 비슷하게 된다

---

113) 선고(先藁): 난곡 선생의 아버님 마니실(摩尼室) 이상만(李象曼)의 유고『마니실유고(摩尼室遺藁)』 2권을 말함. 정양완의 책, 214쪽 참고.
114) 上海. 정양완의 책, 214쪽 참고.

해도, 모양과 정신은 달라야 하고, 미묘한 데서 집어내야, 두드러지게
남을 감동시킨다." 말씀은 심오한데 밤은 깊어가고, 계속해서『기상(奇
賞)』[115)]을 찾고자, 손수 책꽂이에 불 밝히고, 책을 빼서 손에 들고 오셨
습니다.

既我耳醺. 緖論愈張. 不窮其細. 必先周行. 均之爲肖. 亦殊形神.

拈起幼眇. 標然動人. 談深更闌. 繼索奇賞. 自燭書架. 抽帙在掌.

홀륭하고 좋은 인연, 되돌아 생각하니 구름처럼 아득합니다. 오호
갑인년(1914, 담원 나이 22세) 을묘년(1915) 사이, 자주 헤어지고 만나서,
옆에 모실 생각뿐이었는데, 오랜 이별 후 잠깐 찾아뵈면, 눈물 흘리며
고개 숙일 뿐, 까마득한 후생, 학문 또한 엉성한데, 선생님은 동시대에
는 짝이 없는 것처럼 보셨습니다.

盛事勝緣. 回思如雲. 嗚呼甲寅. 乙卯之間. 中繁離合. 一念左右.

久別乍覯. 隕淚俯首. 藐然後生. 學且疎鹵. 先生視之. 幷世無伍.

어머니 병환, 위중하다는 소식 들은 그날 밤, 인시(새벽 3-5시)에 차로
출발했는데, 온 장안 모든 사람 잠들고, 남대문 밖, 바람은 차갑고 하늘
은 컴컴한데, 오직 선생님만이, 오셔서 슬픔을 달래주셨습니다. 일찍이
나에게 시를 주셨는데, 지나친 칭찬 받았으니, "온 세상이 쓸쓸하지만,

---

115) 명나라 진인석(陳仁錫)이 찬한『명문기상(明文奇賞)』을 가리키는 것이 아닌가 생각
된다. 왜냐하면 조선 후기에 유통된 대표적 중국본 문장선집이『명문기상』이기 때문이
다. 구슬아, 「조선 후기 문인들이 명대(明代) 문단(文壇) 경향을 파악하는 한 방법: 명대
(明代) 산문선집(散文選集)『명문기상(明文奇賞)』을 중심으로」,『관악어문학연구』38권
(서울대학교 국어국문학과, 2013), 132쪽 참고. 정양완은『명문기상(名文奇賞)』·『고문
기상(古文奇賞)』이라고 했다. 정양완의 책, 215쪽 참고.

일생에 오직 자네뿐이로다."

　先母之疾. 聞革以夜. 車以寅發. 滿城皆臥. 崇禮門外. 風冽天黑.
　亦惟先生. 來視其惻. 嘗眙我詩. 過見推許. 四海寥落. 一生惟汝.

　비록 지나친 칭찬이지만, 살뜰한 정 담겨 있네요. 어찌 알았는가 지금,
영원히 유명을 달리할 줄. 선생님의 글은 이전의 것을 품어 안고 넘어,
굳건하고 맑고 아담함을 다했습니다. 자세하지만 상처입히는 병폐 없고,
달리거나 세우거나 쌓거나, 굽히거나 꺾기를 마음대로 하니, 사람들은
그 변화무쌍함에 가슴 조이지만, 몰아치기를 멈추지 않았습니다.

　雖許之過. 情則近之. 豈知今玆. 幽明永違. 先生之文. 包越前代.
　健而盡雅. 詳不病劇. 磬控蟻封. 曲折如己. 人悸其變. 回策未已.

　선생님 자신의 타고난 자질과 공부로 이룬 것입니다. 또 선생님은
한말(韓末)에 홀로 높아서, 취할 것도 많고 쓰임도 넓어, 쓰임이 극에
이르렀지만, 역시 선생님은 일을 문장 밖에 두었습니다. 고상한 풍격
깊은 이치, 마음에는 가려진 것 없었습니다. 하남(河南) 정명도(程明道)
의 『정성서(定性書)』와 여요(餘姚) 왕양명의 『고본대학(古本大學)』, 그 근
원을 맑게 하는 뜻을 젊었을 때부터 갖고, 효성을 다하여, 병든 어머니
부지런히 모시느라, 차마 어머니 곁을 떠나지 못하여, 결국 벼슬로 나
감을 그만두었습니다.

　自由資高. 亦以工到. 亦以先生. 殿後獨卲. 取多用弘. 用極其造.
　亦以先生. 事在文外. 高朗深贖. 方寸無翳. 河南定性. 餘姚大學.
　志澄厥原. 奧自艸角. 至孝竭蹷. 腹勤病母. 不忍去側. 遂辭進取.

현재에서 옛날을 헤아려보니, 선생님이 옳았습니다. 오직 가진 것이 그것인데, 어찌 비슷함이 없겠습니까? 다른 사람도 그 지조 보지만, 그 재능 보지 못합니다. 내가 보기에, 고독한 생각과 깊은 신념이, 곧지만 고질적으로 맺혔는데, 오히려 백성들과 국토를 걱정하고, 의협심 많은 사람을 기꺼이 끌어오고, 친근하게 아첨하는 사람들을 부끄러워했습니다.

今居古稽. 先生其是. 惟其有之. 曷以無似. 人視其介. 莫窺其任.
以余而觀. 孤懷深念. 貞疾幽鬱. 猶憂民土. 喜延亢俠. 羞昵媚斌.

동서양의 정치와 법률, 무엇이 병이고 무엇이 이로우며, 화폐의 등락, 어느 것을 열고 닫을 것인가? 피곤한 눈 안경 쓰고, 신구의 실마리를 모색했습니다. 일찍이 정다산『경세유표』의 서문을 쓰니, 실로 그 품성이 같습니다. 편지는 그리 중요한 일이 아닌데, 아는 사람은 많지 않습니다. 더구나 이렇게 가슴에 맺힌 것, 누가 얽혀있는 것 펼쳐보겠습니까?

東西政法. 何病何利. 貨幣漲落. 孰與閉啓. 熒鼄勞目. 紬繹新舊.
嘗序丁表. 實同氣臭. 餘事簡聿. 知者已寡. 況玆蘊結. 孰披其裹.

옛날 나와 함께, 괴나리봇짐 지고 운문암으로, 또 금강산으로 갔는데, 오고 가는데 열흘 걸렸고, 묘길상 앞, 물 바위 흘러내려 눈 같고, 지팡이 놓고 자리 펴고 앉으니, 흰머리 나부낌에, 내 마음 문득 슬퍼짐은, 너무 늙으심이 적이 가슴 아팠으니, 진실한 즐거움 얼마 남지 않았네요. 세월은 머물지 않으니, 다만 굶주림에 몰려, 세상일에 힘쓰다 보니, 서울에서도 떨어져 있다 보니, 이전처럼 돌아가지 못했습니다. 내가 병으로 쓰러진 지 3년이 되었습니다.

曩歲同我. 襆被雲門. 又入怾怛.[116] 往來彌旬. 妙吉祥前. 水石滾雪.

放杖敷坐. 白髮披拂. 我心忽悲. 竊傷過衰. 無幾爲樂. 日月有涯. 祇爲

飢驅. 役役塵埃. 一城累阻. 非復前時. 自我病廢. 亦三燧火.[117]

선생님이 돌아가셔도, 이부자리 옆에 앉지 못했습니다. 사랑만 받고 갚지 못함은, 옛사람도 한탄하는데, 옛날 일을 돌이켜 생각해보니, 간장을 도려내는 것 같으니, 돌아가시기 전 몇 날 밤을, 누구 어디에 있냐고 찾으시니, 옆에 있는 사람이 '없어요'라고 말해도, 오히려 여러 차례 다시 물으셨습니다. 내가 가서 문안드릴 때, 이미 말씀도 못하셨습니다. 그리운 마음 남겨놓은 채, 영원히 땅으로 돌아가셨습니다. 선생님이 생존해 계실 때, 말세지만 오히려 높은, 문성[118]이 갑자기 떨어지니, 조선이 적막해졌습니다.

先生之沒. 莫坐牀下. 有受無報. 古人所歎. 追惟往昔. 肝腸如剟.

前卒數夜. 索某何在. 傍人曰無. 猶問至再. 追我走候. 已不能言.

賚此戀戀. 長歸厚坤. 方先生存. 末劫猶高. 文星俄落. 靑丘蕭條.

사람들 말에, 노쇠한 이의 슬픔이, 어떻게 오늘 외로운 봉화불마저 그 빛을 가리겠는가? 돌아가시는 선생님도 남은 한 있겠는가마는, 살아있는 저에게도 지극한 슬픔 있으니, 망망한 더러운 세상, 또 장차 누

---

116) 기달(怾怛): 금강산의 별칭.

117) 『논어』「양화」 21. "宰我問 '三年之喪, 期已久矣. 君子三年不爲禮, 禮必壞. 三年不爲樂, 樂必崩. 舊穀旣沒, 新穀旣升, 鑽燧改火, 期已久矣'." '수화(燧火)'는 '鑽燧改火'에서 유래. 계절마다 불을 바꾸는데 한 주기가 1년이다. '三燧火'이므로 '3년'이라고 생각된다. 정양완은 '3년'을 1937~1940년이라고 했다. 정양완의 책, 219쪽 참고.

118) 문성(文星): 문창성(文昌星) 또는 문곡성(文曲星)이라고 한다. 저명한 문인을 비유.

구를 의지할 수 있겠습니까? 영원한 이별, 살아 계실 때 나를 알아주신
분. 아이고 선생님! 저의 괴로운 하소연 굽어보소서.

人亦有言. 殄瘁之悲. 豈如今日. 孤烽掩輝. 逝有遺恨. 存有至哀.

茫茫垢濁. 又將疇依. 千古之訣. 一生之知. 嗚呼先生. 鑒我苦辭.

4. 난곡 이선생 묘표(蘭谷 李先生 墓表)[119]

담원 정인보(澹園 鄭寅普)

선생님의 휘는 건방, 자는 춘세이다. 정종왕자 덕천군의 후예로, 대대로 강화에 살았고, 무덤도 강화에 있다. 선생님은 철종 신유(1861)년 12월 2일에 태어났다. 어려서 아버지 마니군을 따라 경전 등 여러 글을 배웠으며,『주역』을 읽을 때는 울면서 묻기를, "제가 해석하려고 했지만 못하겠습니다."라고 말했다.『수호전』을 좋아하여, 아무도 없는 곳에 가서 다 읽었다.

先生諱建芳字春世. 定宗王子德泉君之後. 累世居江華. 墳墓在焉. 先生以 哲宗辛酉十二月二日生. 幼從其父摩尼君受經傳諸書. 至周易泣, 問之, 曰兒思其解而不得也. 酷喜水滸傳. 就屛處閱. 至竟帙.

이때 나이가 10살이 되지 않았다. 조금 자라서, 흔쾌하게 옛 성현의 학문을 흠모했고, 처음에는 주자를 익혔고, 다시 정명도 왕양명의 글을 읽었으며, 오랫동안 실마리를 찾다가, 깨달음이 있었고, 이때부터 믿고 의심하지 않았다. 깊고 조용하며 단정하고 엄숙하게 도량과 식견을 쌓아, 다른 사람을 따라서 화려하게 꾸미는 것을 하찮게 여겼으며, 가끔 글을 내놓으면, 사촌형 영재를 크게 놀라게 했다. 이보다 앞서 선생님

---

119) 「난곡선생묘표」는 난곡 선생의 제자 담원 정인보 선생이 1941년 8월 15일 담원 선생 49세 때 쓴 글이다. 이 글은『澹園 鄭寅普全集』(연세대학교 출판부, 1983), 169-174쪽에 필사본으로 실려 있다. 해석은 담원의 따님 정양완 선생의 번역을 참고했다. 정양완 선생은 번역문에 원문을 싣지 않았다. 이 책에서는 담원 선생의 필사본과 똑같이 문장을 배열했고, 원문과 번역문의 대조를 쉽게 파악할 수 있도록 번역 밑에 원문을 배열했다. 정양완의 번역문은『강화학파의 문학과 사상(5)』(월인, 2012), 209-212쪽 참고.

은 어려서 둘째 큰아버지(象夔)의 양자가 되었다.

是時. 年尙未十. 稍長. 慨然慕古聖賢之學. 始習顯考亭. 復取程伯子王文成書. 紬繹久之. 若有悟. 自是. 篤信而不疑. 淵靜端嚴. 蘊器識. 不屑隨人華藻. 而間一出論著. 大驚其從祖兄寧齋. 先是. 先生幼爲從叔後.

마니군은 친아버지다. 마니군도 얼마 안 되어 돌아가셨다. 두 집의 홀어머니는 한 집에서 지내셨고, 모두 오랫동안 지병을 앓고 계셨으며 집안 또한 가난했다. 선생님은 옆에서 정성을 다해 보살폈다. 이 때문에 과거를 보러 가는 것도 드물었다.

摩尼君. 其本生也. 摩尼君尋亦沒. 兩家寡母共一室. 皆疾病久痼. 家且貧. 先生左右在視. 致忠養. 以故. 罕赴擧.

을유(1885)년에 진사 시험에 합격했지만, 가다가 돌아왔다. 이때 영재는 문장으로 조정에서 중히 여겼는데, 여러 차례 "내 동생 누구는 학문과 문장이 모두 높다."고 말했다. 문병(과거의 전형을 담당하는 관리)을 담당한 사람 스스로 선생님을 알아보고, 선생님을 움직여 서울에 머물게 하려고 했는데, 경재 선생이 선생님에게 말하기를, "춘세 한 번 과거 급제하는 것이 어찌 자네를 영화롭게 하겠는가? 자네의 재능을 헛되이 썩혀서는 안 된다. 나와 함께 (벼슬길에) 나아가자."

嘗中乙酉進士. 旋歸. 是時. 寧齋文章重朝廷. 數言吾弟某學與文俱高. 而持文柄者. 又或自知先生. 風先生來雷京. 耕齋謂先生. 春世. 一第豈足榮汝. 顧汝才不可以徒朽. 且與我俱行乎.

선생님은 "어머님이 연로하십니다. 사람의 일을 알 수 없는데, 어찌 벼슬길에 나아가는 데에 급급하다가 평생의 한을 남겨야 되겠습니까?"
라고 말했다. 영재는 더 이상 강요하지 않았다.

　先生曰. 母老矣. 人事不可知. 豈可以急於進取而負終身之恨. 寧齋亦
不復强.

　갑오 이후, 세상은 나날이 어지러웠다. 영재는 지조가 굳고 의로움을
더럽히지 않으려고 했으며, 선생님은 항상 세상 구하기를 주장하여 물
러나서는 안 된다고 여겼다. 비록 멀고 외진 곳에 은둔해 있었지만, 서
양의 헌법, 재정, 형법, 외교 등 연구하지 않은 것이 없고, 과거 유학자
들이 『춘추』를 지나치게 끌어들이고, 즐기는 것 또한 토속적인 것을
지키지 않아서 백성들이 순수함을 잃게 한 것을 매우 아프게 생각하여,
말이 여기에 이르면 번번이 격앙되었다.

　自甲午後. 時事日棘. 寧齋狷介. 守潔身之義. 而先生恒主救時. 以爲不
可徒邁邁. 雖潛處陬滋. 若遠西國憲財政刑律外交. 無所不究. 絶痛往昔
儒者過引春秋. 樂不操土而使民失粹. 語及. 輒激卬.

　선현 중에는 오직 정약용(丁若鏞)만 받들었다. 가슴 속에 품은 생각은
한시도 국가의 존망을 잊은 적이 없다. 이미 큰일을 두 번 치러서(생부와
양부 喪), 슬퍼하고 괴로워하여 뼈만 앙상하게 남았지만, 문인을 상해로
보냈다.[120] 온 가족을 데리고 서울로 와서, 선비에 대해 논한 『원사(原
士)』초안 세 편을 써서,[121] 산림에 은거해 있는 선비들을 통절하게 질책

---

120) 여남섭(呂南燮 士薰)을 상해로 보냄. 정양완, 『강화학파의 문학과 사상(5)』(월인,
　　2012), 211쪽 각주118) 참고.
121) 전해지지 않음.

하고, 새로운 학문으로 서로 분발할 것을 약속했는데, 그 말이 비통하기까지 하다.

於先輩. 獨推丁文度. 其胸懷耿耿. 幾無一時不在存亡. 旣荐歷大故. 哀悴骨立. 而猶送其門人赴滬. 挈家入京. 自草原士三篇. 以讒切山林士. 期相奮以新學. 其辭有惻焉.

선생님은 글에도 천부적이었고, 거기에 끊임없이 노력하여 조예가 최고에 이르렀으며, 심사숙고하게 다듬은 후에 발표하고, 거침없이 써 나갔다. 정이 서리고 뜻이 맺힌 대목을 만나면, 한 번 들어가 열 번을 자세하게 살피고, 앞에서 끌고 뒤에서 따르니, 더욱 가지런해져 서술하는 능력은 신기하게도 한나라 반고의 성취와 일치하여, 그 위엄이 충분하고, 불필요한 말을 잘 정리했다.

先生於文有天得. 加軋軋詣極. 發之以矜鍊. 行之以滂沛. 遇情盤意結. 一入十折. 驂服愈整. 而敍事之能. 眇會漢班氏之愼. 足風神. 善裁剪.

『난곡존고』 열세 권이 있다. 중국에서 한자가 이 땅에 들어온 후, 한자를 이용해 저술한 것이 수천 년 되었다. 신라 고려 이래로 분명히 대가도 많았지만, 우아함을 걱정하면 쉽게 빈약해지고, 강건하면 거칠어질까 두려우니, 농암[122] 연암[123] 연천[124] 대산[125] 등 여러 대가들도 치

---

122) 농암(農巖): 조선 후기의 문신이며 학자인 김창협(金昌協, 1651~1708)의 호. 자 중화(仲和).
123) 연암(燕巖): 박지원(朴趾源, 1737~1805)의 호.
124) 연천(淵泉): 조선 후기의 문장가인 홍석주(洪奭周, 1774~1842)의 호.
125) 대산(臺山): 김매순(金邁淳, 1776~1840)의 호. 성리학에 정통하여 당시 전개된 인물성동이론을 둘러싼 호락논쟁에서 한원진(韓元震)의 호론을 지지. 뛰어난 문장으로 홍석주와 함께 이름을 날렸다. 다음백과 참고.

우침이 없지 않았는데, 선생님은 최후로 나와서 이상 두 가지 장점을
종합했다. 정인보는 젊어서 선생님을 따랐고, 서론을 들었는데, 시작은
문장에 있지 않았다.

有蘭谷存藁十三卷. 蓋自震朝[126]文字流入此士. 用之著述. 且數千年.
羅麗以還. 班班多巨手. 然患雅則易弱. 健則懼蕪. 自農燕淵臺諸公. 猶不
能無偏. 先生最後出而總是二長. 寅普少從先生. 聞緖論. 其始不在文也.

겨우 변고를 치른 뒤, 한밤에 마주 앉아, 함께 행하고 헤아린 것이
어찌 끝이 있겠는가? 그러나 선생님은 울화가 이미 쌓여, 약으로 몸을
뒤척였다. 인보 또한 성과 없는 외유에 지쳐 있었다. 선생님은 늘그막
에 맑고 고요했는데, 가끔 나를 데리고 문예를 강론하며 매우 기뻐하셨
는데, 매번 말끝에 일의 실마리를 접하면, 고금에 빠졌고, 정학(正學)의
장점이 가려져 있음을 개탄했다. 하늘이 잃어버린 조국을 되돌려주지
않음을 슬퍼하여, 흐느끼며 헤어지지 않은 적이 없다.

甫閱岸谷. 中夜相對. 所與營度者何限. 而顧先生火鬱已積. 轉側藥裏
間. 寅普亦倦遊無成. 先生晚節澹寂. 往往引與論藝甚歡. 每至談次觸緖.
流連今古. 慨正學之長晦. 悼昊天之不復. 未嘗不歔欷而罷.

지난 기묘(1939)년 5월 8일, 서울에서 79세를 일기로 돌아가셨다. 선
생님이 돌아가신 지 7일 있다가, 배우자 임씨와 함께 과천 작현(鵲峴)
선영 신원(辛原)을 등진 곳에 합장했는데, 서곡(西谷) 효간공(孝簡公)[127]

---

126) 진조(震朝): 중국.
127) 서곡(西谷): 이정영(李正英, 1616~1688). 자 자수(子修). 호조판서 이경직(李景稷)의
아들. 정양완의 책 212쪽 참고.

묘에서 북으로 수십 보밖에 떨어지지 않았다.

頃歲己卯五月八日. 卒於漢京. 壽七十九. 卒七日. 與其配林合葬果川
鵲峴先兆負辛原. 北距西谷孝簡公墓. 不數十步.

이씨는 효간공 때가 가장 번성한 때인데, 몇 대 지나 을해옥사 때,
집안이 거의 망했다. 그러나 선생님의 고조 초원(椒園, 휘 충익), 증조
대연(岱淵, 휘 면백) 모두 깊은 학문으로 당대에 견줄만한 사람이 없었다.
대연의 세 아들, 휘 시원은 이조판서로 익호는 충정(忠貞)이고, 휘 지원
은 군수로 이조참판에 증직[128]되었고, 휘 희원은 감역[129]을 역임했고,
감역이 진사 상만, 호 마니실을 낳았고, 마니실은 청송심씨 의지(義之)
의 따님과 결혼하여 선생님을 낳았고, 군수의 아들 학생 휘 상기(象夔)
는 파평윤씨 진사 자만(滋晩)의 따님, 강릉김씨 학구(學矩)의 따님과 결
혼했는데, 일찍 죽었다. 그래서 상기(象夔) 선생이 뒤를 이었다.

李氏當孝簡時. 盛矣. 數世. 乙亥禍作. 家幾破. 而先生高祖. 椒園諱忠
翊. 曾祖岱淵諱勉伯. 皆邃學曠世. 岱淵三子. 諱是遠. 吏曹判書諡忠貞.
諱止遠郡守贈吏曹參判. 諱喜遠. 監役. 監役生進士諱象曼. 號摩尼室. 娶
靑松沈氏義之女. 生先生. 而郡守子學生諱象夔. 娶坡平尹氏. 進士滋晩
女. 江陵金氏學矩而夭. 故先生後之.

임유인(林孺人)의 본관은 평택이고 감역 희근(喜根)의 따님이다. 맏아

---

128) 증직(贈職): 예전에, 종이품 이상의 벼슬아치의 부친, 조부, 증조부나 또는 충신,
  효자 및 학행이 높은 사람에게 사후에 벼슬과 품계를 추증하는 일을 이르던 말. 고려대
  학교, 우리말샘 참고.
129) 감역(監役): 조선시대, 선공감(繕工監)에 둔 종구품 벼슬. 토목이나 건축 공사를
  감독.

들은 종하(琮夏)이고, 글을 잘 쓰고 효성스러웠다. 선생님이 돌아가시자,
상을 마치기 전에 돌아가셨다. 둘째 아들은 정하(珽夏)이고, 셋째 아들은
경하(璟夏)인데, 경재의 동생 겸산(謙山 建冕)의 뒤를 이었다. 손자 필상(弼
商)·보상(輔商)·우상(佑商)은 종하의 아들이고, 용상(龍商)·봉상(鳳商)은
정하의 아들이고, 억상(億商)은 경하의 아들이다. 임유인이 돌아가시자
선생님이 이곳에 묻고, 자신이 임유인의 어짊을 묘지명(銘)에 새기고,
훗날 여기에 서로 모이자는 말이 있어서, 마침내 그 말대로 했고, 선생님
의 선조 초원의 묘지는 선도포(仙都浦)에, 대연의 묘지는 건평(乾坪)에,
군수와 감역은 모두 아버지를 따라서 묻었고, 학생군(學生君)과 김유인
(金孺人)은 정포(井浦)에, 윤유인(尹孺人)은 사곡(沙谷)에 마니군(摩尼君) 및
심유인(沈孺人)은 선도포(仙都浦)에 묻었다.

　선생님은 늙었지만 때때로 강화에 가서 성묘했다.

　林孺人. 籍平澤. 監役喜根女. 子長琮夏. 有文學孝行. 先生卒未終喪而
沒. 次珽夏. 次璟夏, 出後寧齋弟謙山. 孫弼商. 輔商佑商. 琮夏出. 龍商
鳳商. 珽夏出. 億商. 璟夏出. 林孺人之卒. 先生葬之於此. 且自爲銘□□
其賢. 其後此相聚之語. □卒如其言. 而先生之先. 椒園墓. 在仙都浦. 岱
淵墓. 在乾坪. 郡守監役. 皆從考葬. 而學生君及金孺人. 則井浦. 尹孺人
則沙谷. 摩尼君及沈孺人則仙都浦.

　先生旣老猶時之江華展省也.

　1939년 5. 8 卒
　2년 뒤 신사년(1941). 8. 15에 묘표를 세움.[130]

---

130) 이 구절은 담원 선생 필사본에는 없는 내용이다. 정양완의 번역을 그대로 옮겼다.
　　정양완의 위의 책, 212쪽 참고.

맺음말

난곡 이건방의 철학사상은 넓게는 양명학에 바탕을 두고, 좁게는 하곡학을 계승했다. 하곡 당시부터 양명학은 이단으로 배척되었다. 그래서 하곡의 후학들은 가족 중심으로 학문을 할 수밖에 없었다. 이러한 학문 외적인 분위기는 한말 강화를 중심으로 활동하던 삼건(三建: 이건창, 이건승, 이건방)까지 이어졌다. 게다가 그들이 살았던 시기는 그야말로 근대화의 격동기였고, 일본에 국가의 주권을 강탈당한 때였다. 이와 같은 학문 내적 외적 요인 때문에 이건방의 철학사상은 한국 근대사상에 그다지 큰 영향을 미치지 못했다고 평가된다. 그러나 근세기 최고 지성으로 추앙되는 정인보에게 미친 영향은 매우 크다.

하곡학 및 하곡학파에 대한 연구는 2004년 한국양명학회 주관, 강화군청의 후원으로 '하곡학국제학술대회'를 기점으로 활성화되었다. 이 책은 이러한 연구 성과를 바탕으로 이루어졌다.

앞에서도 언급했듯이 이 책은 3부로 구성했다. 그것을 요약하면 다음과 같다.

1부는 서론 해당 부분에서 논의한 내용은 하곡학파·강화학파, 양명 왕수인, 하곡 정제두, 초기강화학파, 중기강화학파, 후기강화학파다.

'강화학파'라고 부를 것인가? '하곡학파'라고 부를 것인가? 예전에서

'강화학파'라는 말이 통용되었다. 그러나 '강호학파'라는 명칭이 하곡학파의 철학사상을 일정한 지역에 가두어 놓고, 또 하곡학파의 철학을 나타내는 학술적인 용어로 적절하지 않다는 이유에서 '하곡학파'로 부르기 시작했다. 필자 또한 '하곡학파'라는 명칭을 사용했었다. 그러나 하곡 및 그 문인들의 사상이 인류에게 실심실학이라는 보편적인 가치를 제시하고 있고, 이것을 다양한 학문으로 승화하여 발전시켰다는 점 또한 부인할 수 없는 사실이다. 그래서 이 책에서는 철학사상에 중점을 둔 '하곡학파'라는 명칭보다, 하곡후학들의 다양한 학문도 포괄되어야 한다는 측면에서 '강화학파'라고 했다.

양명학의 핵심은 도덕실천의 실체인 양지(良知)를 삶 속에서 실천 확대해 나가는 '치양지(致良知)'이다. '치양지'는 학술적으로 논의되는 이론이 아니라, 일상생활에서 이루어지는 구체적이고 실질적인 도덕실천이다. 이러한 도덕실천은 도덕적 자아인 자기 자신을 완성함과 동시에 사물을 포함하여 타인도 완성시키는 성현의 학문이고 보통사람도 실천할 수 있는 학문이다.

하곡은 왕양명의 '양지'를 '실심'으로, '치양지'를 실심으로 실천하는 '실학'이라는 용어로 대체했다. 즉 왕양명의 양지·치양지와 하곡의 실심실학은 이름만 다를 뿐 그 내용은 같다. 이것은 맹자의 심이 양명의 양지인 것과 같은 이치다.

초기강화학파란 하곡이 생존해 있을 때 직간접적으로 가르침을 받은 문인들을 가리킨다. 이 책에서는 하곡 문인의 저술 가운데 하곡학적 사유체계가 비교적 농후한 이광신 이광사 이광려에 대해 '심성론'과 '이기론' 그리고 '격물치지론'으로 나누어 설명했다. 이상의 설명을 요약하면 다음과 같다.

심성론: 하곡의 심은 성(性)이고 리(理)이다. 하곡은 성을 '성의 덕(德)'과 '성의 질(質)'로 나누었다. '성의 덕'은 도덕실천의 본성으로서 도덕심이고, '성의 질'은 육체적 욕망 욕심이다. 하곡이 말하는 '성즉리'의 성, '심즉리'의 심은 도덕본성이고 진리의 심[眞理之心 實心]이다. 이광신은 심도 성도 이기의 합으로 보았다. 그래서 '성즉리'도 형기와 관련되지 않은 성만이 '성즉리'라고 했다. 이광신이 말한 '형기와 관련되지 않은 성'이란 바로 하곡의 도덕본성이라고 할 수 있다. 이처럼 이광신은 하곡의 심성론을 부분적으로 계승하고 있다. 이광사의 '겉과 속이 꼭 같게 하는 것'은 하곡의 실심이다. 이광사 또한 '성즉리'를 주장했지만, '성'이 악이 될 수 있다는 점은 하곡과 다르다. 이광려 있어서 '실심'은 학문의 근원일 뿐 아니라 실천의 근원이며, 도를 실현하는 근본이다. 따라서 실심을 리로 본 것은 틀림없다. '성'에 대한 언급은 거의 없다.

이기론: 하곡이 말하는 리는 '쉼 없이 오묘하게 작용하면서[妙用不息]·불변의 본체이고 불변의 존재자[常體常存]'로서 역동적인 리이다. 이기 관계는 이기일원(理氣一元)이지만 리를 기보다 본질적인 존재로 보고 있다. 이광신은 기본적으로 이기일물(理氣一物)을 부정하지만, 이기의 '오묘한 관계' 측면에서 일물(一物)로 본다. 이광신은 '적연(寂然)'의 '적'을 리의 오묘한 역동성을 형용하는 것이라고 보고, '적연의 리'를 통해 동정체용동일론(動靜體用同一論)을 주장하는데, 이것은 하곡의 '쉼 없이 오묘하게 작용하면서·불변의 본체이고 불변의 존재자'로서의 '리'와 유사하다. 이광사는 리와 기를 둘로 나누는 것을 우려했을 뿐 아니라, 이기를 동(動)과 정(靜)으로 나누고, 또 리의 역동성을 부정하는 주자·율곡의 성리학에 불만을 가졌다. 이는 동정일리(動靜一理)를 주장하고 리의 역동성을 강조한 하곡의 이기론을 계승한 것이라고 할 수 있다.

격물치지론: 하곡은 '격(格)'을 '바르게 하다(正)'로, '사물[物]'을 '심 안의 사물'로, '앎'을 양지로 해석했다. 핵심은 '사물'을 '심 안의 사물'로 보았다는 점이다. 이광신은 '격'을 '이르다[至]' 또는 '바르게 하다[正]' 모두 긍정한다. 또 '치지'의 앎도 '양지' 또는 '지식의 앎' 모두 긍정한다. 사물은 '심 밖의 사물'로 파악했다. 이처럼 이광신은 '격물치지' 해석에서 모호한 자세를 취하고 있다. 원교의 문집에는 '격물치지'를 논한 글이 보이지 않는다.

하곡의 초기 문인들 대부분은 스승 하곡의 학술사상에 버금가는 학술 저서를 남기지 못했다. 설사 문집이 있다 해도, 학술사상과 관련된 체계적인 글이 아니라 시나 편지 제문 등이다. 이런 이유 때문에 문인들이 주고받은 서신을 근거로 그들의 학술사상을 유추할 수밖에 없다.

중기강화학파란 하곡의 직전 제자들에게서 하곡의 학문을 배운 문인들이 가리키는데, 대표적 문인으로 신대우, 이영익, 신작 등을 가리킨다. 이들은 정인보의 말대로 양명학 하곡학과 관련된 뚜렷한 저술이나 논설이 없다.

신대우의 경우 「철재설(徹齋說)」이외에는 하곡학과 관련 내용을 찾아볼 수 없을 뿐 아니라, 이 「철재설」마저도 전문적인 저술로 나아가지 않았다. 이영익은 신대우에 비해 양명학을 많이 언급했지만, 양명학 말류의 폐단을 마치 양명학 전체인 것처럼 여겨 비판적인 자세를 취하고 있다. 그러나 이영익 또한 신대우와 마찬가지로 하곡학 관련 저술이 없다. 신작은 경학자다. 그래서 신작에 대한 연구는 하곡학이라는 철학적 관점보다는 경학 관련 연구가 더 많다.

'학문과 사상 계승'이라는 좁은 의미의 '학파' 관점에서 중기강화학파 세 문인을 강화학파로 규정하기에는 매우 곤혹스럽다. 그러나 중기강화학파의 특징은 바로 이것이다. 즉 하곡학에 대해 모호한 입장을 취하고 있다는 것이다. 이런 점에서 필자는 중기강화학파를 '모호한[詭辭] 강화학파'라고 규정했다.

후기강화학파란 한말에 강화에서 활동한 이건창·이건승·이건방을 가리킨다. 필자는 이들을 '삼건(三建)'이라고 했다. 후기강화학파 '삼건(三建)'은 중기강화학파 문인들과 다르게 그들의 하곡학적 특성을 드러내는데 그것은 바로 실심실학을 실생활 속에서 구현하고 실천한 '실천적 하곡학'이라는 점이다. 이것이 바로 후기하곡학파의 특징이다.

2부에서는 난곡 이건방의 철학사상을 도의론(道義論) 진가론(眞假論) 도덕과 문장으로 나누어 논했다. 이어서 『원론』을 다루었다. 『원론』은 『난곡존고』 속에 또 하나의 저술이다. 필자는 『원론』을 이건방의 '사회사상'으로 규정하고 대한제국 부강론, 서양문물 수용, 도의(道義) 확립, 곡학아세 선비 비판, 도의를 지키는 선비[守道秉義之士], 단발[剃髮]의 시의성으로 나누어 설명했다.

이건방의 '도의(道義)'는 인간의 심인데, 하곡의 실심실학을 다른 말로 표현한 것이라고 할 수 있다. 하곡의 실심이 '진(眞)·가(假)'를 결정하는 기준이듯, 도의 또한 진·가를 결정하는 기준이다. 그래서 이건방의 진가론(眞假論)은 하곡의 진가론을 계승하고 있다.

도덕과 문장에 관한 논의는 심재 조긍섭(深齋 曺兢燮)과 주고받은 편지에 보인다. 이건방은 근본[大本] 즉 도덕이 확립되면 문장은 자연히 따르는 것이기 때문에, 학자라면 반드시 도덕을 확고히 해야 한다고 보았다. 그래서 필자는 이건방을 '도덕제일주의자'로 보았다.

『원론』은 사회진화론을 바탕으로 당시 지식인들의 사회 인식 문제를 지적하고, 이를 통해 대한제국의 부강을 모색한 저술이다. 이건방에 의

하면, 대한제국은 약소국이기 때문에 약육강식, 우승열패라는 사회진화론에 의하면 곧 소멸되는 급박한 상황에 직면해 있다. 그래서 『원론』은 사회진화론 소개로 시작한다. 이건방은 대한제국의 병약한 이유가 부패한 관료라고 생각했다. 병약한 대한제국을 일으키기 위해 한글전용과 단군기원 사용을 통해 민족의식을 높이고, 서양문물에 대해서는 개방적이었을 뿐 아니라, 적극적으로 배워야 한다는 것이 이건방의 생각이다. 이처럼 『원론』은 '대한제국의 부강을 논한 글'이다.

3부는 한문으로 된 이건방의 저술 『원론』과 『조선유학과 왕양명』을 번역했다. 『원론』과 『조선유학과 왕양명』의 내용에 대해서는 2부에서 자세히 설명했다. 이건방 선생의 제문과 묘표는 제자 정인보 선생이 쓴 글이다. 제문과 묘표이지만 스승과 제자 간의 따뜻한 정을 느낄 수 있다.

이건방 선생의 자세한 삶의 발자취는 알려지지 않았다. 그러다 보니 선생의 자세한 학문적 자취도 전해지지 않는다. 이 점은 나중에 보완하도록 하겠다. 원문 번역은 나름 잘못된 부분이 없다고 생각하지만, 여전히 미흡한 부분이 있다. 이 점 또한 출판된 이후라도 수정 보완하겠다.

〈원전류〉

『論語』

『禮記』

『孟子』

『傳習錄』

『中庸』

程顥 程頤, 『이정집』, 臺北, 漢京文化事業有限公司, 1983.

朱熹, 『四書集注』, 臺北, 漢京文化事業有限公司, 1983.

王陽明, 『前習錄』.

黃宗羲, 『宋元學案』.

류수원, 『迂書』.

신대우, 『宛丘遺集』, http://www.minchu.or.kr/index.jsp?bizName=MM

이건방, 『蘭谷存稿』, 국립중앙도서관.

이건승, 『海耕堂收艸』.

이건창, 『明美堂集』.

이광려, 『李參奉集』, http://www.minchu.or.kr/index.jsp?bizName=MM

이광사, 『圓嶠集』.

_____, 『斗南集』.

이광신, 『先藁』.

_____, 필사본 『李參奉集』.

이광찬, 『中翁實蹟』, 한국학중앙연구원, 한국학자료센터, 한국고문서자료관.

이영익, 『信齋集』, http://www.minchu.or.kr/index.jsp?bizName=MM

이충익, 『椒園遺稿』, http://www.minchu.or.kr/index.jsp?bizName=MM

조긍섭, 『巖棲集』, 한국고전번역원, 한국고전종합DB.

〈저서류〉

강명관, 『조선시대 책과 지식의 역사』, 천년의상상, 2014.

강중기, 『조선전기 경세론과 불교비판』, 서울대학교 철학사상연구소, 2004.

강화양명학연구팀, 『강화학파의 양명학』, 한국학술정보, 2008.

高橋亨, 이형성 편역, 『조선유학사』, 예문서원, 2001.

김길락, 『한국의 상산학과 양명학』, 청계출판사, 2004.

〈독서의 힘〉 편집출판위원회, 김인지 옮김, 『독서의 힘』, 더블북코리아, 2018.

牟宗三, 전병술 옮김, 『심체와 성체』 3, 소명출판, 2012.

송상훈 編, 『騎驢隨筆』, 국사편찬위원회, 1985.

신대우, 『宛丘遺集』, http://www.minchu.or.kr/index.jsp?bizName=MM

심경호, 정양완, 『강화학파의 문학과 사상(1)』, 한국정신문화연구원, 1992.

＿＿＿＿＿＿, 『강화학파의 문학과 사상(2)』, 한국정신문화연구원, 1995.

＿＿＿＿＿＿, 『강화학파의 문학과 사상(3)』, 한국정신문화연구원, 1995.

＿＿＿＿＿＿, 『강화학파의 문학과 사상(4)』, 한국정신문화연구원, 1999.

역사학연구소, 『함께 보는 한국근현대사』, 서해문집, 2015.

王陽明, 정인재 한정길 역주, 『傳習錄』, 청계출판사, 2004.

유명종, 『성리학과 양명학』, 연세대학교 출판부, 1994.

＿＿＿, 『왕양명과 양명학』, 청계출판사, 2002.

유준기, 『한국근대유교개혁운동사』, 아세아문화사, 1999.

이덕일, 『근대를 말하다』, 역사의아침, 2012.

鄭喬 저, 조광 편, 변주승 역주, 『大韓季年史』, 소명출판사, 2012. 한국의 지식콘
　　　텐츠(http://www.krpia.co.kr.libproxy), 전자책.

정량완, 『강화학파의 문학과 사상(5)-특히 耕齋 李建昇의『海耕堂收艸』를 중심
　　　으로』, 월인, 2012.

정인보, 『담원정인보전집 6』, 연세대학교출판부, 교보전자책, 2013.

＿＿＿, 『양명학연론』, 계명대학교출판부, 2004.

정인재, 『양명학의 정신』, 세창출판사, 2014.

정제두, 『霞谷集』. 『한국문집총간』 160. 서울: 경인문화사, 1997.

＿＿＿, 『國譯하곡집 I II』, 서울: 민족문화문고간행회, 1984.

蔡仁厚, 황갑연 옮김. 『왕양명철학』, 서광사, 1996.

_____, 천병돈 옮김. 『맹자의 철학』, 예문서원, 2000.

蔡仁厚, 『宋明理學–北宋篇』. 臺北, 學生書局, 1984.

_____, 『儒家的常與變』, 臺北, 東大圖書公司, 1980.

_____, 『王陽明哲學』, 臺北, 三民書局, 1983.

〈참고류〉

강동욱, 「한말 영남학맥과 심재의 역할」, 『영남학』 11호, 경북대학교 영남문화연
구원, 2007.

김교빈, 「하곡철학사상에 관한 연구」, 성균관대학교 박사학위논문, 1992.

김윤경, 「이충익의 假論–이탁오 진가론, 정제두 假論과의 비교」, 『동양철학연구』
제73집, 동양철학연구회, 2013, 214쪽.

_____, 「19–20세기 조선유교패러다임의 전환과 하곡학파의 실심실학」, 『2018
년도 충남대 유학연구소·한국양명학회 국제학술대회』 논문집, 한국양명
학회, 2018.

민영규, 「위당 정인보 선생의 행장에 나타난 몇 가지 문제–실학 원시」, 『동방학
지』 13집, 연세대학교 국학연구원, 1972.

박연수, 「강화 하곡학파의 實心 實學」, 『양명학』 16호, 한국양명학회, 2006.

박우훈, 「玄山 李玄圭의 생애와 交遊」, 『인문학연구』 30권, 충남대학교 인문과
학연구소, 2003.

白井順, 「沈鉒と李震炳と李星齡–鄭齊斗の周辺」, 『양명학』 30호, 한국양명학
회, 2011.

서경숙, 「원교 이광사의 양명학」, 『양명학』 3호, 한국양명학회, 1999.

송석준, 「한국양명학의 형성과 하곡 정제두」, 『양명학』 6호, 한국양명학회, 2001.

_____, 「난곡 이건방의 양명학과 실천정신」, 『양명학』 8호, 한국양명학회, 2007.

신상현·천병돈, 「난곡 이건방의 『원론』에 나타난 현실인식」, 『인천학연구』 29,
인천학연구원, 2018.

신용하, 「啓明義塾趣旨書 唱歌 慶祝歌 創立記念歌 勸學歌」, 『韓國學報』 6, 중화
민국한국연구학회, 1977.

심경호, 「강화학의 虛假批判論」, 『대동한문학』 14집, 대동한문학회, 2001.

_____, 「강화학파의 假學 비판」, 『양명학』 13호, 한국양명학회, 2005.

이상호, 「정제두 양명학의 양명우파적 특징」, 계명대학교 박사학위논문, 2004.

이진경, 「주체와 도덕의 관점에서 본 강화학파의 眞假 담론」, 『유학연구』 제27집, 충남대학교 유학연구소, 2012.

장병한, 「19세기 양명학자로 규정된 심대윤의 사유체계」, 『한국실학연구』 10, 한국실학학회, 2005.

정지욱, 「王龍溪의 現成良知論−歸寂·修證派와의 비교를 중심으로」, 『양명학』 6호, 한국양명학회, 2001.

조민환, 「白下 尹淳의 書藝美學에 관한 연구」, 『한국사상과문화』 36집, 한국사상문화학회, 2007.

천병돈, 「난곡 이건방과 심재 조긍섭의 도덕문장론」, 『양명학』 38호, 한국양명학회, 2014.

_____, 「난곡 이건방의 『난곡존고』 연구」, 『정신문화연구』 2014봄호 제37권 제1호(통권 134호), 한국학중앙연구원, 2014.

_____, 「경재 이건승의 민족정신」, 『양명학』 40호, 한국양명학회, 2015.

_____, 「경재의 양명학과 민족정신」, 『양명학』 41호, 한국양명학회, 2015.

_____, 「樗村 沈銪의 주자학」, 『양명학』 43호, 한국양명학회, 2016.

최선혜, 「조선의 서적, 우물 구멍 너머로 하늘보기−강명관, 조선시대 책과 지식의 역사』, 천년의상상, 2014」, 『이화어문논집』 42, 이화어문학회, 2017.

최재목, 「강화양명학파 연구의 방향과 과제」, 『양명학』 12호, 한국양명학회, 2004.

한정길, 「정인보의 양명학관에 대한 연구」, 『동방학지』 141권, 연세대학교 국학연구원, 2008, 84쪽.

_____, 「난곡 이건방의 양명학 이해와 현실 대응 논리」, 『양명학』 51호, 한국양명학회, 2018.

한형조, 「기질은 선한가 − 아버지 원교의 양명학과 아들 신재의 주자학」, 『정신문화연구』 통권 123호, 한국학중앙연구원, 2011.

천병돈

경희대학교 철학과
臺灣 東海大學 哲學硏究所 석사
臺灣 東海大學 哲學硏究所 박사
현 대진대학교 국제학부 중국학과 교수

역서:『공자의 철학』, 『맹자의 철학』, 『순자의 철학』, 『노자 생명의 철학』.
공동 편저:『강화학파의 연구문헌해제』.

인천학자료총서 32
난곡 이건방의 철학사상

2022년 2월 25일 초판 1쇄 펴냄

기 획 인천대학교 인천학연구원
지은이 천병돈
펴낸이 김흥국
펴낸곳 보고사

등록 1990년 12월 13일 제6-0429호
주소 경기도 파주시 회동길 337-15 2층
전화 031-955-9797(대표)
      02-922-5120~1(편집), 02-922-2246(영업)
팩스 02-922-6990
메일 kanapub3@naver.com / bogosabooks@naver.com
http://www.bogosabooks.co.kr

ISBN 979-11-6587-293-9 94300
      979-11-5516-520-1 (세트)
ⓒ 천병돈, 2022

정가 26,000원